...कुछ गद्य कुछ पद्य...

तसलीमा नसरीन

अनुवाद

महेन्द्र मिश्र

वाणी प्रकाशन

वाणी प्रकाशन
4695, 21-ए, दरियागंज, नयी दिल्ली 110 002
शाखा
अशोक राजपथ, पटना 800 004
फ़ोन: +91 11 23273167 फ़ैक्स: +91 11 23275710
www.vaniprakashan.in
vaniprakashan@gmail.com
sales@vaniprakashan.com

...KUCHH GADYA KUCHH PADYA...
by Taslima Nasrin
Translated by Mahendra Mishra

ISBN : 978-93-5229-463-3
Prose/Poetry

प्रथम संस्करण

मूल्य : ₹ 395

यश प्रिंटोग्राफिक्स, नोएडा-201 301 (उ.प्र.) में मुद्रित

वाणी प्रकाशन का लोगो मक़बूल फ़िदा हुसेन की कूची से

अनुक्रम

गद्य

पद्य

गद्य

पुरुष को लेकर स्त्रियों की आपसी छीनाझपटी और नोच-खरोंच

मुझे याद है कि कई साल पहले एक फ़िल्म निर्माता ने मुझसे फ़िल्म के लिए कहानी लिखने का अनुरोध किया था, और ज़ोर देकर कहा था कि कहानी खूब जूसी होनी चाहिए, यानी पूरी कहानी में हीरो को प्राप्त करने के लिए दो औरतों के बीच छीनाझपटी और हाथापाई का कथानक हो। उन फ़िल्म प्रायोजक का आग्रह मैंने अस्वीकार कर दिया था, उनके मुँह पर कह दिया था, 'इस तरह की गन्दी कहानी मेरे द्वारा लिखा जाना सम्भव नहीं है आप किसी अन्य लेखक को तलाश करें।'

मेरे पसन्द न करने के बावजूद इस तरह की अशोभन घटनाएँ वास्तविक जीवन में प्रतिदिन ही घटती हैं। पुरुष चाहे कई स्त्रियों से प्रेम करे या केवल प्रेम का झूठा खेल खेले। लेकिन पुरुष को दोष न देकर स्त्रियाँ एक-दूसरे पर ही दोषारोपण करती हैं। केवल दोषारोपण ही नहीं, इनका आपसी लड़ाई-झगड़ा इस सीमा तक बढ़ जाता है कि ख़ून भी हो जाता है, आत्महत्या तो है ही; और पुरुष, धुला हुआ तुलसी का पत्ता, दूर खड़ा मज़ा लूटता है। उस दिन की ही तो बात है कि भारत के विशाल मंच पर ही घटित हुई इस तरह की एक घटना। सुदर्शन व्यक्तित्व वाले केन्द्रीय मन्त्री शशि थारूर ने पाकिस्तान की पत्रकार मेहर तरार के साथ छुपकर प्रेम किया, इसका सबूत जब उनकी पत्नी सुनन्दा पुष्कर को मिला तो अपने पति शशि को दोष न देकर उन्होंने मेहर तरार को दोषी ठहराया। उत्तेजना और क्रोध के वशीभूत होकर सुनन्दा ने मेहर तरार को पाकिस्तानी आतंकवादी दल का दूत भी घोषित कर दिया। मेहर तरार ने भी सुनन्दा पुष्कर के ऊपर कटाक्ष किया। सिर्फ़ शशि थारूर ने मुँह नहीं खोला। पुरुष तो चुप रहते हैं। औरतें तो एक-दूसरे के बाल खींचने लगती हैं और इस तरह की घटनाओं में अगर किसी की जान जाती है तो वह स्त्री की। परकीया से प्रेम किया शशि थारूर ने, और मौत हुई उनकी पत्नी की। वह आत्महत्या थी या हत्या यह अब भी तय नहीं हो पाया है। तब भी इस तरह की घटना से दुख हुआ, दोषी या अभियुक्त नहीं बल्कि हमेशा की तरह निर्दोष व्यक्ति को ही जान देनी होती है। दरअसल इस तरह की घटना की कोई उम्र भी

नहीं होती। सोलह साल की नवीना करती है तो साठ साल की प्रवीणा भी वैसा ही करती है। वैसे तो ईर्ष्या, द्वेष और घृणा स्त्रियों की तुलना में पुरुषों के बीच कहीं ज़्यादा है। लेकिन पुरुष की परकीया प्रेमिका या परस्त्री के साथ व्यभिचार का भेद खुलने पर ईर्ष्या स्त्रियाँ ही करती हैं, वह भी अकारण एक स्त्री के विरुद्ध। पुरुष का एक शिकार उसके दूसरे शिकार के पीछे कमर कसकर पड़ जाता है, और शिकारी पुरुष, पहले ही कहा है मैंने—बैठा-बैठा पूरी घटना का आनन्द लेता रहता है। लोग स्त्रियों की हँसी उड़ाते हैं। उनके व्यवहार पर छिः-छिः करते हैं, लेखकगण उपन्यास लिख डालते हैं स्त्रियों के अतिशय आवेग, घोर मूर्खता और हद दर्जे की झगड़ालू और हठी प्रवृत्ति को लेकर। नतीजतन स्त्री बन जाती है हँसी-मजाक और व्यंग्य का पात्र। यौनवस्तु तो वह है ही, और उससे ऊपर परिहास की वस्तु। समाज में स्त्रियों का स्थान नीचे गिरते-गिरते अब तली में पहुँच गया है। इस स्थिति से उनका उद्धार कौन करेगा क्या मालूम? यह ज़रूर है कि उनमें अपनी स्थिति की समझ यदि नहीं पैदा होती तो उनका उद्धार करना बहुत मुश्किल है।

औरतों के पीछे औरतों को ही लगा देना यह पुरुषतन्त्र की ही कारसाज़ी है, इसीलिए देखती हूँ सास और बहू के बीच में मनोमालिन्य, स्वामी को दोष न देकर स्वामी की प्रेमिका को दोषी ठहराना, इस तरह की हज़ारों घटनाएँ हैं। पुरुष की पूजा करो, पुरुष की रक्षा करो, पुरुष को शान्ति से, सुख से और निर्विघ्न निरपराध रखो, पुरुष को आमोद और आह्लाद में डुबा दो। क्योंकि पुरुष हमसे ज़्यादा जानते हैं और हमारी अपेक्षा अधिक समझते हैं। इस तरह की ग़लत और नारी विद्वेषी धारणा केवल पुरुष ही नहीं, हम नारियाँ भी रखती हैं। स्त्रियों के बीच यदि एकता होती तो पुरुषों का शासन इतना दीर्घकालीन नहीं होता और शताब्दियों तक नहीं चल पाता। स्त्री को तो यौनवस्तु और हास्य-व्यंग्य की वस्तु बनकर जीना पड़ता है। इसके पीछे केवल पुरुषों की ही बदमाशी नहीं है, स्त्रियों की मूर्खता का भी योगदान है।

मौजूदा जानकारी के आधार पर ऐसा लगता है कि सुनन्दा पुष्कर ने आत्महत्या की है। वह आत्मनिर्भर महिला थीं। एक सफल व्यापारी भी थीं। किन्तु अपने जीवन का कोई मूल्य शायद उन्होंने समझा नहीं। वह स्वयं से प्रेम नहीं करती थीं। प्रेम किया था उन्होंने शशि थारूर से, एक पुरुष से। प्रेम का प्रभाव पुरुष पर क्या पड़ता है मैं नहीं जानती। लेकिन इतना जानती हूँ कि प्रेम नारी को कर देता है अन्धा, बहरा, बेवकूफ—मोटी बुद्धिवाला एक प्राणी। तुम्हारे स्वामी ने तुम्हारे साथ छल किया, अपमान किया, अपदस्थ किया, तो अपने स्वामी को पकड़ो, उसे मारो या उसे छोड़ दो। तुम्हारा स्वामी जिसके साथ छिपकर प्रेम करता है उसका तो दोष नहीं है, उस स्त्री ने तुम्हारा अपमान भी नहीं किया। तुम्हें धोखा भी नहीं दिया। तुम्हारे साथ तो उसका कोई संवाद या समझौता भी नहीं हुआ था। तुमने उसे कोई शर्त भी नहीं दी थी। तब तुम्हारा आक्रोश उसके ऊपर क्यों है? पुरुष तो अपनी

व्यभिचारी स्त्री को क्षमा नहीं करते, जिसके साथ स्त्री ने व्यभिचार किया उसे धमका कर, दण्ड देकर स्त्री को प्रेम करता हूँ ऐसा कह कर चुम्बन तो नहीं लेते! बल्कि स्त्री को तलाक देते हैं, घर से निकाल देते हैं और यहाँ तक कि हत्या भी कर देते हैं। यदि सुनन्दा पुष्कर किसी दूसरे से प्रेम करतीं तो शशि थारूर क्या आत्महत्या कर लेते? वह वैसा नहीं करते। वह निश्चय ही स्त्री को तलाक दे देते या निष्कासित कर देते। जो स्वामी के ऊपर आर्थिक रूप से निर्भर हैं वे स्त्रियाँ स्वामी के अनुचित कार्य करने पर भी उन्हें दण्ड नहीं देना चाहतीं। मैं समझती हूँ कि वे डरती हैं अथवा स्वयं को निरुपाय समझती हैं। किन्तु जिनकी आर्थिक निर्भरता स्वामी पर नहीं है, उन्हें किसका डर? सामाजिक, शारीरिक और मानसिक निर्भरता की बात सोचकर ही क्या मुँह बन्द रखना उचित है?

पृथिवी पर स्त्री ही एकमात्र ऐसा जीव है जो अत्याचारी, बलात्कारी या ख़ूनी व्यक्ति के साथ प्रेम के वशीभूत होकर रहता है। बाकी सब प्राणी अपने उत्पीड़क या अनिष्टकारी प्राणियों से सुरक्षित दूरी पर रहते हैं। उनके साथ चलते नहीं, रहते नहीं, उनके साथ भोजन नहीं करते और न सोते हैं।

पुरुषप्रधान समाज छल से, बल से या कौशल से स्त्री को बिना शर्त प्रेम करने के लिए बाध्य करता है। पुरुष को जो स्त्री जितना प्रेम करती है वह समाज में उतना ही सम्मान पाती है। पतिव्रता स्त्री की जितनी क़दर है, पत्नीभक्त पति उतना ही बदनाम है। उसे लोग जोरू का गुलाम कहते हैं। पुरुष के प्रेम में नारी अगर आत्महत्या कर लेती है तो उसकी मृत्यु या आत्मत्याग को महिमामंडित किया जाता है। उस नारी को लेकर समाज गर्व करता है।

और नारी के प्रेम में पड़कर पुरुष यदि आत्महत्या करता है तो ऐसे पुरुष को समाज सम्मान की दृष्टि से नहीं देखता, बल्कि उसे पुरुषत्वहीन कहकर उस पर नाराज़ होता है। 'श्रेष्ठ पुरुष स्त्रियों पर दीवाने नहीं होते लेकिन श्रेष्ठ नारी पुरुष के लिए दीवानी होती है। सुनन्दा पुष्कर की मृत्यु के बाद भारतवासी सुनन्दा की प्रशंसा के गीत गाने लगे। किन्तु यदि सुनन्दा शशि की परकीया प्रेमिका के कारण तलाक देती, तो जो लोग आज सुनन्दा की प्रशंसा करते हैं वे ही शायद उनकी निन्दा करते।'

वह जो मैंने कहा था, पच्चीस साल पहले कि 'ऐसा है तो यही सत्य है क्या कि नारी की बिना मरे मुक्ति नहीं है?' आज भी देखती हूँ कि मेरी वही बात सच है। नारी की मरे बिना मुक्ति नहीं है। सक्सेसफुल बिज़नेस वूमन (सफल व्यापारी) सुनन्दा पुष्कर की मरे बिना मुक्ति नहीं होती। इस नारीविरोधी पुरुषतन्त्र के जबड़ों से जब तक नारी की मुक्ति नहीं होती तब तक बिना मरे नारी की मुक्ति नहीं। लेकिन नारी की यह मृत्यु यदि किसी अन्य कारण से हो तो उसका कुछ अर्थ नहीं। नारी को तो मरना होगा पुरुष की खातिर, पुरुष के स्वार्थ के लिए। अपने सुख के

लिए मरने पर नारी की मृत्यु को मुक्ति नहीं कहा जा सकता।

कितनी भयंकर है यह पृथिवी! दुनिया की आधी आबादी हम स्त्रियाँ लिंगभेद की शिकार हैं। स्त्री होना निम्न लिंग है। हम तो उपभोग की सामग्री होकर, दासी होकर, यौन उपभोग की वस्तु होकर, खेल की वस्तु होकर रहती हैं। इसका कारण सिर्फ़ यही है कि तीन या चार इंच लम्बा पुरुष का एक अंग हमारे शरीर में नहीं है। पुरुष के इस अंग की हीनता के दोष को हमें जीवनभर भोगना पड़ता है। हम अब भी पुरुषों को धक्का देकर नहीं बोलतीं कि वे जो कर रहे हैं वह ग़लत है और उन्हें मनमानी करने नहीं दिया जा सकता। किन्तु उन्हें प्रताड़ित कैसे करें? क्या मेरे अकेले उन्हें झकझोरने से कुछ होगा? सब स्त्रियाँ मिलकर यदि उनका सामना करें तो शायद कुछ हो। किन्तु हमारे बीच एकता नहीं है। हम तो आपस में एक-दूसरे को दोषी ठहराने, बदनाम करने और आपस में नोच-खसोट करने में व्यस्त हैं; और हमारी इसी व्यस्तता के चलते हमारे अत्याचारी पुरुष आनन्दपूर्वक हम पर अत्याचार कर पाते हैं। हमारी एकता को नष्ट करना पुरुषतान्त्रिक समाज का षड्यन्त्र है। और कितने समय तक हम इस षड्यन्त्र का शिकार होंगी? अब भी क्या समय नहीं आया है आपस में एकता बनाने का? अब भी क्या समय नहीं आया है नारी के ऊपर अत्याचार, दमन और उत्पीड़न को बन्द कर मनुष्य की प्रजाति को सभ्य करने का, उसकी रक्षा करने का? नारी ही तो इस प्रजाति की रक्षा करते-करते इसे ले आयी है इतनी दूर तक। इस बार पुरुष, जो नारी और पुरुष की समानता पर विश्वास नहीं करते, वे या तो सभ्य हो जायें, नहीं तो पृथिवी से विलुप्त हो जायें। केवल ज़िन्दा ही रहना काफ़ी नहीं है। विषमताहीन और समानता के स्तर पर जीवित रहना होगा। यदि वैसा न हुआ तो जीवित रहने का कोई अर्थ ही नहीं।

वेश्यावृत्ति समाप्त हो

वेश्यावृत्ति को ख़त्म करने के लिए फ्रांस में एक अद्भुत क़ानून पास हुआ है। क़ानून का मूल तत्त्व यह है कि तुम देह बेच तो सकते हो लेकिन खरीद नहीं सकते। पकड़े जाने पर खरीददार को पन्द्रह सौ यूरो जुर्माना देना होगा। पन्द्रह सौ यूरो बांग्लादेश की मुद्रा में एक लाख अट्ठावन हज़ार आठ सौ तिरपन टाका के बराबर है। वेश्याओं के लिए किसी जुर्माने या दण्ड की व्यवस्था नहीं है। दरअसल वंचित, लांछित, दुखी और उत्पीड़ित स्त्रियों के लिए ज़िन्दा रहने के लिए 'शरीर बेचना अपराध नहीं है।'–वेश्यावृत्ति को समाप्त करने के क़ानून का अंश हैं ये शब्द। वेश्यावृत्ति को बन्द करने का क़ानून बहुत-से देशों ने बनाया है लेकिन यह विचित्र नया क़ानून सबसे पहले स्वीडन ने ही तैयार किया था, 'यौन सम्पर्क के लिए शरीर बेचना ग़ैरक़ानूनी नहीं है किन्तु शरीर खरीदना क़ानून के विरुद्ध है।' किन्तु यहीं तो सब कुछ ख़त्म नहीं हो जाता। वेश्याओं के लिए नयी चाकरी या व्यवसाय की व्यवस्था करने का प्रावधान तो है ही, अन्य व्यक्ति की वासना पूर्ति की गुड़िया न बनकर अपनी मान-मर्यादा को लेकर नये जीवन-यापन का रास्ता भी उन्हें दिखा दिया जाता है। स्वीडन के इस क़ानून ने यूरोप के बहुत-से देशों को प्रभावित किया है, और कई देशों ने स्वीडन की इस संहिता को अपना भी लिया है। फ्रांस के पहले नारी अधिकारी मन्त्री नाजात बेल कासिम ने फ्रांस में वेश्यावृत्ति को समाप्त करने के क़ानून को पास करने में सबसे बड़ी भूमिका निभाई है। उस दिन मेरा एक लेख 'ल मॉन्द' नाम की फ्रांसीसी पत्रिका में प्रकाशित हुआ। नाजात मेरे लेख को पढ़कर बहुत खुश हुईं। नाजात लेकिन जाति से फ्रांसीसी नहीं है। वह मोरक्को देश की एक महिला हैं, मुसलमान हैं किन्तु फ्रांस में ही उनकी शिक्षा-दीक्षा हुई और वहीं वह आगे बढ़ी। तीस बरस के लगभग उनकी उम्र है, वह नारीवादी हैं और संग्रामी भी।

बांग्लादेश में भी वेश्यावृत्ति बन्द होना चाहिए। सारी दुनिया से ही इस नारीविरोधी प्रथा का विलुप्त होना उचित है; लेकिन यह काम इतना सीधा, इतना आसान नहीं है। वेश्यावृत्ति को क़ायम रखने के लिए बहुत-से वर्ग सिर उठाये घूम रहे हैं। इनमें जिस तरह से कुछ नारी संगठन शामिल हैं, वैसे ही स्वयं वेश्याएँ भी हैं।

खरीदे हुए दासों की प्रथा और वेश्यावृत्ति के बीच मूल रूप से कोई अन्तर नहीं है। खरीदे हुए दास जिन दिनों कपास के खेतों में खेती का काम करते थे तो दासों के मालिक प्रायः वहाँ स्वयं आकर कुछ खरीदी हुई दासियों को अपनी यौन वासना की पूर्ति के लिए उठाकर ले जाते थे। जिनके शरीर का रंग कुछ कम काला होता अमूमन उन्हीं को ही वे पसन्द करते। बाज़ार में ले जाकर सेक्स के व्यवसाय के धन्धे में पैसे लेकर उनसे काम करवाते, नहीं तो सीधे नक़द रकम लेकर उन्हें वेश्यालयों में बेच देते। अठारहवीं और उन्नीसवीं सदी में जिस प्रथा को क्रीतदास प्रथा कहा जाता था, बीसवीं और इक्कीसवीं सदी में वही प्रथा अब वेश्यावृत्ति कहलाती है।

उन्नीसवीं सदी में खरीदे हुए दासों की प्रथा जब समाप्त होने लगी तो आदमी की खरीद-फरोख़्त को लेकर एक विराट बहस छिड़ गयी। दासों की मुक्ति का प्रश्न जब उठा तो समाज के बहुत-से गोरे सभ्य समाज के लोगों ने यह तय किया कि 'अफ्रीका के काले मनुष्य दरअसल क्रीतदास के रूप में ही ठीक हैं। स्वाधीनता हासिल करने का न उन्हें कोई अधिकार है और उनमें इसकी कोई योग्यता है। सच बात तो यह है कि ये खरीदे हुए दास-दासी मनुष्य जाति के प्राणियों के जितना समान हैं उससे कहीं अधिक उनकी समानता जन्तुओं और जानवरों से है।'

केवल गोरे लोग ही नहीं बल्कि बहुत-सी क्रीत दासियाँ भी नहीं चाहती थीं कि यह परम्परा ख़त्म हो, खासतौर पर वे दासियाँ जो मालिकों के घर में बच्चों की देखभाल, रसोई पकाने और घर-द्वार की सफाई का काम करती थीं। उनकी अवस्था खेतों में काम करने वाली दासियों की हड्डीतोड़ सख़्त मेहनत की तुलना में कहीं बेहतर थी। मालिकों के घर में ये दासियाँ भोजन खाकर ही तृप्त हो जातीं, चाहे वह उनका छोड़ा हुआ जूठा भोजन ही क्यों न हो। वास्तव में ये औरतें दासी के जीवन के अतिरिक्त अपने लिए किसी बेहतर जीवन की कल्पना भी नहीं कर सकती थीं। घर की ये बँधुआ नौकरानियाँ भले न चाहती हों, लेकिन खेतों में काम करने वाली बँधुआ दासियाँ चाहती थीं कि दास प्रथा का अन्त हो।

हम आज उसी इतिहास को दोहरा रहे हैं। वेश्या प्रथा के पक्ष में साधारणतया जो स्त्रियाँ बोलती हैं वे स्वयं तो न कभी वेश्या थीं और न इस यौन व्यवसाय से उनका कोई सम्बन्ध था। वेश्यालय अथवा वेश्यावृत्ति का उत्पीड़न उन्होंने कभी सहा नहीं। इसी तरह यौन वासना के इस धन्धे में लगी हुई बहुत-सी औरतें भी वेश्यावृत्ति के पक्ष में बोलती हैं। वे कहती हैं, 'किसी अन्य श्रम के समान ही वेश्या का काम भी एक प्रकार का श्रम है।' और आगे बढ़कर कुछ स्त्रियाँ यह भी कहती हैं कि यह श्रम समाज की स्त्रियों के सशक्तीकरण में भी सहायता करता है।

जो स्त्रियाँ कॉलगर्ल का धन्धा करती हैं या जो मैडम की भूमिका में हैं उनका अनुभव और जानकारी निःसन्देह सड़क की वेश्याओं से भिन्न है। इसीलिए वेश्याओं

को भी तीन श्रेणियों में विभाजित करने की प्रवृत्ति नज़र आती है—उच्च श्रेणी, मध्यम श्रेणी और निम्न श्रेणी। किन्तु ये भी बहुत कुछ खरीदी हुई बँधुआ दासियों की श्रेणियों के विभाजन की तरह ही है। घर में काम करने वाली दासियाँ ऊँची श्रेणी की और खेत में जी-तोड़ मेहनत करने वाली दासियाँ नीची श्रेणी की दासियाँ मानी जाती हैं। जो भी हो, सबसे क्रूर सत्य यह है कि वे सभी खरीदी हुई दासियाँ हैं। एक मालिक के अधीन ही उन्हें अपनी दासता निभानी पड़ती है। साफ-सुथरा और चमकदार बना देने से ही दासता की परिभाषा तो नहीं बदल जाती। जो स्त्रियाँ आज इस वेश्यावृत्ति में संलग्न हैं, और इस प्रथा के पक्ष में बात करती हैं, उनके लिए भी तब तक इस वृत्ति को सम्यक् रूप में समझना सम्भव नहीं है जब तक वे इस धन्धे को छोड़कर बाहर नहीं आ जातीं। घरों में काम करने वाली बँधुआ दासियों को भी उससे मुक्ति पाने के बाद ही समझ में आया कि उस काम की हक़ीक़त क्या थी।

बँधुआ मज़दूरों की कुरीति और वेश्यावृत्ति दोनों के मूल में है शुद्ध दासता। केवल इन दो क्षेत्रों का नाम ही भिन्न है। वेश्यावृत्ति के लिए यौन और कामवासना की जानकारी ज़रूरी है। दास प्रथा के लिए जाति और रंगभेद की जानकारी की ज़रूरत है। लेकिन दोनों की प्रकृति या प्रवृत्ति एक जैसी है। दोनों में ही इन्सान के ऊपर शारीरिक और मानसिक रूप से अत्याचार होता है। दोनों में ही मनुष्य को अपमानित, उत्पीड़ित करना और अपने क़ब्जे में लेने की प्रक्रिया होती है।

दुनिया में स्त्रियों के विरुद्ध एक प्रकार का यौन या लिंगभेद का युद्ध चल रहा है। दीर्घकाल से यह संघर्ष चल रहा है। वेश्यावृत्ति को दुनिया के प्राचीनतम पेशे का नाम देकर लोगों की आँखों में धूल झोंकी जाती है। लेकिन हक़ीक़त यह है कि यह संसार का सबसे पुराना पेशा नहीं है, बल्कि स्त्रियों के विरुद्ध पृथिवी का सबसे पुराना उत्पीड़न है। केवल वयस्क स्त्रियों के विरुद्ध ही नहीं बल्कि छोटी उम्र की बालिकाओं के विरुद्ध भी निश्चित रूप से यह उत्पीड़न चलता आ रहा है। आज सारे विश्व में, प्रायः सभी जगह बच्चों को ज़ोर जबर्दस्ती द्वारा, भय दिखाकर, बलात्कार द्वारा और मारकर अधमरा करने की क्रूरता के द्वारा यौन शोषण के लिए दासी बनाया जा रहा है। पुरुषों की कामवासना पूरी करने के लिए, पुरुष के शरीर को कुछ क्षणों के लिए आनन्द देने की खातिर, लाखों-करोड़ों असहाय स्त्रियों और बालिकाओं को सिर्फ़ जीवित रहने के लिए जीवन के सभी सुखों को छोड़ना पड़ता है। इन्सान होकर भी इन्सानों को मिलने वाले कम से कम अधिकारों से भी वे स्वयं को वंचित करने के लिए बाध्य होती हैं।

वेश्यावृत्ति शब्द का सीधा अर्थ है, 'स्त्रियों के विरुद्ध पुरुष का यौन उत्पीड़न।' और भी खुलकर कहा जाये तो वेश्यावृत्ति का अर्थ है 'स्त्रियों के विरुद्ध पुरुष द्वारा यौनकर्म का कष्ट, बलात्कार, शारीरिक और मानसिक उत्पीड़न, स्त्रियों के ऊपर पुरुष का सीमाहीन स्वामित्व, और स्त्रियों के मानवाधिकार का उल्लंघन।' यह

सब चाहे किसी गणतन्त्र के क़ानून में निषिद्ध भी हो, तो भी गणतान्त्रिक राष्ट्रों के वेश्याघरों के भीतर यह सब मज़े से चल रहा है। जितना भी सबसे घृणित, कुत्सित, जघन्य, घिनौना और निकृष्ट व्यवहार किसी स्त्री के साथ करना पुरुष के लिए सम्भव है, वह दुविधा के बिना, निर्बाध रूप से पुरुषजाति करती है वेश्याओं के साथ। यद्यपि इस तरह का व्यवहार करने पर क़ानून की नज़र में वे अपराधी हैं; किन्तु वेश्या के पेशे को क़ानूनी करार देने पर वे यही समझने लगते हैं कि सारे अपराध अपने आप ही वैध हो गये।

बांग्लादेश में कितने करोड़ वेश्याएँ इस समय हैं, मुझे नहीं मालूम। सम्भवतः दुनिया के बहुत-से देशों की जनसंख्या से भी ज़्यादा। ग़रीबी की मार से पिताओं ने लड़कियों को बेच डाला। अत्याचारी प्रेमियों ने भी उन्हें बेचा, पतियों ने जर्बदस्ती उन्हें वेश्यालयों में भेजा, जिससे वे शरीर बेचकर पैसा कमायें और स्वामी के आनन्द और घर का ख़र्च चलाने की व्यवस्था करें। वेश्यावृत्ति के साथ स्त्री की हत्या अविभाज्य रूप से जुड़ी हुई है। दोनों एक-दूसरे के पूरक हैं। जो ये दावा करते हैं कि वेश्याघरों की सब औरतें वयस्क हैं और उन्होंने अपनी इच्छा से इस पेशे में अपना नाम दर्ज़ किया है, तो वे लोग छूठ बोलते हैं। वेश्यालय की स्त्रियों में अधिकांश बालिकाएँ हैं। अधिकतर उन्हें ज़ोर-जर्बदस्ती या धोखाधड़ी से अपहरण के द्वारा बेचा जाता है। अमूमन औरतें वेश्या का जीवन बारह-तेरह बरस की उम्र में शुरू करती हैं। उस उम्र में खुद निर्णय लेने की किसी प्रकार की स्वाधीनता उन्हें नहीं होती। तरह-तरह के बड़ी उम्र के पुरुषों द्वारा बलात्कार से खुद को बचाने का तरीका भी वे नहीं जानती।

लेकिन वेश्या के पेशे से स्त्रियों की ग़रीबी तो दूर नहीं होती। करोड़ों रुपये की जो आमदनी इस सेक्स के व्यवसाय से होती है वह सब पैसा वेश्याओं या उत्पीड़ित औरतें के हाथ में नहीं पहुँचता। औरतें तो प्रतिदिन स्त्री का हनन करने वाले और दलालों के भयंकर संत्रास का शिकार होती हैं। वे तो इस यौन उत्पीड़न से बाहर निकलना चाहती हैं लेकिन उन्हें निकलने नहीं दिया जाता। अपनी पसन्द के मुताबिक किसी पेशे को अपना लेने का कोई अधिकार उन्हें नहीं है।

नारी उत्पीड़न को किसी न किसी तर्क से जो उचित ठहराते हैं वे बढ़-चढ़कर इस बात का दावा करते हैं कि स्त्रियाँ स्वेच्छा से ही वेश्या बनती हैं। लेकिन यह ग़लत है। कोई भी औरत शौक से या अपनी पसन्द से या लड़-झगड़कर वेश्या नहीं बनती। किसी दूसरे पेशे में जाने के लिए जितना संघर्ष करना होता है वह सब निष्फल होने बाद ही औरत वेश्या बनती है। स्त्रियाँ अपनी इच्छा से अपमान और अत्याचार की शिकार नहीं होना चाहतीं। स्त्रियाँ स्वयं ही यौन उत्पीड़न को नहीं अपनातीं।

वेश्या बनाने के लिए स्त्रियों को बाध्य करते हैं पुरुष। यदि स्त्रियाँ वेश्या बनना

चाहती हैं तो निश्चय ही किसी न किसी कारण से मजबूर होकर वे ऐसा करती हैं। मजबूर होकर स्वीकार करना या स्वेच्छा से स्वीकार करना, इन दोनों के बीच समुद्र के दो किनारों जैसा अन्तर है। कोई भी औरत शौक से आग में नहीं कूद पड़ती। सती प्रथा में स्त्रियों को बाँधकर आग में डाल दिया जाता था। कहा यह जाता था कि वे तो अपनी मर्ज़ी से आग में कूद पड़ीं। जो बहुएँ पति की मार खाती हैं उन बहुओं के बारे में कहा जाता है कि उन्हें पति की मार खाना अच्छा लगता है। जो चाहते हैं कि बहुएँ पति की मार खायें उन्होंने ही यह झूठ फैलाया है।

जिस प्रकार खरीदे हुए दास, दास प्रथा का अन्त चाहते हैं उसी तरह वेश्याएँ भी वेश्या प्रथा की समाप्ति चाहती हैं। जो व्यापारी स्त्रियों को यौन उपभोग की वस्तु बनाकर व्यवसाय करते हैं और उसका फायदा उठाते हैं, वे औरतें के मुँह से कहलवाना चाहते हैं कि स्त्रियाँ खुद ही वेश्यावृत्ति को क़ायम रखने की पक्षधर हैं। स्त्रियों के मानवाधिकार की बात इस सबके दर्मियान न उठे इसीलिए इस झूठ का प्रचार हो रहा है। और इसके अलावा यदि ऊँची आवाज़ में कोई कहे कि मुझे बँधुआ मज़दूर बनना है तो उसके लिए क्या हम इस तरह का अवसर प्रदान कर देंगे? कोई यदि कहे कि ज़ंजीर में बाँधकर मुझे सबके सामने पीटो तो क्या हम उसे पीटेंगे? निश्चय ही हम उसको मानसिक रूप से स्वस्थ करने की व्यवस्था करेंगे अथवा जिन सब कारणों से ग़लत-सलत बचकाना हरकतें वह करता है या करने को मजबूर होता है उन सब कारणों को दूर करेंगे।

इन्सान के द्वारा इन्सान के ऊपर घृणित और अमानवीय उत्पीड़न के कारण दास प्रथा आज पूरे विश्व में निषिद्ध है। लेकिन क्या कारण है कि वेश्यावृत्ति को आज भी पृथिवी से पूरी तरह समाप्त करने का प्रयत्न नहीं होता। गधों की तरह ज़ोर-ज़ोर से जो चिल्लाकर तर्कहीन कारण बताते हैं वे सब कारण वास्तव में हैं नहीं। वे कहते हैं 'यह प्रथा तो चल रही थी और आगे चलती भी रहेगी' अथवा 'ख़राब चरित्र की औरतें तो यह पेशा चलाती ही रहेंगी।' यह प्रथा स्त्रियों के बुरे चरित्र के कारण नहीं है। समर्थ और ख़राब पुरुषों ने ही इस प्रथा को छल, बल और कौशल से क़ायम रखा है, इसीलिए यह टिकी हुई है। और भी एक भूल को सुधारना ज़रूरी है। शरीर को बेचना दुनिया का सबसे पुराना पेशा नहीं है। खेती करना या हथियार बनाना इन्सान का प्राचीनतम पेशा था। एक वर्ग दूसरे वर्ग के साथ ज़रूरी चीज़ों के विनिमय के माध्यम से व्यापार करता था।

आज वेश्यावृत्ति या यौन उत्पीड़न दुनिया का सबसे बड़ा पेशा तो है ही, यह सबसे तेज़ रफ़्तार से बढ़ने वाला सफल व्यावसायिक उद्योग भी है। इस कारखाने का कच्चा माल अभागी, अनाथ, बालिकाओं तथा ग़रीब और सताई हुई औरतों का शरीर है।

सभ्य देशों ने इस व्यवसाय को नियंत्रित करने का प्रयत्न किया है। इन देशों

में स्वीडन ने ही सबसे पहले नारी उत्पीड़न के व्यवसाय को सम्पूर्ण रूप से समाप्त करने का क़दम उठाया है। सरकार के मुताबिक वेश्या प्रथा 'स्त्री के ऊपर पुरुष द्वारा जघन्य यौन उत्पीड़न है', ऐसी घोषणा की है स्वीडन ने। वेश्या व्यापार को निषिद्ध नहीं किया है। लेकिन शरीर खरीदना निषिद्ध है। जो पुरुष शरीर खरीदना चाहता है उसे अपराधी माना जाता है। शरीर खरीदने वाले लोगों के न रहने पर शरीर का बाज़ार हाट खुद ही बन्द हो जायेगा। पुरुष के आनन्द और मनोरंजन के लिए पुरुषों ने ही क़ायम रखा है इस यौन उत्पीड़न के व्यवसाय को। स्वीडन में लेकिन शरीर बेचने पर प्रतिबन्ध नहीं है। निषेध नहीं इसलिए अभागी दरिद्र औरतें जो शरीर बेचने के लिए सड़कों के किनारे खड़ी रहती हैं या इधर-उधर खरीददार को ढूँढ़ती फिरती हैं, वे पुलिस के द्वारा परेशानी का शिकार नहीं होतीं। अपमानित और शर्मिंदा करना तो दूर की बात है, उन्हें छूना भी अपराध है। किन्तु जैसे ही कोई पुरुष किसी स्त्री को खरीदेगा तो ऐसे खरीददार पुरुष के हाथ में हथकड़ी पहना दी जायेगी। उन्नीस सौ निन्यानवे में इस क़ानून के लागू होने के बाद स्वीडन में लगभग ख़त्म हो गयी है वेश्यावृत्ति। इससे ही समझा जा सकता है कि यह नारी उत्पीड़न का व्यवसाय है। बहुत-से लोग पूछते हैं, वेश्यायें शरीर की बिक्री के अलावा कोई दूसरा काम कर पायेंगी कि नहीं। तो सबसे पहले यह समझना होगा कि वेश्यावृत्ति कोई पेशा नहीं है। यह तो यौन व्यवसाय की खरीद-फरोख़्त की दासता है, यह सीधा यौन उत्पीड़न है। भारतीय क़ानून के मुताबिक वेश्यालयों के अन्दर स्त्रियों के ऊपर यौन उत्पीड़न होने में कोई असुविधा नहीं है। वेश्यालय की सीमा को लाँघकर भद्र परिवेश को कलुषित करने के अपराध से वेश्याओं को ही लांछित किया जाता है। जो मूल अपराधी हैं, जो उत्पीड़नकारी हैं उन्हें दण्ड न देकर स्त्रियों को, जो उत्पीड़ित हैं उन्हें दण्ड दिया जाता है। भारत में भी अगर आज स्वीडन के क़ानून की तरह शरीर खरीदने पर निषेधाज्ञा जारी हो तो नारी को सताने का यह व्यवसाय इतना फल-फूलकर नहीं फैलेगा।

वेश्यावृत्ति को क़ानून के मुताबिक सही मानना स्त्री उत्पीड़न को ही वैध बनाना है। जिस राष्ट्र में वेश्यावृत्ति क़ानूनन उचित है वह राष्ट्र सच्चे अर्थ में कोई जनतन्त्र वाला राष्ट्र नहीं है। जनतन्त्र तो मानवाधिकार सुनिश्चित करता है, नारी और पुरुष के समान अधिकार को सुनिश्चित करता है। कोई भी सभ्यता या कोई जनतन्त्र मनुष्य के ऊपर उत्पीड़न को छल से सही मानने की चेष्टा नहीं करता। कर भी नहीं सकता। अगर करता है तो उस गणतन्त्र का नाम सम्पूर्ण पुरुषतन्त्र है और सभ्यता का नाम बर्बरता के अलावा और कुछ नहीं है।

बंगाल में मुक्त चिन्तन के लिए कोई स्थान नहीं

कोलकाता के पुस्तक मेले में इस बार यशोधरा बागची की नारीवादी पुस्तक 'परिजायी नारी' के विमोचन कार्यक्रम पर रोक लग गयी। सभी अवाक् रह गये, यह क्या कांड! भारतीय कम्यूनिस्ट पार्टी पोलिटब्यूरो की सदस्य वृंदा करात तो बहुत नाराज़ हो गयीं, बोलीं, ''ऐसा जघन्य कांड पश्चिम बंगाल में तो इससे पहले कभी हुआ नहीं।'' किन्तु उनकी बात ग़लत थी, दो साल पहले ऐसे ही कोलकाता के पुस्तक मेले के ए.सी. ऑडिटोरियम में मेरी पुस्तक 'निर्वासन' के प्रकाशन उत्सव पर ममता सरकार ने निषेधाज्ञा जारी कर दी थी। यशोधरा बागची वामफ्रंट सरकार के शासन काल में पश्चिम बंग राज्य के महिला संगठन की प्रधान थीं। इसी कारण वृंदा करात, यशोधरा बागची के पक्ष में आकर खड़ी हो गयीं। मैं देख रही हूँ कि, राजनैतिक और बुद्धिजीवी लोग खूब हिसाब लगाकर अभिव्यक्ति की स्वाधीनता के पक्ष में कुछ कहते हैं। जिसके साथ खड़े होने पर स्वार्थ सिद्धि होगी, अथवा राजनैतिक उद्‌देश्य सफल होगा, केवल उसी के साथ खड़े होते हैं। वृंदा करात को यह नहीं भूलना चाहिए कि वामपन्थी राज्य सरकार ने मेरी किताब को निषिद्ध कर दिया था, और केवल यही नहीं, कुछ उँगलियों पर गिने मुस्लिम रूढ़िवादियों को खुश करने के लिए, जिससे कि उन रूढ़िवादियों की मेहरबानी से कुछ मुसलमानों के वोट मिल जायें, मुझे राज्य से निष्कासित भी कर दिया था। मैंने देखा कि यशोधरा बागची की पुस्तक के लोकार्पण अनुष्ठान को रद्‌द करने के विरुद्ध बंगाल के बुद्धिजीवियों ने भी बहुत कुछ बोला है। लेकिन यही लोग चुप बैठे रहे जब मेरी पुस्तक का लोकार्पण कार्यक्रम रद्‌द हुआ था। यशोधरा बागची ने स्त्री के अधिकारों को लेकर लिखा है, मेरी पुस्तक भी तो स्त्री के अधिकारों को लेकर थी। तब तो यदि मेरी पुस्तक के रिलीज़ होने का उत्सव निषिद्ध करना अनुचित नहीं था तो यशोधरा की किताब के विमोचन कार्यक्रम को निषिद्ध करना अनुचित क्यों है? तो क्या यही वजह है कि मुस्लिम रूढ़िवादी यशोधरा के विरुद्ध खड़े नहीं हुए। लेकिन मेरे ख़िलाफ़ लामबन्द हो गये थे। मुस्लिम रूढ़िवादियों के ख़िलाफ़ रहने पर मेरे पक्ष में कोई खड़ा नहीं होगा चाहे उससे मुझे कितना भी वंचित और लांछित होना पड़े। मैंने कई बार कहा है, 'आज मेरे ऊपर आक्रमण होने पर तुम लोग चुप रहते हो

लेकिन आगे चलकर तुम्हारे ऊपर भी आक्रमण होगा।' ठीक वैसा ही हुआ। जब पहली बार मेरे विरुद्ध निषेधाज्ञा शुरू हुई तब मुँह बन्द न रखकर प्रतिवाद करने पर समाज विनाश की तरफ़ तो नहीं चल पड़ा। जब मैं कोलकाता में निवास कर रही थी उन दिनों सलमान रुश्दी इसी कोलकाता में एक बड़ा उत्सव करने आये थे। किन्तु मुझे वहाँ से भगाने के बाद सलमान रुश्दी को भी कोलकाता में नहीं घुसने दिया गया। मुझे यदि कोलकाता से बाहर नहीं किया होता तो रुश्दी को भी कोलकाता प्रवेश करने में कोई असुविधा नहीं होती। मुझे राज्य से बाहर कर देने का अर्थ हुआ मुस्लिम रूढ़िवादियों की माँगों के सामने हार मानना अथवा उनके सभी अनैतिक और तर्कहीन दावों को मानकर उन्हें स्वीकार कर लेना। इस तरह पश्चिम बंगाल के शासक दल ने रूढ़िवादियों की प्रतिगामी शक्ति को सम्मान देते हुए उन्हें खुशी से अपने सिर पर चढ़ा लिया। मुझे भगाया गया था रूढ़िवादियों को खुश करने के लिए। इसलिए सलमान रुश्दी का स्वागत करने से निश्चय ही वे रूढ़िवादी नाराज़ होंगे। उनके लिए एक बार अनुचित कार्य करने से सारा जीवन वैसा ही करते रहना होगा। हो सकता है कि इसके फलस्वरूप सलमान रुश्दी को कोलकाता जाने से रोका गया है यही सोचकर बुद्धिजीवी बहुत नाराज़ हुए हैं। किन्तु मुझे जब कोलकाता से बाहर किया गया और उसके बाद जब मुझे वहाँ दुबारा घुसने नहीं दिया जाता तब बुद्धिजीवियों को इतना गुस्सा नहीं आया। नारीवादियों का जो होता है वह हो, उनके के लिए वांछित अभिव्यक्ति की स्वाधीनता चाहे रहे या न रहे; लेकिन पुरुषप्रधान समाज को इससे अवश्य कुछ नफ़ा-नुक़सान नहीं होता।

बांग्लादेश के लोगों ने भी पिछले बीस साल से मुझे देश में प्रवेश न करने देने के सरकारी निर्णय के ख़िलाफ़, या एक के बाद एक मेरी किताबों पर निषेध लगाने के ख़िलाफ़ मुँह नहीं खोला। लेकिन कुछ दिन पहले मैंने अचानक देखा कि अगले प्रकाशन से प्रतिवाद की प्रक्रिया शुरू हुई है। देखा, निमन्त्रण पत्र में लिखा था, 'आगामी 30 जनवरी, शाम 4:30 बजे, राष्ट्रीय प्रेस क्लब के कॉन्फ्रेंस लाउन्ज में उपमहाद्वीप की प्रखर नारीवादी लेखक तसलीमा नसरीन के ऊपर से वर्तमान निषेधाज्ञा खारिज करने की माँग को लेकर एक संवाद सम्मेलन', मैं विस्मित हुई। पिछले 20 साल से सभी मुझे विवादास्पद लेखिका कहकर सम्बोधित करते आ रहे हैं। इससे अधिक देश से मैंने कुछ आशा भी नहीं की। मेरे विरुद्ध 100 प्रतिशत पाखंड और झूठ का व्यवहार न करके यदि देश या देश के लोग 80 प्रतिशत भी वैसा व्यवहार करें तो उससे ही मेरी खुशी की सीमा नहीं रहती। किन्तु वे तो वैसा भी नहीं करते, बल्कि जो लिखते या बोलते हैं वह सभी झूठ का प्रवाह। किन्तु उस दिन तो एक आशातीत घटना घटी। मेरे आगामी प्रकाशन के प्रकाशक ने एक तरह से अकेले ही अन्याय के विरुद्ध प्रतिवाद करने का निर्णय लिया। वह लेखक, कवि या बुद्धिजीवी नहीं हैं, किन्तु ख़ामोशी के निस्तब्ध गाल पर उन्होंने ज़ोर का तमाचा

लगाया है। उन्होंने उस संवाद सम्मेलन में जो कहा वह लगता है कि बांग्लादेश के पाठकों के लिए पूरी तरह से कुछ नया है, एकदम नूतन है।

''तसलीमा नसरीन के विरुद्ध जो निषेधाज्ञाएँ बांग्लादेश सरकार ने जारी की हैं उन सबको वापस लेने की माँग को लेकर हम लोग यहाँ एकत्र हुए हैं। आज का युवा समाज तसलीमा नसरीन के बारे में कुछ नहीं जानता, और अगर जानता भी है तो बहुत कम। अधिकांश युवा पीढ़ी ने तसलीमा की किताबें नहीं पढ़ी हैं। तमाम लोग जो तसलीमा की निन्दा करते हैं वे तसलीमा के विरुद्ध झूठे, ग़लत प्रचार से प्रभावित हैं। बांग्लादेश के रूढ़िवादी और नारीविरोधी लोगों की गोष्ठी तसलीमा के विरुद्ध दुष्प्रचार में पूरी तरह लगी हुई है।

जो लोग तसलीमा के बारे में जानते नहीं उनकी जानकारी के लिए बोल रहा हूँ, तसलीमा का जन्म बांग्लादेश के मैमनसिंह में हुआ था। वह बचपन से ही कविता लिखती थीं। 17 वर्ष की उम्र से कविता की पत्रिका का सम्पादन करती थीं। अपने चिकित्सक पिता की प्रेरणा से उन्होंने चिकित्सा विज्ञान पढ़ा, चिकित्सक (डॉक्टर) की भूमिका में वह बांग्लादेश के ग्रामांचल में, ढाका के मिटफोर्ड अस्पताल में एवं ढाका मेडिकल कॉलेज के अस्पताल में कार्य करती रहीं। नौकरी करने पर लेखन बन्द करना होगा, ऐसा सरकारी आदेश मिलने पर उन्होंने सरकारी नौकरी से इस्तीफा दे दिया। लेखन कार्य के प्रारम्भ से ही तसलीमा नसरीन लोकप्रिय रहीं। वह '80 के दशक के अन्तिम वर्षों में विभिन्न पत्रिकाओं में कॉलम लिखती थीं, एवं नारी के अधिकार के विषय पर उस लेखन के कारण उन्होंने व्यापक लोकप्रियता हासिल की। तसलीमा की प्रत्येक पुस्तक बेस्टसेलर लिस्ट में स्थान पाती है। तसलीमा नसरीन भारतीय उपमहाद्वीप की अन्यतम स्पष्टभाषी नारीवादी लेखिका हैं। अपने लेखन के लिए उन्होंने असाधारण लोकप्रियता अर्जित की यह तो सही है, लेकिन उसी से वह विवादों के घेरे में भी पड़ीं। धर्मान्ध लोगों ने उनके लेखन को लेकर बड़े पैमाने पर आलोचना और विवाद की जंग छेड़ी। पूरे देश में लाखों लोगों ने उन्हें फाँसी पर चढ़ा देने की माँग को लेकर जुलूस निकाले।

नारी के अधिकारों की पक्षधरता के कारण वह केवल धार्मिक रूढ़िवादियों के आक्रमण का ही शिकार नहीं हुईं बल्कि राष्ट्र की शासन व्यवस्था और पुरुषप्रधान समाज ने उनके विरुद्ध युद्ध की घोषणा कर दी। ख़ालिदा ज़िया की सरकार को तो उनकी पुस्तकों को निषिद्ध घोषित करने से ही चैन नहीं मिला। उसने तसलीमा के विरुद्ध मुक़दमा दायर किया और गिरफ़्तारी का फरमान भी जारी किया। इसके कुछ दिन बाद ही उन्हें देश छोड़कर जाने के लिए मजबूर किया। लम्बे 20 वर्ष के काल से वह निर्वासन का जीवन बिता रही हैं।

मानवता की पक्षधरता में लिखा उनका तथ्यों पर आधारित उपन्यास 'लज्जा', अपने बचपन की स्मृति को लेकर लिखा 'आमार मेयेबेला' (मेरा बचपन), किशोरावस्था

और यौवन के प्रारम्भिक जीवन की स्मृति को लेकर लिखा 'उतल हवा' (उत्ताल हवा), आत्मकथा का तीसरा और चौथा खण्ड 'क' एवं 'शेईशव अन्धकार' (वह सब अन्धकार)—इन 5 पुस्तकों को बांग्लादेश की सरकार ने निषिद्ध घोषित किया है। आज भी इन पुस्तकों पर से निषेधाज्ञा हटाई नहीं गयी है। 'आमार मेयेबेला' पुस्तक के लिए उन्हें बांग्ला साहित्य का अन्यतम पुरस्कार आनन्द पुरस्कार मिला है। उपन्यास 'लज्जा' दुनिया की 30 से भी अधिक भाषाओं में अनूदित हुआ है।

लम्बे निर्वासित जीवन में तसलीमा ने सम्मान एवं बहुत से पुरस्कार अर्जित किये हैं। इनमें शामिल हैं यूरोपीय पार्लमेंट से मुक्त चिन्तन के लिए सखारोव पुरस्कार, सहिष्णुता एवं शान्ति प्रचार के लिए युनेस्को पुरस्कार, फ्रांस की सरकार का मानवाधिकार पुरस्कार, धार्मिक संत्रास के विरुद्ध लड़ाई के लिए एइटी-दि-नान्त पुरस्कार, बेल्जियम की रॉयल एकेडमी ऑफ साइन्स, आर्ट्स एण्ड लिटरेचर से एकेडमी पुरस्कार, स्वीडन की लेखक संस्था पेन से कूर्ट तुखोलस्की पुरस्कार, जर्मनी की मानवतावादी संस्था से आरडिन फिशर पुरस्कार, नारीवाद विषय पर उनके साहित्य के लिए फ्रांस का सिमोन दि बूवोअर पुरस्कार, अमेरिका का फेमिनिस्ट प्रेस पुरस्कार। बेल्जियम की गैंट यूनिवर्सिटी, यूनिवर्सिटी ऑफ लोवेन, अमेरिकन यूनिवर्सिटी ऑफ पेरिस एवं पेरिस डिडेरो यूनिवर्सिटी से उन्होंने प्राप्त की है मानद डॉक्टरेट। सन् दो हजार तीन-चार में हार्वर्ड विश्वविद्यालय में रिचर्स फेलो के रूप में काम किया है और न्यूयार्क यूनिवर्सिटी में सन् दो हजार नौ-दस में। भारत से 'निर्वाचित कॉलम' और 'आमार मेयेबेला' इन दो पुस्तकों के लिए दो बार आनन्द पुरस्कार मिला। अंग्रेजी, फ्रेंच, इटेलियन और जर्मन सहित लगभग 30 भाषाओं में अनूदित हुई हैं तसलीमा की किताबें। मानवतावाद, मानवाधिकार, नारी स्वाधीनता विषयों के सन्दर्भ में विश्व के विभिन्न मंचों, हार्वर्ड, येल, ऑक्सफोर्ड, ऐडिनबरा और सारबोन जैसे विख्यात विश्वविद्यालयों में उन्होंने भाषण दिया है। विचारों की अभिव्यक्ति की स्वाधीनता के पक्ष में सारी दुनिया में वह एक आन्दोलन का नाम हैं।

कोलकाता में स्थायी रूप से तीन साल रहने के बाद रूढ़िवादियों के हमलों के फलस्वरूप उन्हें सन् दो हजार आठ में भारत छोड़ने को बाध्य होना पड़ा। उसके बाद सन् दो हजार ग्यारह में उन्हें भारत में रहने की अनुमति मिली। अभी भी वह यायावर जीवन बिता रही हैं। एक बंगाली होने पर भी, बांग्ला भाषा की लेखक होने के बावजूद, बंगाल में उनके लिए जगह नहीं है। कुछ कूपमण्डूक, मूर्ख और स्वार्थी, धर्मान्ध और पाखण्डी राजनैतिक व्यक्तियों के कारण तसलीमा आज पृथिवी के तमाम रास्तों पर आश्रयहीन भटक रही हैं। आज बीस साल हो गये हैं, बांग्लादेश की कोई भी सरकार उन्हें अपने देश में प्रवेश करने की अनुमति नहीं देती। उनके पासपोर्ट का नवीनीकरण नहीं करती। उन्हें वीसा नहीं देती। तसलीमा

के मानवाधिकार का उल्लंघन करने की क्षति जितनी तसलीमा की होती है उससे ज़्यादा होती है देश की, समाज की। बांग्लादेश को आज विदेशों में अधिकतर लोग एक रूढ़िवादी देश के रूप में पहचानते हैं। इस देश में तसलीमा जैसे मानवतावादी लेखक के लिए कोई जगह नहीं है। रूढ़िवादी लोग उन्हें वापस नहीं आने देना चाहते। इसीलिए किसी भी सरकार ने तसलीमा को पिछले बीस वर्ष से देश में प्रवेश का अधिकार नहीं दिया।

नारी जब केवल नारी होकर जन्म लेने के कारण वंचित होती है, रास्ता घाट पर लांछित होती है, जब अधिकार नाम का कुछ भी नारी के पास नहीं है, और जब उनकी ज़रूरत इस देश में सबसे ज़्यादा है, तब तसलीमा इस देश में नहीं हैं। तसलीमा को देश में वापस लाने की माँग हम लोग कर रहे हैं, और बिना देरी किये उनकी अभिव्यक्ति की स्वाधीनता के विरुद्ध जितने मुकदमे इस देश में दर्ज किये गये हैं उन सब को खारिज करने की माँग करते हैं।''

यह माँग की है उस्मान गनी ने। साथ में थे मारूफ़ रसूल और रुबाइयात फिरदौस। जानती हूँ कि उनकी बात किसी के कानों तक पहुँचेगी नहीं। देश का दरवाज़ा जिस तरह बन्द था वैसा ही बन्द रह जायेगा मेरे लिए। लेकिन मन में सुख हुआ केवल इतना जानकर कि कम से कम दो एक इन्सान आज भी हैं जो अन्याय के विरुद्ध प्रतिवाद करते हैं। बांग्लादेश को लेकर गर्व करने लायक तो कुछ भी नहीं है, किन्तु गर्व यदि कभी होता है तो वह इन्हीं इन्सानों के लिए जो अन्याय और अत्याचार के विरुद्ध आवाज़ उठाते हैं, स्वार्थ के लिए मुँह बन्द कर बैठे नहीं रहते।

फाँसी में विश्वास रखने वाले देश कादर मुल्ला की फाँसी की आलोचना क्यों कर रहे हैं

मैं फाँसी विरोधी इन्सान हूँ। मेरा विचार है कि प्रत्येक मनुष्य को ज़िन्दा रहने का अधिकार है। हर युद्ध अपराधी के साथ न्याय करना उचित है। फाँसी के बदले वे कोई अन्य दण्ड पा सकते हैं। आजीवन कारावास? क्यो नहीं? आजकल तो मैं आजीवन कारावास की भी खिलाफ़त करती हूँ। किसी को जेलखाने में डाल देना मैं पसन्द नहीं करती। जेलखाने सुधार केन्द्र हो सकते हैं। जितने दिन में दिमाग़ के अपराधी कीड़े मर सकें या दिमाग़ से निकल जायें उतने दिन अपराधी उस केन्द्र में रहें। जैसा किसी ने कहा था, 'जेलखाने के कमरे अलग-अलग क्लास रूम बन सकते हैं, और जेलखाने भी विश्वविद्यालय में परिवर्तित हो सकते हैं।' कुछ दिन पहले स्वीडन के कई जेलखाने बन्द कर दिये गये, कारण था जेल में किसी क़ैदी का न होना। अपराधों की संख्या कम है इसीलिए अपराधी भी बहुत कम हैं। समाज को जितना विषमता विहीन किया जाये और इन्सानों के बीच जितनी समता लायी जा सके अपराध उतने ही कम हो जाते हैं। ये तो स्वीडन की बात है, बांग्लादेश तो और सभ्य हुआ नहीं, इसलिए जेलखाना बन्द करने का स्वप्न फिलहाल बना रहे। कुछ और बात करती हूँ।

विश्व की मानवाधिकार संस्थाएँ बांग्लादेश में मृत्युदण्ड के ख़िलाफ़ आवाज़ उठाती हैं, तो उठाती रहें। वे तो सारी दुनिया में जिस देश में मृत्युदण्ड का क़ानून है, उस देश को ही बोलती है, 'मृत्युदण्ड का क़ानून ख़त्म करो।' लेकिन मेरा सवाल है कि जिन देशों ने मृत्युदण्ड के क़ानून को बहाल रखा है और खुद खूब मृत्युदण्ड देते हैं, वे देश ही बांग्लादेश में मृत्युदण्ड को लेकर इतने आँसू क्यों बहा रहे हैं? वे क्या किसी अन्य देश में किसी को मृत्युदण्ड देने पर इस तरह हमला करते हैं? इतना रोवापिटान करते हैं? वे क्या चीन, सऊदी अरब, ईरान, अमेरिका या उत्तर कोरिया की चौखट पर हठ करके धरने पर बैठे रहते हैं। बांग्लादेश में अन्य किसी व्यक्ति को फाँसी होने पर तो इनकी शक़्ल कहीं दिखाई नहीं देती। तो फिर कादर मुल्ला की फाँसी को लेकर इतना हाहाकार क्यों? कादर मुल्ला कट्टर रूढ़िवादी है

इसलिए? और किसी को भी मारो लेकिन इस्लामी कट्टरपन्थी के शरीर पर एक खरोंच भी नहीं लगाई जा सकती! कादर मुल्ला युद्ध का अपराधी है यह बात कोई क्यों नहीं बोलता! आज भी द्वितीय विश्व युद्ध के अपराधियों पर मुकदमे चल रहे हैं। उन्नीस सौ इकहत्तर के मुक्तियुद्ध खूनियों पर जब मुक़दमा चलता है तो बहुत-से देशों में इस पर अफसोस देखकर मैं स्तंभित रह जाती हूँ। कट्टरपन्थी मानव विरोधी ताकतों के दोस्तों की संख्या आज पूरी दुनिया में कम नहीं है। जिन पश्चिमी देशों को इस्लाम का शत्रु समझा जाता था, देखते हैं कि वे भी इस्लामी कट्टरपन्थियों के प्रति अस्वाभाविक सहानुभूति रखते हैं। मैं नहीं सोचना चाहती कि कट्टरपन्थ के समर्थन के पीछे कितने प्रकार की राजनीति है। बांग्लादेश के उन्नीस सौ इकहत्तर के युद्ध को इस्लामी रूढ़िवाद के समर्थक पश्चिमी देशों का दल, युद्ध ही मानने को तैयार नहीं है। जैसे कि ग़रीब देश का युद्ध कोई युद्ध ही न हो। तीस लाख लोगों की मृत्यु जैसे मृत्यु ही न हो, दो लाख स्त्रियों के साथ बलात्कार, बलात्कार ही न हो। लगता है कि जैसे उनकी नज़र में हमारा दुर्भिक्ष हमारी भुखमरी, हमारा अभाव और हमारी अशिक्षा ही सच है, और कुछ सच नहीं। लगता है जैसे उनके लिए हमारी भाषा, हमारे गीत, हमारा प्रेम, हमारा व्यक्तित्व, हमारा संग्राम, हमारा साहस, हमारी आशा-आकांक्षा और हमारे स्वप्न, कुछ भी सच नहीं हैं। उनका कोई मूल्य ही नहीं है।

मैं मृत्युदण्ड में क्यों विश्वास नहीं करती, यह बताती हूँ। किसी भी प्राणी या किसी भी मनुष्य का अपराधी अत्याचारी या दमनकारी के रूप में जन्म नहीं होता। एक बच्चे को यदि स्वस्थ, सुन्दर और शिक्षित परिवेश न मिले, एक बालक के पालन-पोषण के समय यदि उसके दिमाग़ में बराबर, गन्दे, नीच विचारों का कूड़ा भरा जाता रहे तो ये बच्चे ही बड़े होकर अपराध और आतंकवाद में खुद को झोंक देते हैं। यह क्या उनका दोष है? अथवा उनका जो उनके विचारों में वह सब गंदगी भरते हैं; ग़लत और मानव विरोधी कीचड़ को बच्चों के दिमाग़ में भरने की परम्परा जो लोग समाज में क़ायम रखते हैं! क्या यह उनका अपराध नहीं है? उसी समाज में रहते हुए मैं धार्मिक रूढ़िवाद की विरोधी हूँ, कादर मुल्ला या दिलावर हुसैन सईदी घोर कट्टरपन्थी हैं। उसी समाज में कोई ख़ूनी है तो कोई बलात्कारी तो कोई चोर; और वहीं कोई भला और सज्जन व्यक्ति भी है। समाज एक होने पर भी अगर तालीम भिन्न हो तभी ऐसा होता है। एक वर्ग के लोग विज्ञान की शिक्षा प्राप्त करते हैं, मानवाधिकार के सम्बन्ध में जानकारी हासिल करते हैं, और इस तरह ज्ञान के प्रकाश से आलोकित होते हैं। उधर एक अन्य वर्ग को धर्मान्ध, मूर्ख, कूपमण्डूक और बर्बर बनाया जाता है। उन्हें धकेल दिया जाता है घोर अन्धकार में। शिक्षा की व्यवस्था सबके लिए समान हो, शिक्षा अच्छी हो, और समान अधिकार का ज्ञान देने वाली हो तो लोग बुरे न बनकर अच्छे बनते। छोटी-मोटी अभद्रता, सभ्यता, और

छोटा-मोटा अपराध होते हुए भी समाज इस तरह बुरे लोगों के क़ब्जे में नहीं चला जाता। इतने लाखों लोग ख़ून के प्यासे होकर राजपथ पर तांडव नहीं करते। कादिर मुल्ला की खातिर विदेश में कई लोगों को रोते देखकर मैं चौंक उठती हूँ। किन्तु मेरे देश के लोग ही जो कादिर के प्रेम में पागल हो गये हैं? इनमें से हर एक व्यक्ति कादिर मुल्ला है। एक कादिर मुल्ला को युद्ध के अपराधी की हैसियत से फाँसी दी गयी है। लेकिन हज़ारों कादिर मुल्ला जो वैज्ञानिक विचारधारा वाले कट्टरपन्थ विरोधी इन्सानों का गला काट रहे हैं उनके साथ क्या किया जाये? कुछ एक मौत की सजा पाने वाले बूढ़े कमजोर युद्ध के अपराधियों से निःसन्देह कहीं ज़्यादा भयंकर हैं लाखों इस्लामी चरमपन्थी। आज उनमें से हर एक युद्ध के अपराधी कादिर मुल्ला के स्वप्न को साकार करने वाला सैनिक है।

जिस देश में सबके लिए भोजन, वस्त्र, घर, शिक्षा और स्वास्थ्य व्यवस्था नहीं है उस देश में आराजकता तो रहती ही है। अन्य सभी व्यवस्थाओं के अनुसार न्याय व्यवस्था भी ग़लत है। इसी वजह से अपराध करने पर, अपराधी ने किस कारण से अपराध किया, कहाँ भूल थी, यह सब न सोचकर भूल की सुधार की कोशिश न करके अपराधी को जेल में डाल दिया जाता है या मार डाला जाता है। फाँसी देकर बहुत-सी समस्याओं का जल्दी, झटपट समाधान करना चाहती है सरकार। किन्तु इससे समस्या का सही समाधान नहीं होता। मैं तो भविष्य की बात सोचती हूँ, चरमपन्थियों की अनिष्टकारी शक्ति का अन्त चाहती हूँ। उसका अवसान फाँसी देने से नहीं होता। वह तो अच्छी शिक्षा देकर करना होगा।

समाज को धर्मान्धता, बुरे संस्कार और नारी के प्रति घृणा से यदि मुक्त करना है तो मनुष्य को बचपन से ही विज्ञान, मानववाद और समान अधिकार की शिक्षा देनी होगी। यह शिक्षा पाकर बच्चों के धर्मान्ध, बलात्कारी या ख़ूनी हो जाने की आशंका नहीं रहती।

जमाते इस्लामी के लोग बांग्लादेश में जिस बर्बरता का प्रसार कर रहे हैं उसे देखकर मुझे आश्चर्य नहीं होता, क्योंकि मैं बहुत सालों से जानती हूँ कि जमाते इस्लामी की पहचान एक राजनैतिक दल के रूप में होने के बावजूद यह एक आतंकवादी दल के अलावा कुछ और नहीं है। इनकी राजनीति घृणा, वैमनस्य, अन्धानुकरण, अकल्याण, बौद्धिक पंगुता और हत्या की राजनीति है। इस राजनीति को समाज में प्रवेश करने का अवसर देने से यह राजनीति जनता को, देश को और देश के भविष्य को नष्ट कर देगी। जमाते इस्लामी को अत्यन्त संगत कारणों से ही निषिद्ध घोषित करना उचित है। दुनिया के सभी देशों में ही आतंकवादी दल निषिद्ध और ग़ैरक़ानूनी घोषित किये गये हैं। बांग्लादेश में निषेध करने पर, 'चला गया रे चला गया' कहकर बहुत-से लोग दौड़कर रुकावट डालने लगते हैं। जो दल गणतन्त्र में विश्वास नहीं करता, उस दल को गणतन्त्र के नाम

पर यदि जीवित रखेंगे तो हँसते-हँसते वह आपकी रग काट देगा, मेरा गला काट देगा—ये मैं जानती हूँ। जानबूझकर भी अनजान बनने का नाटक अन्य कोई करे, मैं तो नहीं करती। बांग्लादेश को एक धर्म पर आधारित चरमपन्थियों से भरा, पिछड़ा धर्मान्ध देश बनाने की इच्छा देश में और देश के बाहर भी बहुत-से लोगों में बलवती है। मैं अपने विचार अभिव्यक्त करने की स्वाधीनता में प्रचण्ड विश्वासी होने के बावजूद एक दल को निषिद्ध करना चाहती हूँ। इसका कारण यह है कि यह दल यानी जमाते इस्लामी राजनैतिक पार्टी के रूप में स्वीकृति पाने के क़ाबिल नहीं है।

युद्ध के अपराधी अधिकतर सभी इस्लामी चरमपन्थी हैं। कट्टरपन्थी युद्ध के अपराधियों अथवा इस्लामी चरमपन्थियों की मैं घोर शत्रु हूँ। वे लोग मेरा ख़ून करने के लिए, आज इक्कीस साल हुए, छुरी पर शान दे रहे हैं। नज़दीक पाते ही मुझे ज़िबह कर देंगे, मेरा गला काट देंगे। लेकिन यह जानते हुए भी मैं नहीं चाहती कि उनमें से किसी को फाँसी हो। वे भले मानुष बने मैं यही चाहती हूँ। उनकी सन्तानें प्रगति की पक्षधरता करने वालीइन्सान बने, चाहती हूँ। उनकी सन्तानों की सन्तान न जाने कि धर्मान्ध चरमपन्थ किसे कहते हैं। जैसे सभी एक वर्गहीन, विषमताहीन, बुरे संस्कारों से रहित रहने के लिए सुन्दर परिवेश पाये। सभी इन्सान और सभी सन्तानों को यह मिले। इसी स्वप्न की खातिर लड़ाई है मेरी। मैं उस समता को समाज के जीवित रहते नहीं देख पाऊँगी; किन्तु उस समाज के निर्माण में मैं एक सामान्य भूमिका निभ़ाना चाहती हूँ। इसलिए जीवन का दांव लगाकर भी मैं लिखती हूँ, इन्सान को लड़ाई करने की प्रेरणा देती हूँ। जो देश मुझे आज अपना देश नहीं लगता, जिस देश को लेकर आज मुझे शर्म आती है, चाहती हूँ कि उसी देश को लेकर भावी पीढ़ियों के लोग गर्व करें। ख़ून से लथपथ राजपथ को लेकर नहीं बल्कि एक निरापद स्वदेश पर गर्व।

बिहारी समस्या

मेमन सिंह शहर में हमारा घर था हिन्दू मोहल्ले में। सन् इकहत्तर में मोहल्ले के हिन्दू, घरबार और सामान जैसा था वैसा ही छोड़कर भारत चले गये। हमें भी शहर छोड़कर छिपकर रहना पड़ा दूर—भीतर के गाँव में। एक बार, देश स्वाधीन हो गया है ऐसी एक झूठी ख़बर मिलने पर सम्भवतः अक्टूबर या नवम्बर के आसपास हम गाँव से शहर चले आये। आकर देखा कि पूरा पाड़ा ही बदल गया है। हिन्दुओं के घरों में परिवार-परिजनों के साथ अपरिचित उर्दूभाषी लोग रहते हैं। सुना है कि वे बिहारी हैं। उन बिहारियों में से किसी ने निश्चय ही पाकिस्तान की आर्मी को ख़बर दी थी। हमारे घर को बड़े लोगों का घर समझा जाता। जिस रात हम शहर में आये थे उसकी दूसरी रात में ही हमारे घर में घुसकर जो कुछ था उसे पाकिस्तानी आर्मी ने लूट लिया, टका, पैसा, सोना-चाँदी सब। मेरी नानी, माँ, मौसी और मामी आदि के सबके गहने थे एक पोटली में। उस पोटली को नानी अपनी बगल में ही रखतीं जहाँ कहीं भी जातीं। पाकिस्तान आर्मी वह पोटली भी ले गयी। उनके घर में घुसते ही नानी और माँ बलात्कार और ख़ून से बचने के लिए झटपट कहीं छिप गयी थीं। नानी की पोटली? नमाज़ पढ़ने की जगह के पास ही थी और माँ का अनन्तबाला था रहल पर रखे खुले कुरान के ऊपर। सब ले गयी पाकिस्तान की आर्मी। अलमारी को खोलकर जो रुपया पैसा था वह भी ले गयी। मेरी उम्र बहुत कम थी शायद यह सोचकर मुझे अपने कैम्प में उठाकर नहीं ले गये।

उन्नीस सौ इकहत्तर में बहुत-से बिहारियों ने अपने नाम रज़ाकार, अलबद्र और अल-शमशेर की सूचियों में लिखवाये। जिस धरती पर रहते हैं उसी धरती के निवासियों के साथ विश्वासघात किया। बिहारी लोग बांग्लादेश की स्वाधीनता नहीं चाहते थे। बल्कि वे तो बांग्लादेश के शत्रु पाकिस्तान के सामने सिर झुकाकर खड़े हुए। पाकिस्तान सेना के साथ मिलकर लूट-पाट, हत्याकाण्ड, बलात्कार सब कुछ किया। जिन पन्द्रह या तीस लाख बंगालियों का ख़ून हुआ वह सब पाक आर्मी के द्वारा ही नहीं, बिहारियों के द्वारा भी। दो लाख स्त्रियों के साथ बलात्कार हुआ, सब बलात्कार पाक आर्मी ने ही नहीं किये, बिहारियों ने भी किये। इन बिहारियों को इसलिए तर्कसंगत कारणों से बंगाली पसन्द नहीं करते। मेरे मामा तो मुक्ति संग्राम

के योद्धा थे। मामा के मुँह से सुना है कि देश के स्वाधीन होने के बाद जब वह नौ महीने बाद घर लौट रहे थे तो शहर की बम्बई कॉलोनी में घुसने पर जितने भी बिहारी नज़र आये सबको मारकर ही आये।

इसी तरह उन्नीस सौ छियालिस और सैंतालिस में भारत का विभाजन होने के समय पश्चिम बंगाल से बंगाली मुसलमानों के अलावा भारत के बिहार और उत्तरप्रदेश से वहाँ बसे हुए दस लाख मुसलमान पूर्व बंगाल या तत्कालीन पूर्व पाकिस्तान चले आये थे। तब से लेकर अब तक वे यहीं हैं। भारत के मुसलमान जो बंगाली नहीं थे, बुनियादी तौर पर वे पश्चिम पाकिस्तान में ही गये। जिन लोगों की क्षमता नहीं थी पश्चिमी पाकिस्तान जाने की वे ही आये पूरब की तरफ़। पूर्व पाकिस्तान से हिन्दू भारत चले गये थे, और भारत से मुसलमान आये थे पूर्व पाकिस्तान। धर्म के कारण पुरखों का घर और ज़मीन छोड़कर विस्थापित होने का परामर्श भारतवर्ष के राजनीतिज्ञों और शासकों ने दिया था। उसमें सामान्य साधारण जनता का क्या दोष? बिहारियों की तो कोई ग़लती नहीं थी कि वे जो पूर्व पाकिस्तान चले आये थे। इकहत्तर में उन्होंने पाकिस्तान का समर्थन करके अवश्य ही भूल की थी। बंगालियों ने बांग्ला भाषा और बांग्ला संस्कृति की पक्षधरता में उर्दूभाषी और उर्दू संस्कृति वाले पाकिस्तानी शासकों के ख़िलाफ़ युद्ध किया। बांग्ला भाषा और संस्कृति के प्रति बिहारियों का तो कोई अनुराग था नहीं। वे थे एक तो मुसलमान और ऊपर से उर्दूभाषी। भारत के मुसलमान चाहे भी किसी अंचल के हों, उर्दू भाषा में बात करने में आसानी महसूस करते हैं। अरबी भाषा और उर्दू भाषा को मुसलमानों की भाषा मानने वाले लोगों का इस उपमहाद्वीप में अभाव नहीं है। बिहारी तो धर्म के कारण ही अपनी ज़मीन और अपने घर छोड़ने को बाध्य हुए। इसी कारण वे चाहते थे कि मुसलमानों का देश पाकिस्तान फिर से विभाजित न हो। किन्तु जिस पाकिस्तान के समर्थन में बंगालियों के साथ अन्याय और अत्याचार करने से बिहारी लोग हिचके नहीं, बांग्लादेश के स्वाधीन होने के बाद उसी पाकिस्तान ने उनकी तरफ़ मुड़कर देखा तक नहीं। प्रेमपूर्वक विमान में बिठाकर पाकिस्तान सरकार उन्हें ले जायेगी और उन्हें नागरिक सम्मान देगी—उनका वह सपना तो सपना ही रह गया। तैंतालिस साल बीत गये हैं, आज भी बिहारी शरणार्थी कैम्पों में पड़े हुए हैं। बिहारियों में सन् इकहत्तर में जो बच्चे थे या इकहत्तर के बाद जिनका जन्म हुआ उन्हें तो बांग्लादेश के नागरिक के रूप में स्वीकार किया गया। नयी पीढ़ी के लोग बांग्लादेश को अपना देश मानते हैं, इसी देश की नागरिकता चाहते हैं। लेकिन पुराने बिहारी अब भी उर्दू भाषा में बात करते हैं और अब भी पाकिस्तान का सपना लेकर जी रहे हैं। एक दिन पाकिस्तान नामक 'प्रामिज़्ड लैंड' रहने का सुयोग उन्हें मिलेगा, यही है उनका स्वप्न। बिहारियों के पाकिस्तान जाने के पक्ष में समझौता भी हुआ था। 1972 की शिमला वार्ता और समझौते के बाद 1974 के अप्रैल महीने में

बांग्लादेश, भारत, और पाकिस्तान के बीच एक अनुबन्ध हुआ था। तीनों देशों के विदेश मंत्रियों ने उस अनुबन्ध पर हस्ताक्षर किये थे—कमाल हुसैन, सरदार स्वर्ण सिंह और अजीज अहमद। 1978 में पाकिस्तान के जनरल जियाउल हक़ ने प्रतिज्ञा की थी कि बांग्लादेश से बिहारियों को पाकिस्तान में ले लेंगे। 1988 में पाकिस्तान के मुताम्मर अल-आलम, अल-इस्लामी संगठन ने बिहारियों को पाकिस्तान ले जाने के लिए कई करोड़ रुपये चंदा इकठ्ठा किया था। मार्च उन्नीस सौ चौरान्वे में जिन बिहारियों को पाकिस्तान ले जाया जाना था उनकी एक लिस्ट भी निकाली थी ढाका के पाकिस्तानी दूतावास ने। 12 नवम्बर 1991 में पाकिस्तान की सरकार ने घोषणा की थी कि बिहारियों को पाकिस्तान ले जाया जायेगा। 11 अगस्त 1992 के दिन, जब ख़ालिदा ज़िया पाकिस्तान की यात्रा पर गयी थीं, तब भी पाकिस्तान सरकार ने घोषणा की थी कि बिहारियों को शीघ्र पाकिस्तान ले जाया जायेगा। नवाज़ शरीफ ने 1992 में वचन दिया था, 1994 के दिसम्बर में बेनजीर भुट्टो ने भी वचन दिया था। तारीख 25 अप्रैल, साल 1995, पाकिस्तान के प्रधानमन्त्री ने कहा था कि वे बांग्लादेश के बिहारियों को ले लेंगे। 1996 साल के 8 अगस्त को पाकिस्तान के विदेश मन्त्री नजीमुद्दीन शेख ने कहा था कि हाँ उन्हें ले लेंगे। नवाज़ शरीफ जब दूसरी बार सत्ता में आये तो उन्होंने वचन दिया था कि वे बांग्लादेश के बिहारियों को पाकिस्तान में ले लेंगे; तारीख थी 25 मार्च 1999। और जनरल परवेज़ मुर्शरफ जब 30 अगस्त 2002 को बांग्लादेश की यात्रा में आये तो उन्होंने भी कहा था कि बिहारियों को ले जायेंगे। सरकार के लोग प्रतिज्ञा ही करते रहे, वचन ही देते रहे, लेकिन असली काम कुछ किया नहीं। विश्व मुस्लिम कांग्रेस, मुतम्मबर-अलू-आलम, अल-इस्लामी ने ही कुछ किया था। पचास हज़ार बिहारियों को यह संगठन अपने प्रयत्न से ही पाकिस्तान ले गया था। पंजाब के मुख्यमन्त्री से समर्थन पाकर इन बिहारियों को पंजाब में बसने का अवसर भी मिल गया था। नवाज़ शरीफ इस समय तीसरी बार पाकिस्तान के प्रधानमन्त्री हुए हैं। इस बार उन्हें याद दिलाया जाये कि दो-दो बार वचन देने के बाद भी उन्होंने उस वचन का पालन नहीं किया; इस बार तो पालन करें। अक्सर तीसरी बार काम सफल हो जाता है। शेख हसीना को चाहिए कि इस विषय पर नवाज़ शरीफ से बात करें और दस लोगों को बोलें कि वे नवाज़ शरीफ पर ज़ोर डाले, उन्हें राज़ी करें। मानव जीवन को लेकर इस तरह का अमानवीय खेल इस बार बन्द होना चाहिए।

पाकिस्तान चले जाने की अपेक्षा एक ज़माने से बांग्लादेश में बसे हुए बिहारियों को विस्थापित पाकिस्तानी या शरणार्थी कहकर पुकारा जाता है। सारा जीवन शरणार्थी बनकर काटने के बाद शरणार्थी की तरह वे मरते भी हैं। हो सकता है ये बिहारी मन ही मन खुद को पाकिस्तानी नागरिक समझकर खुश होते होंगे। लेकिन असलियत यह है कि वे किसी भी देश के नागरिक नहीं हैं। वे पाकिस्तान

के नागरिक नहीं हैं, लेकिन वे भारत और बांग्लादेश के नागरिक भी नहीं हैं। वे बहुत कुछ फिलिस्तीनियों की तरह हैं, जो जीवन भर शरणार्थी कैम्पों में ही रहने के लिए मजबूर हैं। मेरा विश्वास है कि बांग्लादेश और पाकिस्तान के सभी नागरिक फिलिस्तीनी शरणार्थियों की दुर्दशा दूर करने के पक्षधर हैं। बहुत-से लोग उनकी खातिर आँसू बहाते हैं और अनेक लोग उनके मानवाधिकार की हिमायत में बहुत-से भाषण भी देते हैं। लेकिन सुदूर फिलिस्तीन के शरणार्थी को लेकर जो अपनी रात की नींद हराम करते हैं, उनके बीच कितने लोग हैं जो राज्यहीन, राष्ट्रहीन बिहारियों के साथ जाकर खड़े होते हैं?

कुछ लोग कहते हैं कि बिहारियों को भारत भेज देना चाहिए। सभी बिहारियों के बोझ को नाना प्रकार के लोगों की गर्दन पर फेंक कर हलका होना चाहते हैं। भारत, जहाँ से पकड़-पकड़ कर बांग्लादेश के मुसलमानों को भगाया जा रहा है, वहाँ लाखों बिहारी मुसलमानों को भारत वापस ले लेगा यह प्रश्न ही नहीं उठता। पाकिस्तान अगर इस बार भी अपने वचन का पालन करने से मुकर जाता है तो बांग्लादेश ही उन सब को नागरिकता प्रदान कर दे।

बांग्लादेश का सुप्रीम कोर्ट नयी पीढ़ी के बिहारी लड़के-लड़कियों को बांग्लादेश की नागरिकता देने के पक्ष में है। लेकिन सभी बिहारियों को क्यों नहीं? किस वजह से बिहारी लोग आज भी शरणार्थी कैम्पों में पड़े रहेंगे, किसकी आशा में पड़े रहेंगे! उन अँधेरी गलियों में दीर्घकाल तक पड़े रहने पर धर्म, कुसंस्कार, अज्ञान और अशिक्षा का घुन लग जाता है मनुष्य के मस्तिष्क पर। इससे न तो बिहारियों को लाभ है और न बंगालियों को। सबसे अच्छा होता अगर जन्म से ही मनुष्य विश्व का नागरिक हो पाता, अच्छा होता अगर नागरिकता की खातिर उन्हें किसी भी राष्ट्र से भीख न माँगनी पड़ती। तब वह अपनी मर्जी से जिस देश में जाना चाहता जा सकता, जिसको जो देश अच्छा लगता उस देश में निवास कर पाता। किन्तु यह दुर्भाग्य है हमारा कि दुनिया इंसानियत के इस नियम को मानने वाली मानवतावादी दुनिया अभी तक नहीं बनी। इसीलिए अभी तक मनुष्य अमानवीयता की राजनीति का बन्दी है। आज कोई भी, कहीं भी बिहारियों को कोई भी आश्रय नहीं देता। बेहतर है कि जिस देश में वे आधी शताब्दी से अधिक काल से रहते हैं वह देश ही उनका वरण कर ले, घृणा को भूलकर क्षमा की भावना से उन्हें नये जीवन-यापन का सुयोग दे, उन्हें अपना नागरिक बना ले। बांग्लादेश ही दिखाये अपनी महानता। इन लोगों के दुःसह, देशहीन, गृहहीन जीवन की इति हो। उन्हें लिखने-पढ़ने का, नौकरी करने का और ग़रीबी दूर करने का मौक़ा मिले, बैंक एकाउन्ट खुलें, वोट देने की पंक्ति में खड़े हों, उन्हें पासपोर्ट मिले और वे सिर उठाकर चल सकें। संसार के धनी और बड़े देश तब छोटे ग़रीब बांग्लादेश से मानवता का पाठ सीखे।

उस दिन की बात है मीरपुर के बिहारी कैम्प में शब-ए-बरात की आतिशबाजी

में दंगा होने पर दस बिहारी मारे गये। कुछ लोगों का कहना है पुलिस की गोली से मरे; हो सकता है आतिशबाजी की आग से वे मरे हों, कुछ स्पष्ट नहीं है। कुछ लोग कहते हैं कि बंगालियों ने मारा उन्हें, कुछ लोग कहते हैं पुलिस ने, और कुछ लोग यह भी कहते हैं कि झगड़ा बिहारियों ने ही आपस में किया था। कुछ लोगों का यह भी कहना है कि एक कमरे में दस बिहारियों को ताले में बन्द करके आग लगा दी गयी थी। पता नहीं सचमुच क्या हुआ था। जो कुछ भी हुआ हो, मेरा विश्वास है कि यदि हम चाहते तो इस मृत्यु को टाला जा सकता था। फिर भी इतना तो जानती हूँ कि बिहारियों को पसन्द करने वाले लोग बांग्लादेश में बहुत कम हैं। गन्दी जेनेवा कैम्प की बस्ती में गाय, बकरियों की तरह वे रहते हैं; रिक्शा चालक, बस ड्राइवर, नाई, कसाई, और यह नहीं तो कोई छोटा-मोटा काम वे करते हैं। भला उन लोगों की तरफ़दारी में कौन खड़ा होगा? आजकल ग़रीब के साथ ग़रीब भी खड़ा नहीं होता। बंगालियों ने बिहारियों को जलाकर मार डाला है इस तरह की एक बुरी ख़बर हवा में फैली हुई है। ईर्ष्या और घृणा बंगालियों में कम नहीं है मैं जानती हूँ। बंगाली ठण्डे दिमाग़ से ही किसी का भी गला काट सकता है, ख़ून और बलात्कार तो प्रतिदिन की ही घटना है। लेकिन बंगाली तो प्रेम करना भी जानता है, क्षमा भी कर सकता है। एक बार क्षमा करे, एक बार उदार होकर दिखाये, तब सारी दुनिया देखे यह दृश्य।

अप्रत्याशित

'बांग्लादेश प्रतिदिन' के ऑनलाइन संस्करण में यदि मेरे लेखन के सम्बन्ध में पाठक के विचार कॉलम खुला होता तो मुझे पूरा यकीन है कि उसमें हद दर्जे की कुत्सित भाषा का व्यवहार होता मेरे विरुद्ध। बांग्लादेश निवासियों की एक विशाल संख्या हैं जो कितने अशिक्षित, कितने मूर्ख, कितने असहिष्णु, कितने नारीविरोधी और कितने बर्बर हैं—यह मैं नहीं जान पाती, अगर मैं अपने बारे में उनके विचार दूसरी पत्रिकाओं के ऑनलाइन संस्करणों में न पढ़ती। मेरे ख़िलाफ़ निन्दा और बदनामी की अफवाहें तथा झूठे दोषारोपण का लोग मज़ा लेते हैं, कोई रोकता नहीं उसे। इंटरनेट पर तो और भी रोक-टोक नहीं है। बहुत-से ब्लॉगों और ख़बरों में मुझे ठीक उसी भाषा में अपमानित करता है यहाँ का युवा समाज, अर्थात् देश का भविष्यत्, जिस भाषा में बीस बरस पहले उनके घृणित नारीविरोधी बाप-दादा मेरा अपमान करते थे। ऐसे सूखे की चिलचिलाती धूप में हठात् बारिश की एक बौछार का अहसास मिला मुझे। एक मेघकन्या ने बरसाई वह बारिश। जानती नहीं कौन है यह मेघकन्या। जहाँ भी रहो हे मेघकन्या! मेरा प्रेम स्वीकार करो। मेघकन्या के इस ब्लॉग को पूरा ही मैं दे रही हूँ पाठकों को पढ़ने के लिए। ब्लॉग तो पाठकों के लिए ही होता है इसलिए निश्चय ही मैं कोई अनधिकार चर्चा नहीं कर रही हूँ। इसका शीर्षक है 'मन की गुरु तना—मेरी तसलीमा नसरीन।' लिखती हैं मेघ कन्या/अगस्त 10, 2013—01:34 अपरान्ह।

'सुबह उठकर मैं मन ही मन कहती हूँ कि पूरे दिन अच्छी होकर चलूँ'—इसी तरह तो चलती थी मैं! कोई भी कुछ कहता तोसुन लेती, जानती थी एकमात्र लिखने-पढ़ने से ही इस स्त्री जीवन की मुक्ति हो सकती है। मोहल्ले की सभी अच्छी लड़कियाँ, अच्छी छात्रा के रूप में उदाहरण देती थीं। मैं भी उससे कम प्रसन्न नहीं होती थी। ज़मीन की तरफ़ देखती हुई स्कूल जाती हूँ, ज़मीन की तरफ़ नज़र लगाये हुए लौटती हूँ। आने-जाने के रास्ते पर कोई अच्छा बोले तो भी मैं चुप रहती हूँ, ख़राब बोलने पर तो एकदम ही कुछ नहीं बोलती। बस में अगर कोई मेरे शरीर पर हाथ लगाता है तो मैं एक किशोरी लज्जा और दुख से मन ही मन रोती हूँ। घर लौटकर अकेले में रोती हूँ। कभी-कभी स्कूल के टिफिन के पीरियड में रोती थी।

ऐसी थी मैं सन् '92 तक, क्लास नाइन तक अपनी पहचानी खुद मैं। माता-पिता की अच्छी छात्रा, अच्छी लड़की, मोहल्ले के पड़ोसियों की नज़र में अच्छी लड़की का रोल मॉडल। हठात् रंग बदलती दुनिया को दूसरी नज़र से कुछ-कुछ समझना शुरू किया। मेरे कच्चे मन में मुझे मालूम होने लगा कि सारा देश जिस लेखक के लेखन को लेकर छी-छी कर रहा है उसके लेखन को पढ़कर मेरे अन्दर परिवर्तन हो रहा है, और मैं अच्छी लड़की का सर्टिफिकेट बराबर थोड़ा-थोड़ा करके खो रही हूँ।

बस में होने वाले अशोभन व्यवहार के विरुद्ध मैं नाराज़ होकर प्रतिवाद में खड़ी हो गयी। एकता ही थी कि इस नीति के प्रयोग से हम सभी बाँधवीगण ने इस तरह के विकृत लोगों को हमेशा ही बुरी तरह पीटा। ऐसा भी हुआ कि बस में सभी ने मिलकर हम लोगों को बोला कि अपराधी व्यक्ति को छोड़ दो, मगर हमने छोड़ा नहीं। मैंने जाना कि जिसने अपराध किया है उसे तो रोना ही पड़ेगा। अपराध के शिकार हमारा रोना किस कारण नहीं हुआ? तना ने हमारे मनोजगत् को इस तरह अपनी लेखनी से बदल दिया था। सन् '94 का पुस्तक मेला, हम आठ-नौ जन मित्र लड़कियाँ वहाँ जा रही थीं। बीच में आकर एक फ्रेंड के सीने पर भीषण भीड़ में उँगली गड़ाने लगा एक हाथ। मेरी दोस्त ने पकड़ लिया वह हाथ। वह आदमी इस बार मेरी दोस्त से अपना हाथ छुड़ाने की कोशिश कर रहा था, तभी हमने उसे पकड़ लिया। हमारे बैग में भरी थीं तसलीमा की किताबें। मन में भरा था उनका दिया साहस। लोगों की भीड़ के सामने हमने उस आदमी के गाल पर एक के बाद एक थप्पड़ मारे। उसके बाद कान पकड़कर उठक-बैठक लगवाई। उस समय निश्चय ही हम तसलीमा बनना चाहती थीं। इस तरह से गुड गर्ल की इमेज एकदम ग़ायब हो गयी। जिसको लेकर मुझे आज भी गर्व है।

'जाय-जाय दिन साप्ताहिक मैग्जिन तब पाक्षिक थी क्या? याद तो पड़ता है साप्ताहिक थी। हाय-हाय कितने सांघातिक थे सब कॉलम—'आमार मेयेवेला' (मेरा बचपन) नामक कॉलम में। चित्त के एकान्त में, चरम हलाहल के बीच, हम किशोरियों के दल का छुरे की धार से पैने लेखन से सामना हुआ। जो लेखन फालतू प्रेम की बात नहीं करता बल्कि हमारे प्रतिदिन के छल-कपट और धोखाधड़ी को आँख पर उंगली लगाकर दिखा देता है। मॉर्निंग शिफ्ट में पढ़ने वाली लड़कियाँ, लड़कों की तरह रैग डे जो डे शिफ्ट में पढ़ती हैं वे कर नहीं पायेंगी क्या? हमेशा हम विद्यार्थी लड़कियों के लिए अलग नियम रहते हैं। टीचरों की लाल आँखों की उपेक्षा करके हम एस.एस.सी. की परीक्षार्थी लड़कियों ने भी लड़कों की तरह ही रैग डे मनाया।

घर से बाहर सब जगह उनका विद्रोही लेखन पढ़ना नाजायज समझा जाता है। हम लोग तो पढ़ते हैं। एक जन खरीदता है तो पढ़कर दूसरे को देता है। टिफिन के समय सब मिलकर पढ़ते हैं। किसी बोरिंग क्लास के दर्मियान उसके ऊपर कवर

चढ़ाकर पढ़ते हैं। हमारे निवास मीरपुर में इस लेखक की किताबे आसानी से नहीं मिलतीं। हमने पता लगाया कि न्यू मार्केट और बेली रोड पर उनकी सब किताबें मिलती हैं। कितनी मुश्किल से हम लोग बेली रोड पहुँचे सागर पब्लिशर्स और 'तब भी किताब पढो' नामक पुस्तक की दुकान पर। हमने स्कूल की यूनिफार्म पहनी थी इसलिए सभी हमें घूरकर देख रहे थे। हम लौटे 'नष्ट मेयेर नष्ट गद्य' (ख़राब लड़की का ख़राब गद्य) पुस्तक लेकर।

लज्जा अथवा 'भ्रमर कइओ गिया' (भ्रमर कहना जाकर) को साहित्य शब्द से जो समझा जाता है। हम वैसा नहीं समझते थे। उसकी अपेक्षा हमने 'जाबो ना केनो जाबो' (नहीं जाऊँगी क्यो जाऊँ), 'नष्ट मेयेर नष्ट गद्य', 'निर्वाचित कॉलम'; 'बेहुला एका भाशियेछिलो भेला' (बेहुला ने अकेले चलाई थी नाव), को हमने गाय के एक बार में पूरा कौर निगलने की तरह, एक झटके में ही पढ़ डाला; और हम सभी इस विषय में एकमत थे कि रुद्र की दोस्त रुद्र की तरह न होने पर भी कविता तो बहुत अच्छी लिखती है।

सारा देश तो आन्दोलन से पीड़ित है। सिलहट में किन्ही एक हुजुर ने तसलीमा से 'तौबा' करने को कहा है, धार्मिक भावनाओं को आघात लगा है, तसलीमा को फाँसी दिलवाना चाहते हैं। जिसने कभी भी तसलीमा का लिखा पढ़ा नहीं है वह तसलीमा को गाली देता है। हमारी सरकार डुगडुगी बजा रही है। हमारे बुद्धिजीवी खुद को खुश करने में मशगूल हैं। एक तसलीमा को बुरा बोलने से क्या होता है, एक बिगड़ी हुई स्त्री विदेश में रहने लगे तो क्या होता है! कुछ नहीं होता। शुरू-शुरू में बहुत बुरा लगता था। जैसे-जैसे दिन बीतते गये, दोस्त उसे भूल गये। एक अकेली तसलीमा ने पूरे देश को ही अचल कर दिया, बहुत सालों से चला आने वाला समाज जैसे अकेली तसलीमा की आशंका से अचानक खड़ा हो गया, रुक गया। तसलीमा तब और बेपरवाह हो गयी। तसलीमा ने, हम तुम्हारी फिकर थोड़े ही करते हैं—इस मुद्रा में समझाने के लिए टी.वी. पर सिगरेट सुलगा-ली। हमारे मन में, हमारे विचारों में वह बस गयीं। हाथ में सिगरेट लिए तसलीमा, शर्ट पहने तसलीमा, डोन्ट केयर तसलीमा, कविता की तसलीमा, दुखी तसलीमा और बेस्टसेलर तसलीमा। गन्दी राजनीति और चरमपन्थियों के हाथ में हाथ देकर चलने वाली सिम्फनी की आसान शिकार तसलीमा हमारे मस्तिष्क के धूसर कोष में बस गयीं। दोस्त तो उसे जीवन की अनेक घटनाओं के समान ही भूल गये। मैं पुस्तक मेले में, किताबों की दुकान पर और इंटरनेट पर सब खोजती हुई आज भी उन्हें पढ़ती हूँ। आउट ऑफ द बॉक्स कुछ करने पर आज भी सुनती हूँ 'तसलीमा नसरीन' हो क्या? जो लोग मुझसे कहते हैं उनके मुँह पर ही मैं मन ही मन हँसती हूँ यह सोचकर कि तुम लोग तो जानते नहीं हो कि यह मेरे लिए कितना बड़ा कॉम्प्लीमेंट है।

तुम्हारा जन्म स्त्री के रूप में इस तरह के देश में हुआ जिसमें बेगम रुकैया को

पसन्द नहीं किया जाता। देखा जाता है मनुष्य नाम की एक छाया को जो किसी भी बात पर कभी ना नहीं बोलेगी। तुम डॉक्टर हो अथवा लेखक, तुम गुणी हो या गुणहीन, तुम संवेदनशील हो या दुनियाबी, इस सबकी यहाँ कोई क़ीमत नहीं है। तुम दूसरी श्रेणी की नागरिक हो, तुम लेखक या शिल्पी नहीं हो, महिला कवि, नारी लेखक, लेडी डॉक्टर–यहाँ कॉमन जेन्डर जैसी कोई चीज़ नहीं है। स्वाधीनता के चालीस साल और पराधीनता के सौ सालों से यहाँ कोई नारी आन्दोलन, इन्सान के अधिकारों की प्राप्ति का आन्दोलन हुआ नहीं। तुम वहाँ कलम लेकर विप्लव की कामना करती हो। लेकिन कुछ सुविधाभोगी लोगों के मुनाफे के लिए स्वयं को बिकाऊ चीज़ में परिणत कर दिया है अनजाने में। पुस्तक के आवरण पृष्ठ पर तुम्हारे फ़ोटो छापकर अब भी व्यवसाय कर रहें हैं इस देश के प्रकाशक। यहाँ मनोविज्ञान के नाम पर किताबें लिखकर कच्ची नग्नयौनता जब किशोर-किशोरी के हाथ में पकड़ा दी जाती है जहाँ प्रकाशक लोग उसे बाज़ार में ले आते हैं तब कोई भी इसके विरुद्ध कुछ नहीं कहता। कारण यह कि वे पुरुष लेखक है। नारी किसी यौनता की बात बोले तो श्लील है कि अश्लील–ठीक है कि नहीं उसके लिए जाँच पड़ताल शुरू होती है। यहाँ चाँद को रेशा-रेशा कर काटने की बात कहने पर, बार-बार संगम की बात बोलने पर वही किताब इसकी काट हो सकती है, वही लेखक जिससे ऊपर उठते हैं, वे निषिद्ध नहीं होते हैं। कारण यह है कि वे एक तो पुरुष लेखक है। उनके ऊपर बुद्धिजीवी का तकमा लगा है। हमारे बुद्धिजीवी अपने पुरुषतान्त्रिक आनन्द को चालू रखने के लिए पूरी तरह से एकजुट हैं। जिस नारी ने सारे प्रचलित टैबू (निषेध) तोड़कर चुपके से प्रहार किया है–उसको समर्थन देने का तो प्रश्न ही नहीं उठता। इस नारी का लेखन कोई प्रेम से पढ़ता है, कोई घृणा करके पढ़ता है, कोई नितान्त कौतूहल से पढ़ता है। मेले में उस समय पुरुष लेखकों की किताबे ठसा-ठस भरी हुई थीं। वहाँ तसलीमा की पुस्तकें आ गयीं तीन नम्बर की बेस्ट सेलर बनकर। इसे अटकाओं, इसे रोको–हमारे बुद्धिजीवी अहमद छफा, हुमायूँ आजाद के साथ और भी कई अपने नये लेखकों को भूलकर भीषण पुरुषवादी होकर सामने आये। तसलीमा ने उस संकट में उनको और लहू-लूहान करने के लिए और भी भयंकर बातें कहना शुरू किया पत्रिका में। हमारी तसलीमा की पुस्तकों की बिक्री उससे कम नहीं हुई बल्कि और बढ़ी। विभिन्न देशों में आज भी तसलीमा नसरीन की पुस्तकें पढ़ी जाती हैं। जबकि छफा या आजाद दुनिया की पचास भाषाओं में अनूदित भी नहीं हुए। उनका नाम भी केवल छप्पन हज़ार वर्ग मील के छप्पन हज़ार लोगों के भीतर ही सीमाबद्ध बना रहा।

तसलीमा को लेकर सोचना कभी ख़त्म नहीं होता। इस समय भी जब कलम हाथ में लेती हूँ तो उनकी याद आती है। अब भी क़लम हाथ में लेते ही उनका ध्यान आता है। दो हज़ार पाँच में अपनी पहली छोटी कहानियों की पुस्तक मैंने उन्हें

ही समर्पित की है, लिखा है 'मन की गुरु तना को।'

कड़ी बात शुगर कोटिंग लेकर बोलना उस महिला ने नहीं सीखा। इसीलिए जब तब उन्हें अपमान सहना पड़ा। उन्नीस साल से जो प्रवासी है—दूसरे देश में रहती है; मरते समय भी माँ को नहीं देख पायी। हमारा देश गुलाम आजम को तो नागरिकता दे देता है, माँ को देखने के बहाने वापस आकर गुलाम आजम इकहत्तर के बाद ज़िया के शासन काल में बांग्लादेश आकर रहने लगता है और हमारी ख़ालिदा उसे अदालत से नागरिकता प्रदान कर देती हैं। हमारी हसीना निर्वाचन से पहले गुलाम आजम की दुआ लेने जाती हैं; केवल हमारी तसलीमा को इस देश में जगह नहीं मिलती।

हमारी धर्म की भावना भी शराब के नशे जैसी है। बलात्कार होने पर हमारे धर्मवेत्ता फ़तवा नहीं देते हैं, बच्चों का बलात्कार होने पर हमारे धर्मजीवियों को दुख—मातम नहीं होता, औरतों पर तेज़ाब फेंकने वाले लोगों के लिए आतंकवादियों के लिए हम फाँसी की माँग नहीं करते, लेकिन यदि 'लज्जा' पुस्तक लिखी जाये तो हमें शर्म आती है, 'लज्जा' जिस कारण से लिखी गयी उससे हम शर्मिन्दा नहीं होते। बांग्लादेश में तो यह आलम है कि तुम्हारी जो मर्जी हो वही कर सकते हो, तुम्हारी गिरफ़्तारी नहीं होगी—यही है हमारे देश के नागरिक समाज का उचित-अनुचित का बोध।

खूब याद आती है तसलीमा की वह बात "युद्ध की सारी तोड़-फोड़, सारा विनाश, बूट और बेयोनेट का नृशंस अत्याचार और मौत जैसी वीभत्स भयावहता सबके द्वारा स्वीकार किये जाने के बावजूद बलात्कार जैसी दुर्घटना को स्वीकार नहीं किया। बाहर जब माँ-बहन के सम्मान को लेकर राजनैतिक नेता चीत्कार कर रहे थे, तभी, बेइज्जती से खुद को बचाने के लिए एकमात्र उपाय के रूप में हमारी खाला ने जिस महीने घर के शहतीर से फाँसी लगाई थी, वह दिसम्बर का महीना था।" (निर्वाचित कॉलम, तसलीमा नसरीन पृष्ठ 22)

स्त्री को वीरांगना बोलना तो बस ऊपर-ऊपर से बोलना ही है। दरअसल हमारा देश स्त्री को वीरांगना नहीं वारांगना (वेश्या) बोलना चाहता है। वीर शब्द तो केवल आदम की पुरुषजाति के लिए ही सुरक्षित है।

तसलीमा आज भी हमारी ऐकांतिक सम्पत्ति हैं, हम उनका लिखा समय-असमय पढ़ते रहते हैं। अकेली दुनिया भर में भटकने वाली, निर्वासित और विदेश में निवास करने वाली इन्सान तसलीमा के लिए मन में कभी-कभी बड़ा दुख महसूस होता है। लेखक की भूमिका में उनके साथ एकात्मकता का बोध करती हूँ। उनके पक्ष में कुछ कहने पर कड़वी बातें सुनती हूँ जिनका कोई अन्त नहीं है। हमें माँ बनने के समय छुट्टी की ज़रूरत होती है लेकिन हम लोग ऑफिस आवर ख़त्म होने के बाद घर की तरफ़ दौड़ पड़ते हैं। लेट सिटिंग नहीं करना चाहती—इस तरह के दोषारोपण को सुनकर चुप रहती हूँ। हम नारियाँ समान अधिकार चाहती हैं, कार्यालय में

पुरुषों के समान वेतन चाहती हैं, स्वयं को पुरुषों का समकक्ष मानती हैं। लेकिन बस में हमारे लिए अलहदा सीट होती है। संसद में हमारे लिए कोटे का निर्धारण होता है—तरह-तरह के इल्ज़ामों को सुनते-सुनते आहत होकर उस दिन मैंने कह ही डाला कि बस में हमारे लिए अलहदा सीट क्यों रखी गयी है बोलिए तो—कोई उत्तर नहीं, सब चुप। मैंने कहा कि इसका असली कारण यह है कि हमारे देश के पुरुष नहीं जानते कि नारी या पुरुष किसी भी मनुष्य के शरीर को छूने का अधिकार किसी का भी नहीं है, उस व्यक्ति की अनुमति के बिना। हमारी पुरुष जाति आज भी अशोभन आचरण के बेड़ा जाल से स्वयं को मुक्त नहीं कर पायी है इसीलिए स्त्रियों के लिए अब भी बहुत कुछ अलहदा रहना होता है वह चाहे बस की सीट हो या संसद की सीट। यह सब जब मैंने कहा तो प्रत्युत्तर में सुना कि मैं तसलीमा नसरीन की तरह बोलती हूँ।

उन्नीस साल हुए, और उसके बाद भी नारी के मुँह से जब तुम्हारा नाम उच्चारित होता है तो पुरुष के मुँह पर चिड़चिड़ाहट से, क्रोध से अथवा गाली के रूप में जो अभिव्यक्ति आती है तो उसे सुनकर मैं खुश होती हूँ—तुम छोड़ देने लायक विषय नहीं हो। तुम अब भी मनुष्य को सोचने को मजबूर करती हो। तुम रहोगी, तुम थी, और तुम हो उसका प्रमाण इस तरह रोज-बरोज आज भी उभरकर आता है। उनसे अपने देश लौटने का आग्रह करने को मन चाहता है, बोलना चाहती हूँ कि बहुत हो गया आग जलाना, इस बार उसे शान्त करने की बात करो हे स्त्री; उसके बाद सोचती हूँ कि देश वापस आने या न आने से क्या फर्क पड़ता है—तुम्हारी कलम लेकिन न रुके। तुम्हारी कलम ने तुम्हें एक संस्था में परिणत कर दिया है। मैं निश्चय पूर्वक जानती हूँ कि तुमको लेकर इस देश में ही एक दिन शोध होगी। सत्य चाहे कुत्सित हो या सुन्दर, सत्य को स्पष्ट सत्य के रूप में अभिव्यक्त करने की शक्ति तुम में है। तुम्हारे अन्दर ताकत है, बिना किसी की परवाह किये अशोभन बात कहने की। इसीलिए तुम तसलीमा हो, यही तो तसलीमा है, यही तो तुम हमारी तसलीमा हो। हमारी किशोरावस्था की आइडल (आदर्श), हमारी हर दिन की संगिनी।

'आमार मेयेवेला', 'द्विखंडितो', 'क', 'फरासी प्रेमिका', 'शोध', 'खाली खाली लागे', और 'उत्ताल हवा'—उनकी सभी पुस्तकों को पढ़ते वक्त बराबर उनका ख़याल आता है। बहुत नाम हुआ है—बहुत शोहरत मिली है, लेकिन इस देश में तसलीमा के लिए कोई जगह नहीं है—ख़ूनी, युद्ध के अपराधी, दुर्नीतिबाज, आतंकवादी, भ्रष्ट राजनैतिक नेता—सभी को इस देश में रहने का अधिकार है। किन्तु जो स्त्री परम्परा तोड़ती है यह देश उसका नहीं है, सरकार उसकी नहीं है, राष्ट उसका नहीं है। राष्ट्र की प्रशासन व्यवस्था अनायास—अकारण उसके विरुद्ध कमर कसकर खड़ी हो जायेगी, तथाकथित नारी आन्दोलन के पुरोधा उसकी पक्षधरता में एक शब्द

भी नहीं कहेंगे।

हमारे देश में पन्द्रह से बीस साल की उम्र की लड़कियाँ ज़्यादातर तसलीमा के जमाने के बारे में नहीं जानती, विराट पुस्तक मेले की बात हमारे लेखक समाज की आपसी फूट की कहानी है। सब याद आता है; आज अकेले घर में तसलीमा की बहुत ज़्यादा याद आ रही है। मन ही मन तसलीमा की कविता पढ़कर विषादग्रस्त महसूस करती हूँ।

मेरी प्रतीक्षा करो मधुपुर नेत्रकोना
प्रतीक्षा करो जयदेवपुर के चौराहे
मैं लौटूँगी। वापस आऊँगी भीड़ में शोर-गुल में, सूखे में बाढ़ में
प्रतीक्षा करो मेरी चार छतों वाले—फूस और छप्पर के घर, आँगन में नींबू के गाछ की छाया, गेंद खेलने के मैदान
मैं लौटूँगी। पूर्णिमा का गीत गाने के लिए, झूले में झूलने और बाँस बन के पोखर में बंसी डालने के लिए
मेरा इन्तजार करो अफज़ल हुसैन, ख़ैरुन्निसा, इन्तजार करो ईदुल आरा,
मैं आऊँगी वापस। लौटकर आऊँगी प्रेम करने, हँसने जीवन के सूत से एक बार फिर स्वप्न बुनने के लिए
प्रतीक्षा करो मोतीझील, शान्तिनगर, प्रतीक्षा करो फरवरी के पुस्तकमेला-
मैं लौटूँगी।
बादल उड़ा जाता है पश्चिम से पूरब की ओर उसको दे रही हूँ कुछ बूँद आँखों का जल जिससे वह गोलपुकुर के किनारे के घर की टिन की छत पर वृष्टि होकर झरे
शीत के पाखी जा रहे हैं पश्चिम से पूरब, एक-एक कर पंख गिरा आयेंगे
सापला के पोखर में, शीतलक्षा में, बंगाल के उपसागर में
ब्रह्मपुत्र सुनो, मैं लौटूँगी
सुनो सालवन विहार, महास्थानगढ़, सीताकुण्ड पहाड़—मैं लौटूँगी,
अगर इन्सान होकर न लौट पायी तो पाखी ही होकर लौटूँगी एक दिन।
(आमी भालो नेइ, तुमि भालो थेको प्रियदेश, तसलीमा नसरीन, पृष्ठ 288)
(मैं तो सुखी नहीं हूँ तुम सुखी रहो मेरे प्रियदेश, तसलीमा नसरीन, पृष्ठ 288)
मैं तो तुम्हारी इन्सान के रूप में ही लौटने की प्रतीक्षा कर रही हूँ आज भी..'

कैसा है मेरा जीवन

निर्वासित जीवन के बीस साल मैंने कई देशों में काटे हैं। प्रत्येक देश का जीवन अपनी तरह का था। भारत में बिताया जीवन यूरोप और अमेरिका के जीवन से भिन्न था। इस देश में अपने सिर की क़ीमत धारण करनी पड़ी है बहुत बार, मेरे ऊपर शारीरिक आक्रमण हुआ, मेरी किताबें निषिद्ध हुई, सरकारी और ग़ैरसरकारी सब तरह के लोगो ने मेरा लेखन उन्हें पसन्द नहीं है इसलिए मुक़दमे दायर किये। मुझे एक प्रदेश से, यही नहीं पूरे देश से भी एक बार भगा दिया गया। लेकिन इसी देश में ही मेरे पाठकों की संख्या बहुत बड़ी है, जिस तरह इस देश के लोग मुझे मार डालना चाहते हैं, उसी तरह प्रेम भी करते हैं। मुझे जो चाहते हैं वे अत्यन्त साधारण जनगण हैं। इस देश में जिस तरह आनन्द की अनुभूति है उसी तरह भय का भाव भी है। पाश्चात्य जगत् में कुछ भी नहीं है। न आनन्द, न भय और यदि हो भी तो वह अनुभूति इतनी तीव्र नहीं है। लेकिन फिर भी इतना ख़तरा उठाकर किस वजह से इस देश में रहती हूँ। यह एक व्यक्ति ने मुझसे पूछा था। मैंने उत्तर दिया था, यहाँ के पेड़ों के नाम जानती हूँ। सच तो है।

यह देश खूब अपना-अपना-सा लगता है। इतनी जो नफ़रत मिली है मुझे और इतने आघात, उसके बावजूद बहुत-से लोग पूछते हैं, कैसे काटती हो दिन! दिन तो गुजर जाते हैं। हज़ारों काम हैं, उनको करने का भी समय नहीं है मेरे पास। हज़ारों किताबें हैं, उनको पढ़ने का समय नहीं है। यदि पढ़ने लगूँ तो लिखना नहीं होता और लिखने बैंठू तो पढ़ना नहीं हो पाता। जीवन भर ये जो इतनी किताबें खरीदी हैं, इन्हें कब पढ़ूँगी यह सोचकर शरीर सिहर उठता है। एक जीवन में इतना सब कुछ सम्भव नहीं है। हाँ जीवन यदि कम से कम दो हज़ार बरस लम्बा होता। कभी-कभी सोचती हूँ कि जीते रहने का भी क्या प्रयोजन है। जब जिसकी मरने की इच्छा हो तो शरीर के किसी एक अंग के गुप्त बटन को दबाते ही वह मर जाये, और जिसकी इच्छा होगी कि वह न मरे तो एक लाख वर्षों तक जीवित रहे। विज्ञान ने तो बहुत-से अमरत्व के उपायों का अविष्कार कर डाला है। लेकिन मेरे ज़िन्दा रहने पर वह सब सम्भव नहीं है इतना तो जानती हूँ। मर जाऊँगी लेकिन उसके बाद भी मेरी खूब इच्छा है कि जीवित रहूँ। विश्व ब्रह्मांड में कितना कुछ घटेगा वह सब मैं

और नहीं देख पाऊँगी यही सोचकर बहुत तकलीफ होती है।

भारतवर्ष में कमरे में बैठकर लिखने पढ़ने का काम मेरा मूल कार्य है। लेकिन मूल कार्य है इस कारण वह सब काम मैं बराबर करती रहती हूँ या करते रहने की इच्छा होती है मेरी, वैसा तो नहीं है। यूरोप और अमेरिका में घर का काम सब अकेले करना पड़ता था। यहाँ तो घर पोंछने, खाना पकाने और बर्तन माजने के लिए किसी को रखा जा सकता है। इससे शायद अपने लेखन के लिए ज़्यादा समय मिल जाता है। लेकिन बराबर लिखते रहने का भी मन नहीं करता। दिल्ली में घर से बाहर जाने की ज़्यादा जगहें नहीं हैं। न्यूयॉर्क में, सड़क पर पैदल चलूँगी, शुद्ध हवा में मुक्त साँस लूँगी, ब्रॉड वे का म्यूजिकल देखूँगी, लिंकन सेंटर जाऊँगी, बढ़िया कैफे में बैठूँगी, खूब अच्छे रेस्टोरेंट में खाना खाऊँगी। उस तरह का जीवन यहाँ—भारत में सम्भव नहीं है। बाहर की हवा में प्रदूषण है। पैदल घूमने का कोई उपाय नहीं, बाहर निकलूँ तो फेफड़ों में इन्फेक्शन हो जाता है। भारत से बाहर मज़े से घर से बाहर निकलता होता है। प्रायः बहुत-से कार्यक्रमों में भाषण देने यूरोप, अमेरिका जाना पड़ता है। मूल रूप से मानवता, नारी स्वाधीनता इत्यादि विषयों पर बोलने के लिए आमन्त्रण आते हैं।

भाषण देती हूँ लेकिन लम्बे समय तक कहीं भी कविता पाठ करना नहीं हो पाता। बंगाल में रहते समय खूब होता था। कभी-कभी कोलकाता से कुछ बंगाली मेरे घर आते हैं। दिल्ली के भी दो एक जन बंगाली आते हैं, तब यदि कविता का परिवेश बन जाता है तो कविता सुनाती हूँ।

इसके अलावा विदेश में, साहित्यिक कार्यक्रमों में, अंग्रेजी कविता-पाठ के साथ ही बीच-बीच में बांग्ला कविता की आवृत्ति भी करती हूँ। केवल विदेशियों को बांग्ला भाषा का स्वर सुनाने के उद्‍देश्य से। वे लोग सुनना चाहते हैं इसलिए। कविता, जैसे-जैसे दिन बीतते हैं, जीवन से दूर होती जा रही है। बहुत दिन बाद इस बार एक कविता की पुस्तक लिखूँगी ऐसा सोचा था। लेकिन कविताओं की संख्या इतनी कम है कि वह पुस्तक नहीं बन पाती। कविता आजकल आती नहीं है मेरे पास। कविता तो स्वयं आने वाली चीज़ है, वह लिखने की चीज़ नहीं।

दिल्ली में एक काम तो खूब होता है। बहुत-सी मछली खरीदना। देशी मछली विदेश में बरफ में जमी हुई खरीदनी होती है, यहाँ वह ताज़ा मिलती है। बंगाली का मछली-भात न होने से चलता नहीं है। दिल्ली, कोलकाता तो नहीं है। दिल्ली में बंगाली मोहल्ले में मछली मिलती तो ज़रूर है किन्तु सब तरह की मछली नहीं मिलती। दिल्ली के बंगाली मोहल्ले को कोलकाता का मानिकतला अथवा गड़ियाहाट मानना निश्चित रूप से भूल होगी। एक बार में ही बहुत-सी मछली खरीदकर फ्रिज में रख देती हूँ। उसे धीरे-धीरे खाती हूँ। लेकिन मैं कितना खा सकती हूँ! अधिकतर मैं दूसरों को खिलाती हूँ। कुछ ऐसे लोग होते हैं जिन्हें दूसरों को खिलाना बहुत

अच्छा लगता है। मैं उसी जाति की इन्सान हूँ। बढ़िया हिलसा खरीदूँगी, चीतल और चिंगड़ी खरीदूँगी तो अकेले खाना मुझसे नहीं होता। मुझे लोगों को बुलाना पड़ता है। सब खिलाना होगा उनको। मेरे हिस्से में कुछ न भी पड़े तो कोई बात नहीं। जब कोलकाता में थी तो मेरे घर का दरवाजा सबके लिए खुला रहता था; जो कोई आता मेरे घर खाता। दोपहर के वक़्त या रात होने पर आने वाला मेरे घर से कोई व्यक्ति बिना खाये चला जाये ऐसा कभी नहीं हुआ। चाहे वे बिन बुलाये मेहमान ही क्यों न हो। ऐसा आतिथ्य सत्कार मैंने किससे सीखा? निश्चय ही अपनी माँ से।

बहुत-से लोगों का ख़याल है कि मेरा परिवार क्योंकि पति और सन्तान वाला परिवार नहीं है इसलिए निश्चित रूप से मैं बहुत एकाकीपन महसूस करती हूँ। मैं अकेली रहती हूँ किन्तु इसका अर्थ यह तो नहीं कि मैं अकेलेपन की शिकार हूँ। यह बात सौ बार समझाने पर भी लोग समझना नहीं चाहते। मैं लिखती हूँ, मैं पढ़ती हूँ, मैं सोचती हूँ, कल्पना करती हूँ। ये सब लेकर ही तो व्यस्त रहना होता है मुझे। यह सब लेकर किसी के व्यस्त रहने की बात, खासतौर से स्त्री जाति की व्यस्तता की बात, अधिकांश लोग समझते नहीं हैं। आम धारणा है कि लिखने का काम अर्थात् बुद्धि का काम पुरुषों के लिए उचित है, स्त्रियों के लिए नहीं। मैं लिखती हूँ, पढ़ती हूँ या सोचती हूँ उससे लोग उतने प्रभावित नहीं होते। वे प्रभावित होंगे अगर मैं कहूँ, मैं खाना पकाती हूँ। खाना पकाना स्त्रियों का सबसे बड़ा प्रतिभा का काम है ऐसा आज भी माना जाता है।

मैं खाना बिल्कुल नहीं पकाती ऐसा भी नहीं है। अक्सर ही पकाती हूँ। खासतौर पर खूब अच्छी मछली यदि हो। मछली और मांस खाती हूँ ज़रूर किन्तु साग-सब्जी बहुत खाती हूँ। शाकाहारी जितना साग-सब्ज़ी खाते हैं उससे कहीं अधिक। साग-सब्ज़ी खुद खरीदकर लाती हूँ। सच कहूँ तो इस शहर के मछलीवाले, सब्ज़ीवाले, चायवाले मेरे दोस्त हैं। कोलकाता में भी थे मछलीवाले, सब्ज़ीवाले, टोकरीवाले। वे लोग दीदी-दीदी बोलकर मुझे घेर लेते। दरअसल हमेशा देखा है मैंने, देश में, विदेश में -सभी जगह साधारण इन्सान ही मेरे दोस्त हैं। बहुत बड़े लोगों के साथ मेरी ठीक बनती नहीं।

मैं जानती हूँ कि कोलकाता और दिल्ली में पार्टियाँ खूब होती हैं। कोलकाता में कुछ लोगों ने मुझे आमंत्रित किया था। वहाँ जाकर देखा, मुझे कुछ अच्छा नहीं लगा। पार्टी-वार्टी मेरे लिए नहीं है। जल्दी जाकर जल्दी घर लौट आने की मैं पक्षधर हूँ। किन्तु बाक़ी लोग तो वैसे नहीं हैं। वे तो देर रात पार्टी में जाते हैं, शराब पीते हैं और खा-पीकर घर लौटते-लौटते अक्सर सुबह कर देते हैं। मैं मद्यपान नहीं करती और नशे में चूर लोगों के साथ तर्कहीन, बुद्धिहीन, वार्तालाप करते रहना मुझे अच्छा नहीं लगता। दिल्ली में मुझे किसी भी पार्टी से बुलावा नहीं आता। बड़े लोगों के घर में अंग्रेजी बोलने वालों की इलीट श्रेणी की पार्टी मुझे अच्छी नहीं लगती। और

मध्यवर्गीय लोगों के साथ भी, क्योंकि मेरी मानसिकता मध्यवित्त वर्ग की नहीं है इसलिए मेरी नहीं पटती। ग़रीबों की बस्तियों के साथ भी मेरा पासंग नहीं बैठता। दरअसल मैं इनमें से किसी भी श्रेणी में नहीं आती। मैं तो श्रेणी या वर्ग की धारणा को ही पसन्द नहीं करती। मैंने लक्ष्य किया है कि मुझमें किसी भी वर्ग का चरित्र नहीं है। सोचती हूँ मैं सभी वर्गों से बाहर एक व्यक्ति हूँ। यह तो होगा ही यदि मैं धर्म से बाहर का व्यक्ति होऊँ। पुरुष प्रधान संस्कृति से बाहर का व्यक्ति होऊँ, तब तो यह स्वाभाविक ही है कि मेरी वैयक्तिक सत्ता समाज से बाहर है—मैं समाज से बाहर का प्राणी हूँ। जहाँ भी रहती हूँ समाज से बाहर के व्यक्ति की हैसियत से ही मैं जीती हूँ। किन्तु यह आसान नहीं है, इस तरह से जीते रहना। किन्तु यह मुश्किल काम ही मैं दिनों-दिन कर रही हूँ।

अपने देश से कितनी दूर, और समस्त बंगाल से कितनी दूर। आत्मीय अपना कोई नहीं। दोस्त भी नहीं, बराबर लिखने को मन भी नहीं करता। एक बिल्ली मेरे पास रहती है। कभी-कभी लगता है बिल्ली मनुष्य से कहीं बेहतर है। मगर हठात् कभी किसी इन्सान के सामने दिल खोलने का जी करता है। कोई भी इन्सान, भला इन्सान, बुद्धिदीप्त इन्सान, जिसके साथ किसी भी विषय पर बात की जा सके। किन्तु ऐसा व्यक्ति है कहाँ? अधिकांश लोग तो होते हैं धर्म में विश्वास करने वाले, बुरे संस्कारों से घिरे, स्त्री से नफ़रत करने वाले, पुरुषप्रधान व्यवस्था के पक्षधर, स्वार्थी, कूपमंडूक। इस तरह के लोगों के साथ यदि संवाद करना हो और मैं वैसा करती रहूँ, वह मेरे द्वारा सम्भव नहीं है। उसमें समय बर्बाद न करके अगर लिखने-पढ़ने का काम किया जाये तो अच्छा है; या ट्वीट करना अच्छा है। ट्वीट करने के लिए सोचना पड़ता है। एक-एक ट्वीट, एक निबन्ध हो सकता है। ट्वीट में बुद्धिमान लोगों के साथ विचार विनिमय होता है। मैंने समझा है मन्दबुद्धि लोगों के साथ आमने-सामने बातचीत करने में समय नष्ट करने के बजाय सोशल नेटवर्किंग बहुत अच्छा है। थोड़े समय में ही दुनिया के बहुत-से समाचार और ज्ञान तथा भिन्न-भिन्न मतों की जानकारी मिलती है। अपना मत भी अभिव्यक्त किया जा सकता है। कोई सेंसरशिप नहीं, निषेधाज्ञा नहीं। ट्विटर, फेसबुक, ब्लॉग, मेरे लिए बहुत ज़रूरी हैं। क्योंकि मेरा लेखन तो रोज ही निषिद्ध होता रहता है। किन्तु विभिन्न विषयों पर मेरा मत, अधिकांश मौक़ों पर और सबकी अपेक्षा जो मेरा भिन्न विचार है, इंटरनेट से बाहर उसे अभिव्यक्त करने की कहीं कोई जगह नहीं है। कोई अपना लिखा डर के कारण नहीं छपवाना चाहता। छपने पर उन्हें डर लगता है कि सरकार नाराज़ होगी। क्योंकि सरकार हमेशा मुस्लिम रूढ़िवादियों को खुश करना चाहती है। मुझे जिस कारण से रूढ़िवादी शत्रु समझते हैं उसी कारण मेरे लेखन को छापकर वे रूढ़िवादियों को नाराज़ नहीं करना चाहते। ब्लॉग लिखती हूँ अंग्रेजी में। नो कन्ट्री फॉर विमेन। बांग्ला में भी लिखती हूँ। नाम है मुक्तचिन्ता।

एकमात्र ब्लॉग ही बिना सेंसर के चलते हैं। पत्रिका में छपने वाले लेख इत्यादि ऐसे नहीं होते। आजकल तो मुझे यह कहकर सतर्क किया जाता है कि धर्म शब्द का 'ध' भी मेरे किसी लेख में न रहे। कहीं भी धर्म को लेकर कोई भी राय नहीं दी जा सकती। किन्तु ब्लॉग में अभी भी अबाध स्वाधीनता है। प्रतिदिन ही ट्वीट करती हूँ, प्रायः रोज ही ब्लॉग लिखती हूँ, प्रति सप्ताह दो-तीन कॉलम लिखती हूँ, और बीच-बीच में कभी कविता, और कभी कहानी। कुछ दिन बाद एक नया उपन्यास शुरू करूँगी। दिन गुज़र जाता है। रात भी कट जाती है। ट्वीट के लिए भी दो मुक़दमे दायर हो चुके हैं। बिहार, और उत्तरप्रदेश में। अपने विचार व्यक्त करने की स्वाधीनता क्या है। यह यहाँ के अधिकांश लोग नहीं जानते। कुछ दिन पहले पश्चिम बंगाल में मेरे एक मेगा सीरियल शुरू होने की बात हुई थी। किन्तु पुलिस भेजकर सरकार द्वारा धमकी दी गयी, कि टी.वी. चैनल में यदि इस मेगा सीरियल का प्रसारण हुआ तो मानो सर्वनाश हो जायेगा। सर्वनाश के भय से वह चैनल अब वह सीरियल नहीं दिखाता।

रात में जागकर लिखती हूँ। बीच-बीच में लगता है, लगभग चालीस पुस्तकें लिखी जा चुकी हैं, तो इस बार निकल पड़ना होगा पृथिवी के पथ पर। बाक़ी जीवन में घर बैठे लिखते रहने पर दुनिया को देखना तो होगा नहीं। 'हूट' करके एक दिन मर जाऊँगी। विशाल जगत् में बहुत कुछ देखना बाक़ी है। वह सब बिना देखे ही मर जाऊँगी ऐसा मैं नहीं सोच पाती। अपना कोई देश नहीं है। अपना घर नहीं। दूसरे के फ्लैट में रहती हूँ। किसी भी दिन कोई मुझे मार डालेगा अथवा कभी भी सरकार यहाँ से भगा देगी। जीवन का कोई ठिकाना नहीं है। न हो। जहाँ भी रहूँ, जिस देश में भी, मैं लिखूँगी अपने मन की बात। इसलिए कि मेरी बातें स्त्रियों को अपने अधिकारों को लेकर अपना सिर ऊँचा रखकर स्वाधीनता से जीने की प्रेरणा देती है। जीवन की सार्थकता तो इसी में है। एक जीवन में बहुत-से पुरस्कार मिल गये। बहुत-सा प्रेम, श्रद्धा भी मिली; और मैं कुछ नहीं चाहती। जो नफ़रत मुझे मिली है वह निश्चित रूप से इसलिए कि मैंने कुछ अच्छी बातें कही है। धार्मिक रूढ़िवादी और नारीविरोधी प्रतिगामी शक्ति की घृणा का पात्र होना भी तो बहुत बड़ा पुरस्कार है।

दिल्ली से किसी अन्य शहर या राज्य में जाने का कोई उपाय नहीं है। क़दम-क़दम पर निषेधाज्ञा है। कहाँ जाने पर फिर कौन-सी दुर्घटना घटेगी किसे मालूम है। दिल्ली में अच्छी लगने वाली जगहें बहुत नहीं है। सबसे अच्छा लगता है जनपथ के करीब सड़कों पर बन्दरों को केला खिलाना। बहुत-से केले खरीदकर खिलाती हूँ। कितना अच्छा लगता है उनका खुश चेहरा देखना। सड़क पर भिखारियों को देखकर तकलीफ होती है। उनको कुछ पैसे देती हूँ। किन्तु मेरे पैसे से क्या उन सबकी दुर्दशा दूर होगी? सपना देखती हूँ कि सारी पृथिवी का मानव समाज सुखी

है, किसी का कोई अभाव नहीं है और कहीं भी कोई विषमता नहीं है। स्वप्न देखती हूँ दिन-रात। मानचित्रहीन एक पृथिवी का स्वप्न देखती हूँ। जिसकी जहाँ जाने की इच्छा हो वहाँ वह जा सकेगा। यद्यपि मेरे क़दम-क़दम पर बाधा है। दिल्ली में चौबीस घण्टे मेरे लिए पुलिस का पहरा रहता है। पुलिस का पहरा मुझे अच्छा नहीं लगता। मानवजाति का प्रेम ही यदि मेरी सुरक्षा का साधन होता!

इस शहर में रहती हूँ। किन्तु शहर या देश के नाम पर मेरे पास अभी ईंट-काठ और पत्थर का घर नहीं है, और न कोई मानचित्र। देश या घर मेरे लिए इन्सान हैं, ऐसे इन्सान, जो मुझे प्रेम करते हैं अथवा जिन्हें मैं प्रेम करती हूँ।

पृथिवी के पथ पर

दिल्ली से न्यूयार्क आयी परसों। बड़ी विचित्र बात है कि न्यूयार्क को मैं दिल्ली से भी ज़्यादा अपना समझती हूँ। देश से इतनी दूर होने के बावजूद उसका अपना-अपना-सा लगने का आखिर कारण क्या है? कुछ आत्मीय स्वजन न्यूयार्क में रहते हैं क्या इसलिए? या न्यूयार्क बहुत वर्षों से आती हूँ अथवा यहाँ रही हूँ इसलिए। अथवा इसका कारण यह है कि यहाँ मेरे स्थायी निवास का अनुमतिपत्र दिल्ली के निवास के अनुमतिपत्र की तुलना में अधिक पुख़्ता है! इसका कारण क्या यह भी हो सकता है कि मैं जो एक विदेशी हूँ उसका एहसास दिल्ली के लोग जितना कराते हैं उतना न्यूयार्क के लोग नहीं कराते! सच कहूँ तो मुझे ठीक नहीं मालूम। इस बार तो न्यूयार्क के विमानतल पर आते ही अच्छा लगने लगा। पैदल चलते समय भीड़ में एक व्यक्ति से पूछा था "बता सकेंगे कि यहाँ पर पे-फोन कहाँ है?" उन महाशय ने कहा "आपको फोन चाहिए? ये लीजिये मेरा फोन। फोन करिये मैं अभी बाथरुम होकर आता हूँ।" मेरे हाथ में एक कीमती स्मार्टफोन पकड़ाकर अफ्रीकी–अमेरिकन एक अधेड़ उम्र के व्यक्ति चले गये। पन्द्रह मिनट उसी जगह खड़े रहकर प्रतीक्षा करने के बाद देखा कि वह आ रहे हैं। इस तरह आजकल कोई किसी पर विश्वास करता है? काफ़ी समय हुआ देखा नहीं ऐसा। चारों तरफ़ तो देखती हूँ केवल अविश्वास का दंश है, सन्देह का तीर है। पृथिवी पर आज भी कुछ भले मानुस हैं, उसी कारण से ही जीवित रहना अच्छा लगता है।

न्यूयार्क के जिस इलाके में अभी मैं हूँ वहाँ प्रायः सब लोग ही एशिया के हैं। भारत, बांग्लादेश, पाकिस्तान, अफगानिस्तान, चीन और कोरिया के। यह इलाका एक ज़माने में यहूदियों का था। हाथ में धन-सम्पत्ति अधिक आने पर यहूदी लोग बेहतर इलाके में चले गये। उसके बाद यहाँ अपनी बस्ती बनाई एशिया से आये हुए अपेक्षाकृत ग़रीब लोगों ने। पहले इस इलाके में भारतीय दुकानें देखी थीं। देखती हूँ कि अब उन सब पर भी चीनियों ने क़ब्जा कर लिया है। लगता है कि मैनहटन का चाइना टाउन धीरे-धीरे गोरे अमेरिकनों का टाउन बन जायेगा और फ्लशिंगक्वीन्स बन जायेगा भविष्यत् का चाइना टाउन। दुनिया के बड़े शहरों में, छोटा ही सही, एक चाइना टाउन ज़रूर रहता है। कई वर्ष पहले जब मैं मैनहटन में रहती थी तो अक्सर ही

चाइना टाउन जाती थी, जीवित मछली खरीदने के लिए, चीनी रेस्तरां में खाने भी जाती थी। चीनी भोजन मुझे बहुत अच्छा लगता है। लेकिन मैनहटन के चाइना टाउन और क्वीन्स फ्लशिंग के चाइनीज रेस्तरांओं में मुझे कुछ असुविधा होती है, उनके अधिकांश कर्मचारी या मालिक अंग्रेजी बिल्कुल नहीं जानते। मेनू में भी नहीं रहती अंग्रेजी की लिपि। क्या खाना चाहती हूँ या नहीं खाना चाहती वह मेनू में लगी तस्वीरें देखकर समझाना पड़ता है। अंग्रेजी बिल्कुल न जानते हुए भी चीन के लोग, अमेरिका में वंश परम्परा के व्यवसाय, वाणिज्य और नौकरी-चाकरी बड़े मज़े से करते हैं।

फ्लशिंग का इलाका मुझे ख़राब नहीं लगता। यहाँ आते ही लगता है कि मैं चीन देश के किसी शहर में हूँ। पता नहीं कितने दिन चीनी लोग यहाँ रहेंगे। हाथ में पैसा अधिक आ जाने पर लॉन्ग आइलैण्ड में घर खरीदकर चले जायेंगे अथवा मैनहटन में अपार्टमेंट खरीदेंगे। ग़रीब लोग अनुसरण करते हैं मध्यवर्ग का, मध्यवर्ग धनीवर्ग का और धनी अपने से और अधिक धनिकवर्ग का। लेकिन मेरा जीवन तो इस तरह के नियम से चलता नहीं। मैनहटन में तेइसवीं मंजिल पर था मेरा अपार्टमेंट, हडसन और ईस्ट नदी के मुहाने पर। उसे छोड़कर चली गयी मैं बेतहाशा आबादी और भीड़ भरी दिल्ली में, जहाँ दुनिया में सबसे ज़्यादा वायु प्रदूषण है। यहाँ का खर्च चला नहीं पाती थी इसलिए अथवा भारत में रहकर अपने देश की ज़मीन से शरीर सटाये रखूँगी यह सोचकर! लेकिन खुद को अपने देश की सीमा के समीप उसे छूने के अहसास से क्या हासिल! देश क्या अपना द्वार खोलता है मेरे लिए?

न्यूयार्क से जाऊँगी वर्जिनिया, वहाँ हमारी एक कॉन्फ्रेंस है, 'विमेन इन सेकुलरिज़्म।' बारबरा एरेन राइस, सूज़न जैकोबी, रेबेका गोल्डस्टाइन और ओफेलिया बेन्सन जैसी अमेरिका की स्वनामधन्य, धर्ममुक्त, नारीवादी, महिलाएँ कॉन्फ्रेंस में भाषण देंगी। मेरे भाषण का विषय है 'नारी के लिए सेकुलरिज़्म आवश्यक क्यों?।' नारी को सच्चे अर्थ में समान अधिकार हासिल कराने के लिए राष्ट्र, समाज, क़ानून और शिक्षा व्यवस्था से धर्म को अलहदा करना अत्यन्त महत्त्वपूर्ण है, यही कहूँगी मैं अपने व्याख्यान में। कहूँगी कि धर्म, मनुष्य का व्यक्तिगत मामला है इसको व्यक्तिगत क्रियाकलाप से बाहर लाना निश्चित रूप से खतरे से खाली नहीं है। मैं पहला व्यक्ति नहीं हूँ यह कहने वाली। ये सब बातें स्वतन्त्र विचारधारा वाले लोग लम्बे समय से कहते आये हैं। सैकड़ों साल के आन्दोलन के बाद धीरे-धीरे ही बदले हैं पाश्चात्य जगत् के देश। लेकिन मुस्लिम देशों की तरफ़ से किसी न किसी को बोलना पड़ेगा। मुश्किल यह है कि बोलने से जेल जाना पड़ता है, मरना पड़ता है, अथवा मेरी तरह निर्वासित होना पड़ता है। जीवन की बाज़ी लगाने के बाद भी कुछ लोग प्रतिवाद करते रहते हैं। समाज में बदलाव लाने की चेष्टा एक लम्बे अर्से से गिने-चुने लोग ही करते हैं। अन्त में समाज को बदलते हैं, उँगलियों पर गिने हुए कुछ लोग।

भाषण तैयार कर रही थी और उस सन्दर्भ में सेकुलरिज़्म, धर्म इत्यादि को लेकर

सामान्य तर्कसम्मत ढंग से विचार कर रही थी। उसी समय हठात् हाथ में आयी ईसा के ऊपर कुछ तथ्यचित्र। 'द बाइबिल' नाम का एक नया तथ्यचित्र बना है, वह मेरे हाथ लगा। मार्टिन इस्क्वोरसिस की एक पुरानी फ़िल्म 'द लास्ट टेम्प्टेशन ऑफ क्राइस्ट', मोन्टी पाइथन की 'लाइफ ऑफ ब्रायन', बी.बी.सी. का वृत्तचित्र 'ईसा क्या सचमुच सूली पर चढ़े थे?', रिचर्ड कैरियर का शोधपूर्ण भाषण 'ईसा नामक कोई व्यक्ति कहीं कभी था ही नहीं।'—यह सब देख-पढ़कर ईसा के ख़यालों में ही डूब गयी।

कुछ मज़े के तथ्य मिले। जैसे, रोमनों के दण्ड से बचने के लिए ईसा ने भागकर कश्मीर में आश्रय लिया था; वहीं वह मारे गये, श्रीनगर के रोजावल मन्दिर में ही ईसा की कब्र हे। बी.बी.सी. में तो कब्र भी दिखाई गयी। ईसा अगर मौत के तीन दिन में जीवित होकर अगर आकाश में उड़ ना जाये, तब तो क्रिश्चियन धर्म नाम का कुछ बचेगा ही नहीं। क्या ईसा कश्मीर में एक बौद्ध सम्मेलन में योगदान करने आये थे? और कुछ लोग कहते हैं कि ईसा की चौदह से उनतीस बरस की उम्र का लेखा-जोखा नहीं मिलता। उस उम्र में वह कहाँ थे और क्या कर रहे थे कोई नहीं जानता। उसी समय ही निश्चित रूप से उन्होंने भारत आकर बौद्ध धर्म की दीक्षा ली थी। यहूदी धर्म में जो नहीं था, एवं जो ईसाई धर्म में आया है वह है बौद्ध धर्म की मानवता और सहिष्णुता। इसी कारण ईसा के भारत की धरती पर आने के बारे में कई मत हैं। मार्टिन इस्क्वोरसिस ने अपनी फ़िल्म में ईसा के बारे में जो कहा है वह अप्रिय सत्य है। अप्रिय सत्य को ईसाई कट्टरपन्थियों ने सहन नहीं किया। इसलिए बहुत-से देशों में इस फ़िल्म पर अभी भी प्रतिबन्ध है। फ़िल्म में दिखाया गया है कि जो ईसा कभी प्रेम की बातें करते थे वही ईसा एक काल में तलवार और गड़ासा लेकर शत्रुओं को मारने में लग गये। केवल इतना ही नहीं, प्रेमिका मेरी मैग्दलेन की मृत्यु के बाद विभिन्न स्त्रियों के साथ भोग-विलास भी करने लगे। शरीर के दुनियाबी सुख के पीछे खूब दौड़े थे ईसा। ये सब घटनाएँ ईसाईयों को व्याकुल कर देती हैं; इसलिए बाइबिल नामक वृत्तचित्र में इनका उल्लेख नहीं है। इस वृत्तचित्र में केवल ढेर सारी अलौकिक घटनाएँ हैं, ईसा नदी के ऊपर से पैदल चले जा रहे हैं, पानी को वाईन बना देते हैं, तीन मछलियों को एक चुटकी में तीन हज़ार मछलियाँ बना देते हैं; और कोढ़ियों को ईसा ने छू दिया तो रोगी एकदम ठीक हो गया।मैं नहीं मानती कि ज़्यादातर लोग 'द लास्ट टेम्प्टेशन ऑफ क्राइस्ट' की विषयवस्तु को स्वीकार नहीं करेंगे, इसलिए इस फ़िल्म को निषिद्ध घोषित करना उचित है। वास्तव में फ़िल्म पर निषेधाज्ञा लगी है ऐसे ही देशों में जहाँ अपने मत को अभिव्यक्त करने के अधिकार का कोई मूल्य नहीं है।

मुस्लिम देशों में अब भी जनसाधारण को विचार व्यक्त करने की स्वाधीनता नहीं है। ज़ेद्दा शहर में घर में क़ैदी की अवस्था में जो सऊदी राजकन्याएँ हैं उनमें से एक सहर-अल-सऊद ने एक दिन सऊदी जनता का आह्वान किया कि सऊदी राजशाही के ख़िलाफ़ आन्दोलन संगठित करो। वे निश्चय ही सबके जनतान्त्रिक

अधिकार या मानवाधिकार की बात कहती हैं। स्वतन्त्र चिन्तन बोलने की आज़ादी और नारी स्वाधीनता चाहती है। सऊदी अरब जैसे नारी समाज में भी कुछ नारियाँ अपने अधिकारों को लेकर सचेतन हैं। सऊदी राजकुमारी अपनी बात कहने में अपने पिता को भी नहीं छोड़तीं यह साहसी स्त्री आज नज़रबन्द है; वह निर्वासित हैं। कट्टरपन्थियों के विरुद्ध सबसे अधिक आन्दोलन स्त्रियों को करना होगा क्योंकि रूढ़िवाद के द्वारा स्त्रियों को ही अधिक कष्ट उठाना पड़ता है। मैं बहुत असहाय महसूस करती हूँ जब सुनती हूँ कि स्त्रियाँ खुद ही रूढ़िवादी हो रही हैं। सुना है कि तीस से चालीस हज़ार महिलाएँ जमायते इस्लामी के महिला स्क्वाड से महिला विरोधी जमायते इस्लामी की मदद कर रही हैं। स्त्रियाँ जितनी कुशलता से अपने पैर में कुल्हाड़ी मारती हैं उतना लगता है और कोई नहीं कर पाता। बांग्लादेश कितनी जल्दी बदल गया। देखकर सचमुच बहुत दुख होता है। अस्सी के दशक में जब मेडिकल कॉलेज में पढ़ रही थी तब मेरे मुसलमान मित्रों में इस्लाम-इस्लाम बोलकर किसी के मुँह से फेन नहीं आने लगता, कोई नमाज़ रोज़ा नहीं करता, दाढ़ी नहीं बढ़ाता या लड़कियाँ हिजाब नहीं पहनती। आज तीस साल बाद नामी-गिरामी सहपाठी डॉक्टरों में अधिकांश हो गये हैं कट्टर मौलवादी। इतने कम समय में देश ने कितना भयंकर पलटा खाया। समाज तो क्रमशः बेहतर होता जाता है। इधर हमारा समाज है जो क्रमशः ख़राब हो रहा है, कट्टरपन्थी हो रहा है, असहिष्णु हो रहा है, नारीविरोधी हो रहा है, मूर्ख हो रहा है। सोचकर मन में विस्मय जागता है कि जिस देश के निवासियों ने एक दिन बांग्लाभाषा और संस्कृति के लिए, गणतन्त्र के लिए भाषा आन्दोलन किया था, जन आन्दोलन किया था, मुक्तियुद्ध किया था, आज उसी देश में मुक्तियुद्ध की पक्षधर बंगाली लेखिका के लिए जगह नहीं है। मानवाधिकार के पक्ष में और नारी के समान अधिकार की हिमायत में जो मनुष्य बोलता है वह आज बांग्लादेश में निषिद्ध है।

उस दिन बांग्लादेश के हिन्दू, बौद्ध और ईसाइयों का एक दल भारत के राष्ट्रपति से मिलने के बाद शाम के वक़्त मुझसे भी मिला था। मैंने उनसे पूछा,'बांग्लादेश में तो आज एक सेकुलर पार्टी की सरकार है, इसलिए आप लोगों को असुविधा होने का प्रश्न ही नहीं उठता।'

दल के नेता ने मुझसे पूछा, 'कौन है सेकुलर।'

मैंने कहा, 'हसीना।'

नेता ज़ोर से हँसकर बोले, 'ये क्या कहा आपने? हसीना, और सेकुलर? हसीना अगर सेकुलर होतीं तो आपको अपने देश न बुला लेतीं!'

मीडिया और इन्सान

मैंने देखा कि बांग्लादेश की पत्र-पत्रिकाएँ मेरे 'स्तन के ट्यूमर' को लेकर बहुत उत्तेजित हैं। जैसा अक्सर होता है ट्यूमर को कैंसर बनाकर बाज़ार में प्रचारित कर दिया है। और जनता ने लपक लिया है ये स्तन कैंसर संवाद। यद्यपि ट्यूमर में कैंसर नहीं है लेकिन उसे कैंसर बना दिया गया है। ये कोई नयी बात नहीं है। मुझे लेकर तो अस्सी के दशक के शुरू से ही तरह-तरह की बदनामी की अफवाहें गढ़ना और उन्हें फैलाना चल रहा है। और इन बदनाम करने वाले कुसंवादों पर विश्वास करते हैं अज्ञान और अशिक्षित लोग जो अत्यन्त पारदर्शी हैं। मैं देश में नहीं हूँ पिछले बीस बरस से लेकिन मेरे बारे में दुष्प्रचार कम नहीं होता। सोचा था कि यदि स्तन में न होकर स्तन की जगह शरीर के किसी अन्य अंग में कैंसर की ख़बर का प्रचार होता, जैसे पैर की उंगली में! स्तन की वजह से ही क्या ज़्यादा ज़ोर डाला जा रहा है! ऑनलाइन पत्रिका के पाठकों के मत वाले खण्ड में सैकड़ों निन्दकों की खुशी उमड़ पड़ी है। कैंसर की ख़बर सुनकर धर्मान्धों के दल की खुशी का ठिकाना नहीं। एक व्यक्ति ने कहा कि मेरे स्तनों पर झंझावात के थपेड़े कुछ ज़्यादा ही लगे हैं इसलिए कैंसर हो गया है। किसी का कहना है कि इस्लाम की आलोचना की है मैंने इसलिए अल्लाह ने मुझे दण्ड दिया है, मुझे कैंसर दिया है जिससे मैं उसकी यन्त्रणा भोगकर मरूं। कोई तो बहुत ही उत्तेजित है, कहता है कैंसर से मर रही हूँ और दो दिन बाद जहन्नुम की आग में जलूँगी। मेरे कैंसर की ख़बर पाकर इनको कितना सुख मिला है! ये लोग इस्लाम में आस्था रखते हैं, धार्मिक हैं, ये दूसरे व्यक्ति के जहन्नुम में जलने और कैंसर से पीड़ित होने की ख़बर सुनकर खुशी से चिल्लाने लगते हैं। धर्म ने क्या दिनों-दिन इन लोगों को भयानक अमानवीय बना दिया है। मेरे घोर शत्रु की भी यदि अकाल मृत्यु हो, यदि वह कैंसर से पीड़ित हो तो मेरी आँखों से आँसू उसके लिए भी निकलेंगे। नास्तिकता और मानववाद ने मुझे सहिष्णु बनाया है। संवेदनशील, दूसरे के दर्द को समझने के क़ाबिल बनाया है, मुझे बनाया है इन्सान के प्रति सहानुभूतिशील। मुझे मानव का पक्षधर बनाया है। लेकिन धर्म की आस्था मनुष्य को वैसा क्यों नहीं बनाती? क्यों मनुष्य निष्ठुर होता है, किसलिए हिंसा और प्रतिहिंसा उसे धीरे-धीरे क्षुद्र बना देती है? मेरी माँ भी तो धार्मिक थीं,

लेकिन उसी के साथ माँ थीं पृथिवी की सबसे दयालु, सबसे अधिक ममतामयी और अत्यन्त सच्ची इन्सान। आदर्श मनुष्य बनने के पीछे धर्म का कितना अवदान है यह तो मैं नहीं जानती। फिर भी धार्मिक लोगों के मन्तव्य को पढ़ते समय सोचने लगी कि अगर मुझे बुढ़ापे में कैंसर होता तो वे लोग बोलते बुढ़ापे की स्वाधीनता चाहती थी मैं इसलिए अल्लाह ने मुझे बुढ़ापे में कैंसर दिया। अच्छा यदि कैंसर मेरे हाथ में होता? शायद तब वे बोलते हाथ से लिखती थी मैं धर्म के ख़िलाफ़ इसीलिए मेरे हाथ में कैंसर कर दिया। अगर पैर की उंगली में होता? तब भी वे नहीं छोड़ते मुझे, बोलते अल्लाह के रास्ते पर न चलकर दूसरे रास्ते पर चली इसलिए पैर में कैंसर हुआ। यदि सिर में होता तो कहते बहुत खोपड़ी लगाकर इस्लाम की आलोचना की है, इसी कारण अल्लाह ने समझ-बूझकर वहीं कैंसर कर दिया है। अब ऐसा लगता है जैसे मेरे शरीर पर अल्लाह का कब्ज़ा है यह सिद्ध करना भयंकर रूप से ज़रूरी है।

जी.एस. हसन ने लिखा है 'वह तो ऑरीजनल शैतान है, उसका मांस तो शरीर से कट-कटकर गिरेगा। अल्लाह उसे इस तरह की मौत दो जिससे नास्तिक लोग उसको देखकर नसीहत लें।'

सैफुल इस्लाम ने लिखा है 'अच्छा ही हुआ कि दुनिया में एक नास्तिक कम हो जायेगा।'

चौधरी ने लिखा है 'तेरे लिए जहन्नुम की आग इन्तज़ार कर रही है। अल्लाह तुझे सख्त सजा दें यही दुआ करता हूँ मैं। नास्तिक हरामी तू, दुनिया से और भी अधिक सजा पाकर मर। आमीन।'

नईम ने लिखा है 'नास्तिकों का ऐसा ही अंजाम होता है। अल्लाह से माफी माँगो, अल्लाह ने चाहा तो तुम्हारा रोग ठीक कर देगा। कारण यह है अल्लाह को छोड़कर और कोई पूजनीय ईश्वर नहीं है। आग, पानी, हवा, जीव-जन्तु जितने हैं सभी अल्लाह के गुलाम हैं। उसके हुक्म के बिना कुछ भी नहीं होता, और भविष्य में भी नहीं होगा।'

सबकी धारणा है कि मैंने कोई पाप किया है, इसीलिए मुझे ट्यूमर हुआ है। ट्यूमर को ही सम्भवतः वे लोग कैंसर समझ रहे हैं। किन्तु ट्यूमर का अर्थ कैंसर नहीं है यह कौन समझायेगा उन्हें, और पाप न करने के बावजूद भी कैंसर होता है वह भी कौन समझायेगा उन्हें!

इश्तियाक ख़ान ने लिखा है 'अब निश्चय ही समझ गयी होंगी कि मरने के बाद भी और एक जीवन है, इस जीवन में इतना कष्ट उठाकर जा रही हो उसका हिसाब क्यों नहीं दिया आपने। अब भी समय है अल्लाह से मन प्राण से क्षमा माँगो, अल्लाह ही एकमात्र क्षमा करने के अधिकारी हैं, वे असीम दयालु और क्षमाशील हैं।' और एक व्यक्ति ने लिखा है 'जो लोग इस्लाम के ख़िलाफ़ कटुशब्द कहते हैं उनका अंजाम इसी तरह होता है। उसका ही एक बड़ा उदाहरण है यह

...... तसलीमा नसरीन। अब भी मौक़ा है शुद्ध मन से तौबा करके इस्लाम के सही रास्ते पर लौट आने का।'

नदीम साईमन ने लिखा है 'स्तन में ट्यूमर हुआ है जो लगभग एक इंच तक फैल गया है, उनके स्तन में कैंसर होना स्वाभाविक है। स्तनों के ऊपर कम मार नहीं पड़ी है इसलिए।'

मोहम्मद सलीमुद्दीन ने लिखा है 'तसलीमा ठीक होकर जा नहीं तो जहन्नुम में जायेगी।'

मूर्खता का कोई अन्त नहीं है। धर्म का अनुसरण करने वाले लोग विज्ञान से कितने लाख मील दूर चले गये हैं उसका तो हिसाब लगाने से ही डर लगता है। कुसंस्कार ही उनकी शरण हैं। काल्पनिक परीकथायें उनका यथार्थ हैं। झूठ ही उनका सच है। घृणा ही उनका सहारा है। अज्ञानी, अशिक्षित लोगों के लिए भोजन की जुगाड़ करते-करते मीडिया खुद भी अज्ञानी और अशिक्षित हो गया है। मैं अमेरिका स्तन का ट्यूमर दिखाने नहीं गयीं। अमेरिका गयीं 'विमेन इन सेकुलरिज़्म' कॉन्फ्रेंस में भाषण देने। वर्जिनिया में हुआ यह प्रोग्राम। वक्ता सभी नारी थीं। पिछले तीन साल से हो रही है यह कॉन्फ्रेंस। यह पहली थी जिसमें मैं मौजूद थी। इस बार जिन अन्य भाग लेने वालों ने भाषण दिये उनमें अमेरिका की लेखिका रेबेका गोल्डस्टाइन, सूजन जैकोवी, बारबरा एरेनरीस, काथा पल्लिट, सुरैया, चेमाली और ऑफेलिया बेन्सन शामिल थीं। विमर्श के विषय बहुत अच्छे थे। मैंने मल्टीकल्चरिज़्म के विचार विनिमय के एक प्रोग्राम में भाग लिया। मेरे अपने भाषण का विषय था 'क्यों ज़रूरी है नारी के अधिकार के लिए सेकुलरिज़्म।' ज़रूरी है इसलिए कि धर्म के नियम और नारी के अधिकार—इन दोनों का सहअस्तित्व सम्भव नहीं है। सेकुलरिज़्म का अर्थ है राष्ट्र से धर्म को अलग करना। धर्म मनुष्य का व्यक्तिगत मामला है। राष्ट्र में, क़ानून में, शिक्षा में और व्यापार में धर्म को घुसा देने से जो होता है वह है नारी के अधिकारों का ख़त्म हो जाना और पुरुष के शासन का सशक्त और पुख़्ता होना। बांग्लादेश के राष्ट्र, क़ानून, शिक्षा और व्यापार में धर्म घुस गया है। समाज में इस सबका प्रभाव प्रचण्ड है। यह परम्परा ख़त्म हो। नारी को देखने का नया दृष्टिकोण विकसित हो। नयी दृष्टि। नारी जाति में कई शासन के सर्वोच्च स्थान पर बैठी हुई हैं इसलिए शायद ज्यादातर लोगों को साधारण नारी की अवस्था नज़र नहीं आती, और अगर पड़ती भी है तो नारी से नफरत उनके अस्तित्व में बद्धमूल हो गयी है। ट्विटर पर मैंने सेकुलरिज़्म पर होने वाले कार्यक्रमों की ख़बर प्रतिदिन ही दी है। मीडिया अगर ट्विटर से मेरे ब्रेस्ट ट्यूमर की ख़बर को ले सकता है तो ट्विटर से मेरे कॉन्फ्रेंस के समाचार भी ले सकता है। किन्तु मीडिया ने तो उसे नहीं लिया। मीडिया तो मेरे स्तन और कैंसर में ज़्यादा दिलचस्पी रखता है, मेरे भाषण या सेकुलरिज़्म के विषय को लेकर नहीं, और मीडिया के अज्ञान, अशिक्षित पाठक

सेकुलरिज़्म का अर्थ समझेंगे नहीं, क्या इस वजह से मीडिया उसके प्रति उत्साही नहीं है? या खुद भी मीडिया उसी वर्ग में शामिल है इसीलिए उसकी इन विषयों में रुचि नहीं है? आदमी की चेतना विकसित होती है। यदि इस प्रकार का लेखन नहीं किया जाये। जिस अन्धकार में आदमी पड़ा हुआ है उस अन्धकार को ही महिमामंडित या गौरवान्वित करने में मीडिया का जवाब नहीं है।

कभी-कभी सोचती हूँ एक समाज कितना शिक्षित अथवा उन्नत है, उसका लेखा-जोखा यदि करना पड़े तो ऑनलाइन पत्रिका के मन्तव्य कॉलम में नारीवाद या नारीवादियों के ऊपर पाठकों के विचार पढ़ने से ही समझ में आ जायेगा। और यदि वैसा किया जाये तो मुझे यकीन है कि बांग्लादेश साबित होगा पृथिवी का सबसे असभ्य देश। एक इंटरनेट ही असाधारण विप्लव है, इसके माध्यम से विज्ञान का प्रचार होता है, ज्ञान के आलोक का प्रसार होता है। लेकिन अविज्ञान का प्रचार भी तो इसके माध्यम से लोग करते हैं। असत्य, अन्यायपूर्ण और समाज की विषमता का प्रचार होता है। मूर्खता, रूढ़िवाद और आतंकवाद का प्रचार होता है। इसलिए आज के समय में पाठक को केवल समझ-बूझकर जो अच्छा है उसे चुनना पड़ेगा, किसी की भी समझने की क्षमता जिससे नष्ट न हो। बचपन की उम्र में मस्तिष्क को धर्मान्धता से यदि बचाया जा सके तो कोई समस्या ही नहीं होगी। अच्छी मानसिकता की रक्षा होगी। सोचने की, समझने की, विचार करने की और निर्णय लेने की समझदारी तब सुरक्षित रहेगी।

भारत-बांग्लादेश का भविष्य

भारत के चुनाव प्रचार में उठाया गया ग़ैरक़ानूनी तौर पर प्रवेश करने वाले बांग्लादेशी घुसपैठियों का प्रसंग। बी.जे.पी. के नेता मोदी ने कहा, 'सब घुसपैठियों को अपने बॉक्स पेटी तैयार रखने चाहिए, क्योंकि 16 मई के बाद उन्हें भारत की ज़मीन से भगा दिया जायेगा।' यह सुनकर पश्चिम बंगाल की मुख्यमन्त्री ममता बंद्योपाध्याय बोलीं, 'बांग्लादेशियों को छूने का कोई साहस नहीं करेगा।'इस कारण ममता बंद्योपाध्याय को बांग्लादेशियों का मित्र मानने का कोई औचित्य नहीं है। बांग्लादेश के बंगाली मुसलमानों के लिए उनके दिल में जो दर्द है वह दरअसल कोई सहानुभूति नहीं है। बस मौके की राजनीतिक स्वार्थ सिद्धि के लिए ही है यह दर्द।

मोदी ने कहा है, 'बांग्लादेश से अत्याचार से पीड़ित होकर जो लोग आ रहे हैं, जो भारत में दुर्गा अष्ठमी मना रहे हैं उनको नहीं भगाया जायेगा।' इसका अर्थ यह हुआ कि केवल हिन्दू नहीं भगाये जायेंगे—उन्हें वापस नहीं भेजा जायेगा। हिन्दू बांग्लादेश से चले आ रहे हैं क्योंकि हिन्दू होने के कारण बांग्लादेश में उन पर अत्याचार होता है। मुसलमानों पर क्या अत्याचार नहीं हो सकता? क्या वे भी राजनैतिक शरणार्थी नहीं हो सकते? संयुक्त राष्ट्र संघ के 1951 के शरणार्थी कन्वेशन के मुताबिक उनका भी किसी भी देश में, राजनैतिक शरण पाने का अधिकार है। यदि वे आर्थिक रूप से पीड़ित शरणार्थी होते हैं तब भी तो उन्हें धक्का देकर वापस भेज देना उचित नहीं है। मानवीयता के आधार पर दुनिया के अधिकांश देश आर्थिक कारणों से आये शरणार्थियों को शरण देते हैं, तो भारत क्यों नहीं देगा? और कई दशकों के बाद अगर बांग्लादेश पानी में डूब जाये तब तो दुनिया को सीखना पड़ेगा जलवायु परिवर्तन के फलस्वरूप शरणार्थी होने वाले जनगण को स्वीकार करना।

सुखी जीवन-यापन की ख़ातिर मनुष्य दीर्घकाल से एक जगह से दूसरी जगह जाता रहा है। यह तो मनुष्य जाति का स्वभाव है। समझने की बात है कि किसी भी प्राणी की यह स्वाभाविक प्रवृत्ति है। आदमी तो मनुष्य जाति की शुरुआत से ही यही करता रहा है। बांग्लादेश एक ग़रीब देश है, मौक़ा मिलने पर बांग्लादेश के लोग यूरोप और अमेरिका जाते हैं। यूरोप-अमेरिका जाना सम्भव नहीं होता तो वे

मध्यपूर्व अथवा सुदूर पूर्व के देशों में चले जाते हैं। वह भी सम्भव न हो तब भारत में घुसते हैं। भारतीय जनगण भी यदि बांग्लादेश जैसे किसी देश के निवासी होते तो वे भी एक ही काम करते—पड़ोसी देशों में ग़ैरक़ानूनी तरीके से घुस पड़ते। नहीं-नहीं, भारत के निवासी धुला—पवित्र तुलसी का पत्ता नहीं हैं। संयुक्त राज्य अमेरिका में सबसे अधिक अवैध आप्रवासियों में एक नम्बर पर है चीन, दो नम्बर पर फिलिपिन और तीन नम्बर पर भारत। अभी उस दिन की ही तो बात है कि ढाई लाख अवैध भारतीय आप्रवासियों को संयुक्त राज्य की नागरिकता प्रदान की गयी। अवैध रूप से जो किसी देश में आप्रवास करते हैं उनके साथ क्या करना उचित है उस सन्दर्भ में संयुक्त राष्ट्र संघ से भारत को निर्देश लेना चाहिए। मैं किसी देश-देशान्तर सीमा पर विश्वास नहीं करती। पृथिवी के अन्य सभी प्राणियों की तरह यह पृथिवी मनुष्य की भी अपनी है। और सभी प्राणियों की तरह मनुष्य को भी अधिकार है कि वह पृथिवी की किसी भी जगह भ्रमण करे या निवास करे। लेकिन इन्सान ही है जो इन्सान के स्वाधीनता के हक़ का लाभ उठाने में रूकावट डालता है। इस विशाल विश्व ब्रह्मण्ड में और कहीं कोई भी नहीं है। सम्भवतः पृथिवी ही एकमात्र ग्रह है जहाँ मनुष्य का वास है, और जहाँ मनुष्य ही मनुष्य का सबसे बड़ा शत्रु है।

ममता की मुसलमानों के प्रति कोई सहानुभूति नहीं है। वे जो कट्टरपन्थी, मौलवादी मुसलमानों को सिर पर चढ़ाकर नाच रही हैं वह सब वोट की खातिर है। मुसलमानों का वोट पाने के लिए ऐसा कोई काम नहीं है जो वे नहीं करतीं। वे हिन्दू होकर भी, कालीभक्त होने के बावजूद, मुसलमानों के इलाके में जाकर 'ला इलाह इल्लाल्लाहू मुहम्मदूर रसूलुल्लाह', बोलती हैं। इस्लाम के इस वाक्य का उच्चारण अन्य धर्मों को मानने वाले इस्लाम धर्म में धर्म परिवर्तन के उद्देश्य से करते हैं। लेकिन ममता तो अपना धर्म बदलने के उद्देश्य से कलमा नहीं पढ़ती। वे यह बोलती हैं मुसलमानों को धोखा देने के लिए। सिर पर हिजाब पहनकर नमाज़ पढ़ती हैं, मुनज़्ज़त करती हैं, रोज़ा रखती हैं और इफ्तार करती हैं। अगर इस्लाम धर्म से उन्हें इतना प्रेम है तो इस्लाम धर्म को ग्रहण भी कर सकती हैं। किन्तु वैसा तो वे नहीं करती। वे जो करती हैं उसका उद्देश्य मुसलमान रूढ़िवादियों की निर्लज्ज भाव से खुशामद करने के अलावा और कुछ नहीं है। मुसलमानों के नेता सब कट्टरपन्थी हैं। ये कट्टरपन्थी, मुसलमानों से जिसे वोट देने के लिए कहेंगे, मुसलमान उसे ही वोट देंगे। इसी वजह से कट्टरपन्थियों को राजनैतिक नेता पटाने में लगे हैं। और सबसे ज़्यादा इस काम में व्यस्त हैं श्रीमती ममता बन्द्योपाध्याय। किन्तु मुसलमानों को खुश करने के नाम पर उन्होंने मुसलमानों का ही सबसे अधिक अपमान किया है। वे सोचती हैं कि मुसलमान गधे हैं। वे उनका छल-प्रपंच और चतुराई समझ नहीं पायेंगे। वे मुसलमान मौलवादियों की सब अनुचित माँगों को मान रही हैं, तथा मुसलमानों को और अधिक अँधेरे में धकेलने का इन्तजाम कर रही हैं। उनके साथ

सलूक करती हैं एकदम वोट बैंक की तरह, अपने स्वार्थ के लिए वह बात दुनिया के सब लोग चाहे समझ जायें लेकिन मुसलमान नहीं समझेंगे। इसकी वजह है कि मुसलमान गधे तो हैं ही, बकरी भी हैं और मोटी बुद्धिवाले भी। ऐसी ही है उनकी आस्था। मैं नहीं जानती कि मुसलमान क्यों ममता बन्द्योपाध्याय की इस आवभगत का विरोध नहीं करते। क्यों नहीं बोलते, 'तुम हिन्दू हो हम यह जानते हैं। तुम मुसलमानों की तरह पोशाक न पहनो तो भी चलेगा, इतना कलमा न पढ़ो तो भी चलेगा, देश के नागरिक की हैसियत से मुसलमानों को जो सम्मान मिलना चाहिए वही हम चाहते हैं। हमे बेवकूफ बनाने की कोशिश बन्द करो।'

ममता बन्द्योपाध्याय के हृदय में अगर बांग्लादेश के ग़ैरहिन्दू शरणार्थियों के प्रति सामान्य सहानुभूति भी होती तो वे पश्चिम बंगाल में मेरी मौजूदगी का निषेध नहीं करतीं, मेरी पुस्तक के उद्घाटन कार्यक्रम को वे रद्द नहीं करतीं और मेरे नये मेगासीरियल का प्रसार भी बन्द नहीं करतीं। मुझे निषिद्ध करने का उद्देश्य केवल एक है, मुसलमान रूढ़िवादियों को सन्तुष्ट और खुश करना। मौलवादी मुसलमान मेरे ऊपर अत्याचार होने से बहुत खुश होते हैं। मेरे सिर की क़ीमत तो उन्होंने बहुत दिन पहले ही तय कर रखी है। क़ानून विरोधी उनके इस फ़तवे के ख़िलाफ़ ममता बन्द्योपाध्याय ने आज तक अपनी ज़बान नहीं खोली,बल्कि कई तरह से फ़तवा का समर्थन ही किया है। फ़तवाबाज़ कट्टरपन्थी उनके भाषण के मंच पर भी चढ़े हैं और उनका स्वागत सत्कार किया है।

बंगालियों के पड़ोसी देश के लिए यदि बंगाली होने के नाते ममता बन्द्योपाध्याय के मन में थोड़ी भी सहानुभूति होती तो अन्तरराष्ट्रीय जल की संधि को तोड़कर वे तीस्ता नदी से मिलने वाले पानी से बांग्लादेश को वंचित नहीं करती। लेकिन उन्होंने उसे वंचित किया।

अब प्रश्न उठता है कि क्या वास्तव में मोदी, शासन तन्त्र पर अधिकार करने के बाद मुसलमानों को भारत से भगा देंगे? मुझे तो विश्वास नहीं होता। ऐसा करने पर सारी दुनिया मोदी की निन्दा में आवाज़ उठाने लगेगी। गुजरात में मुसलमानों के मारे जाने के कारण वे पहले से ही बहुत बदनाम हैं। अमेरिका ने तो उन्हें वीसा तक नहीं दिया था।आज भारतीय धनवान उद्योगपतियों ने मोदी को चुनाव में जिताने के लिए खजाने के सन्दूक खोलकर उलट दिये हैं। सच कहा जाये तो देश को जितना राजनैतिक नेता चला रहे हैं उससे ज़्यादा चला रहे हैं धनवानवर्ग के लोग। मध्य-पूर्व के मुस्लिम देशों मे लाखों भारतीय हिन्दू व्यापार करते हैं, नौकरी-चाकरी भी करते हैं। मोदी के मध्य-पूर्व विरोधी हो जाने से भारत को ख़तरा है। संयुक्त राष्ट्र संघ के शरणार्थी कन्वेशन का अनुसरण नहीं करने पर मोदी को ही कटघरे में खड़ा होना होगा। मोदी इस समय भारत में बांग्लादेश के घुसपैठियों के ख़िलाफ़ बोल रहे हैं। राम मन्दिर बनाने की बात करते हैं। लेकिन सरकार में आने पर क्या

वह यह सब बोलेंगे? सरकार पर अधिकार करने से पहले बहुत कुछ कहा जाता है। लेकिन प्रभुसत्ता पर अधिकार करने के बाद एक विशाल जनतान्त्रिक देश को खूब ठण्डे दिमाग़ से सँभालना पड़ता है। धर्म को लेकर राजनीति करने से कुछ भी सँभालना सम्भव नहीं है। इसके अलावा लम्बे समय तक प्रभुसत्ता क़ायम रखने के लिए मोदी को धर्म की राजनीति बन्द करनी ही पड़ेगी। वे इतने मूर्ख नहीं है कि ऐसा न करें। भारत के कट्टर हिन्दुवादियों को खुश करने के लिए वे थोड़ा बहुत कुछ ज़रूर करेंगे। जो निश्चय ही किसी मस्जिद को तोड़कर या मुसलमानों का ख़ून करके नहीं होगा।

सुना है ख़ालिदाज़िया बहुत खुश हैं। एक ज़माने बाद कांग्रेस के विदा होने की सम्भावना दिखाई दी है। कांग्रेस तो शुरू से ही आवामी लीग का समर्थन करती आ रही है। मोदी के आने से हसीना को भारत से सहयोग नहीं मिलेगा। इस खुशी से मगन होकर जमायते इस्लामी और बी.एन.पी. अभी से खूब बगलें बजा रहे हैं। कट्टर मुसलमान और कट्टर हिन्दुओं के बीच बहुत ज़्यादा फर्क़ नहीं है। जो लोग समाज को पीछे ले जाना चाहते हैं या एक जगह पर रोककर रखना चाहते हैं, वे हिन्दू हों या मुसलमान, भीतर ही भीतर एक-दूसरे के क़रीबी भाई हैं। एक-दूसरे के पूरक हैं। जमायते इस्लामी और भारत के राष्ट्रीय स्वयं सेवक संघ, बजरंग दल, शिवसेना आदि के बीच आदर्शगत अन्तर बहुत ज़्यादा नहीं है। कोई एक दल, हो सकता है अन्य दल की तुलना में ख़ून-ख़राबी कुछ ज़्यादा करे, यही तो! धर्म की भित्ति पर क़ायम होने वाले सभी दल,चाहे वे किसी भी धर्म के क्यों न हों, एक जैसे होते हैं। जब तक ये भारतीय उपमहाद्वीप में विराजमान रहेंगे तब तक सही अर्थ में ये प्रगति के मार्ग में बाधा बनकर खड़े रहेंगे। शिक्षित, सचेतन और प्रगतिशील मानव समाज का कर्त्तव्य है कि वह इन नारीविरोधी धर्मान्ध दलों को लोकप्रिय न होने दे। तलवार से नहीं, मारकाट से नहीं, बमों का विस्फोट करके नहीं, बल्कि इन्सानों के बीच तर्कबुद्धि, स्वतन्त्र चिन्तन और वैज्ञानिक मानसिकता से प्रेरित विकास लाकर इस समस्या का समाधान करना होगा।

आतंक

दस इस्लामी आतंकवादियों के साथ लगभग अट्ठाइस लोगों की मौत हुई कराची के हवाई अड्डे पर। दसों आतंकवादियों के शरीर पर आत्मघाती बम था। साथ में थे खजूर, गुड़, मटर, और बादाम; ग्रेनेड भी थे और पेट्रोलबम भी। लगता है कि विमानतल को कई दिन तक अपने कब्ज़े में रखकर आतंकवादी घटनाओं को अंजाम देने का इरादा था उनका। ख़तरा होने पर पेट पर बन्धे आत्मघाती बम का बटन दबायेंगे और जरा देर में ही भस्म हो जायेंगे। लेकिन खजूर खाने का समय उन्हें मिल नहीं पाया। उसके पहले ही जान से हाथ धोना पड़ा।

तहरीके-तालिबान ने शान के साथ घोषणा की है कि उन्होंने ही हवाई अड्डे पर हमला किया है। उनके दल के अमीर हकीमुल्ला मसूद को अमेरिका ने ड्रोन हमले में मार डाला है। उसके ख़िलाफ़, और वज़ीरिस्तान में किसी भी तरह का कोई पुलिस का हमला न हो यही धमकी देने के लिए ही आतंक फैला रहे हैं, खुद ही मरे हैं किन्तु कुछ लोगों तो साथ लेकर मरे हैं। सारी दुनिया को पता लग गया कि तहरीक क्या चाहता है। इस हमले में अट्ठाईस लोगों की जान चली गयी। इससे तालिबानों के बीच किसी को किसी तरह का पश्चात्ताप नहीं है। उनके नज़दीक धर्म जीवन से कहीं अधिक बड़ा है। धर्मान्ध लोगों के नज़दीक मनुष्य के जीवन और संसार के लोगों की महत्ता जरा भी नहीं है। उनकी मानसिकता में तो अधिक महत्त्वपूर्ण है मृत्यु और पारलौकिक धारणाएँ, और महत्त्व है ईश्वर का। आसमान में बैठा हुआ है जो ईश्वर, उस ईश्वर का। जिस ईश्वर को अब तक किसी ने देखा नहीं, जिसके अस्तित्व को लेकर बहुत तर्क-वितर्क चलता है। उसी ईश्वर की महत्ता मनुष्य से ज़्यादा है।

मैं सचमुच समझ नहीं पाती कि जिस जीवन से मनुष्य सबसे अधिक प्रेम करता है उसी जीवन को किस कारण इतनी आसानी से जलाकर राख कर पाता है। धर्म तो जगत् में और भी हैं। प्रलोभन तो दुनिया के अन्य धर्मों में भी हैं। अन्याय, ग़लत आचरण और अत्याचार का उपदेश तो अन्य धर्मों ने भी दिया है। लेकिन इस्लाम में विश्वास रखने वाले ही क्यों सारी दुनिया में आतंक मचाते घूम रहे हैं? इसका कारण क्या नितान्त बुद्धिहीनता, अज्ञान, और शिक्षा की कमी नहीं

है? तो किसलिए एक धर्म को मानने वाले लोग ही आज विनाश का ताण्डव कर रहे हैं?मनुष्य की हत्या क्यों कर रहे हैं? अन्य धर्मावलंबियों ने कभी भी आतंक के कारनामे न किये हों ऐसा नहीं है। बहुत किया है यह सब कुछ। कई शताब्दियों से ईसाई इनक्यूज़िशन की जो हत्या लीला चली है वह कौन भूल सकेगा! लेकिन उन लोगों ने आतंक काफ़ी हद तक बन्द कर दिया है। आत्मघाती बम बनाने जैसा भयंकर जुनून कम से कम अन्य धर्मावलंबियों के बीच नहीं है।

आज पूरी दुनिया में इस्लामी आतंक जो सबसे ज़्यादा भोग रहे हैं वे हैं खुद मुसलमान। इस्लामी आतंकवादियों के कारण जो सबसे अधिक मर रहे हैं वे हैं मुसलमान। और इनके आतंक के विरुद्ध सबसे कम जो अपनी आवाज़ उठा रहे हैं वे भी मुसलमान ही हैं। इससे अधिक दुखद घटना और क्या हो सकती है!

पाकिस्तान को लेकर मुझे जो डर है वह यह है कि पता नहीं कब कौन आतंकवादी परमाणु बम तक पहुँच जाये। सुरक्षाकर्मियों के छद्मवेश में आतंकवादी यदि एक बार हवाई अड्डे में घुस पाये तो उसी तरह क्या सुरक्षाकर्मियों के छद्मवेश में वे परमाणु बमों के आगार में नहीं घुस सकते? वे परमाणु वैज्ञानिकों का वेश भी तो धारण कर सकते हैं। उनके जैसे घृणा में डूबे हुए वीभत्स प्राणी कब दबा दें परमाणु के विनाशक अस्त्र का ट्रिगर, इसका क्या ठिकाना? पता नहीं कब पृथिवी पर जो कुछ है उसे एक क्षण में ही जलाकर राख न बना डालें।

उत्तर कोरिया में एक पागल स्वेच्छाचारी बैठा है। पाकिस्तान के शासक वर्ग के बीच बड़ी संख्या में बैठे हुए हैं इस्लामी कट्टरपन्थी और आतंकवादी। इन दोनों देशों के पास परमाणु बम है। यह बात बहुत लोग जानते हैं कि पाकिस्तान के दो परमाणु वैज्ञानिक जिन्होंने पाकिस्तान का परमाणु बम बनाया है, वे दोनों तालिबानों के बहुत घनिष्ठ लोग हैं। वे तालिबानों के प्रभुत्व वाले अफगानिस्तान कई बार गये। वे ओसामा बिन लादेन से भी मिले। अल-क़ायदा के साथ उन्होंने परमाणु, रासायनिक और बायोलॉजिकल अस्त्र बनाकर देने की साठ-गांठ भी की है। याद है क्या परमाणु वैज्ञानिक सुल्तान बशीरुद्दीन महमूद और चौधरी अब्दुल मज़ीद का क़िस्सा? उन्होंने उम्मा-तामीरे-नौ नामक एक संगठन भी बनाया था और कहा था, 'पाकिस्तान का परमाणु बम केवल पाकिस्तान का नहीं है, यह बम तो दुनिया के सभी मुसलमानों के उम्मा का है।' बशीरुद्दीन महमूद आतंकवादियों के साथ तो इतना घुले-मिले थे कि अमेरिका पाकिस्तान पर बराबर ज़ोर डालता रहा कि वह बशीरुद्दीन महमूद को 'पाकिस्तान आणविक शक्ति कमीशन से निकाल दे।' महमूद इस समय कुरान और विज्ञान के बीच समानता खोज रहे हैं घर बैठे हुए, और एक के बाद एक इस विषय पर किताबें लिख रहे हैं। विज्ञान की शिक्षा लेने पर धर्मान्धता और कुसंस्कार से मुक्ति मिल जाती है। इस बात को हम वैज्ञानिक मानसिकता वाले स्वतन्त्र चिन्ताधारा के लोग कितने समय से बोलते आ रहे हैं।

लेकिन जब देखती हूँ कि ऊँचे दर्जे के वैज्ञानिक ही धर्मान्धता और कुसंस्कार के कीचड़ में डूबे हुए हैं तब बड़ी निराशा होती है। ये ज़रूर है कि सब वैज्ञानिक तो ऐसे नहीं है। दुनिया में जितने वैज्ञानिक हैं उनमें से अधिकांश धर्म के प्रभाव से मुक्त हैं। सभी समुदायों में कुछ अपवाद तो होते ही हैं। वैज्ञानिकों में भी हैं।

सारी दुनिया के लोग इस्लामी आतंकवादियों को धिक्कारते हैं। कई बार देखते हैं कि आतंकवाद का इल्ज़ाम आतंकवादियों के सिर से हटाकर पूरे मुस्लिम समाज पर लग जाता है। निरीह मासूम, निर्दोष मुसलमान भी जो आतंकवाद से नहीं जुड़े हैं उनको भी लोग उल्टा-सीधा बोलते हैं और नफ़रत की नज़र से देखते हैं। मुस्लिम आतंकवादियों का आतंक देखते-देखते दुनिया के लोग अब थक चुके हैं। रोज-बरोज आतंक की खब़र आती है, लोगों की मृत्यु की खब़र आती है, भय के कारण जहाँ कुछ तटस्थ हैं वहीं जनता के बीच क्रोध भी बराबर बढ़ रहा है। मुस्लिम आतंकवादियों की हिमायत में बोलने वाले लोगों की भी यहाँ कमी नहीं है। खासतौर पर वामपन्थियों के बीच; वे अधिकांश आतंकवादियों के पक्ष में सवाल करते हैं। उनका कहना है, 'पाश्चात्य जगत् के देश मुसलमानों के विरोधी हैं, वे मुसलमानों के ख़िलाफ़ युद्ध कर रहे हैं, उन्हें मार रहे हैं। इजराइल के अत्याचार से भी अपना धीरज खो बैठे हैं। इसलिए मुसलमानों को हक़ है कि वे जो मर्जी आये वे करें, शरिया क़ानून को दृढ़ करें, अपनी इस्लामी परम्परा, सांस्कृतिक धरोहर, संस्कार इत्यादि की रक्षा करें। ज़रूरत हो तो आतंकवादी बन जायें, ज़रूरत हो तो ज़ोर-ज़बर्दस्ती के द्वारा औरतों को बुर्क़ा पहनाये और उन्हें पत्थर मार-मारकर मार डालें।

अपने लिए तो हम हर हाल में—कड़े और गण्डे में भी आधुनिकता चाहते हैं लेकिन मुसलमानों के बारे सोचते वक़्त ठीक समझते हैं कि उनके लिए एक टुकड़ा मध्ययुग हो तो भी चलेगा। वामपन्थियों की दुष्टता काफ़ी समय पहले ही सीमा से बाहर जा चुकी है।

मुस्लिम देशों में तो हैं ही मुस्लिम कट्टरपन्थी, अब यूरोप में भी अशान्ति कर रहे हैं। वहाँ भी जहाँ-तहाँ इस्लाम का झण्डा उठा रहे हैं। रात के समय लन्दन के मुस्लिम इलाके में कट्टरपन्थी लोग घूमते-फिरते हैं। राहगीरों पर हमला करते हैं, उन्हें धमकी देते हैं। स्त्रियों की पोशाक अगर उन्हें पसन्द नहीं होती तो अक्सर रास्ते में रोककर उनका अपमान करते हैं। बोल देते हैं ये पोशाक पहनकर मुसलमान इलाके में आना-जाना चलेगा नहीं। शराब की बोतल लेकर या शराब पीकर इस रास्ते से निकलना नहीं चलेगा। यह नसीहत देते हैं वहाँ से आने-जाने वाले लोगों को। समलिंग-कामियों का इस इलाके में घुसना चलेगा नहीं क्योंकि ये इलाका मुस्लिम इलाका है। लन्दन की सड़कों पर कब्जा कर लेना चाहते हैं कट्टरपन्थी मुसलमान। वह यह तय कर देना चाहते हैं कि लोग कौन-सी पोशाक पहनेंगे, क्या खायेंगे या पीयेंगे, किस रास्ते से चलेंगे, किसके साथ सोयेंगे और किसके साथ नहीं।

जैसे कि मुस्लिम इलाका मुसलमानों की व्यक्तिगत सम्पत्ति हो। दुनियाभर के लोग यू-ट्यूब में ये सारे वीडियो देखते हैं, छि-छि करते हैं; और उनकी घृणा और क्रोध जाकर फट पड़ता है पास के घर के निरीह मुसलमानों के ऊपर, अथवा मुसलमान दुकानदारों के ऊपर और ऑफिस के मुसलमान कर्मचारियों पर।

और केवल सड़क पर ही कब्ज़ा नहीं। कुछ दिन पहले मुस्लिम कट्टरवादियों का ट्रोज़न हॉर्स षड्यन्त्र पकड़ा गया है, बरमिंघम के स्कूलों के ऊपर कब्ज़ा करने का षड्यन्त्र। यह षड्यन्त्र था सेकुलर स्कूलों को मदरसा बनाने का। इस षड्यन्त्र के पकड़े जाने पर लोगों ने कट्टरपन्थियों की निन्दा की और एक बार फिर क्रोध की गाज गिरी मुस्लिम समुदाय के ऊपर। बेकसूर मुसलमान भी लोगों की घृणा का, क्रोध का शिकार हुए। ग्यारह सितम्बर के मुस्लिम आतंकवादियों द्वारा अमेरिका पर हमले के बाद कुछ लोग तो मुसलमानों से इतनी नफरत करने लगे कि कई सिक्खों को मुसलमान समझकर गोली मार दी।

मुस्लिम कट्टरपन्थी और आतंकवादी मुस्लिम सम्प्रदाय को जितनी क्षति पहुँचा रहे हैं उतनी क्षति और कोई नहीं कर रहा है। एक ज़माने में इस्लाम को जो लोग शान्ति का धर्म समझते थे वे अब नहीं मानते है कि यह शान्ति का धर्म है। बहुत-से मुसलमान भी दिनों-दिन नास्तिक हो रहे हैं। उनकी संख्या बढ़ रही है। कई दिन मैंने फेसबुक के कुछ पोस्ट पढ़े, जो बात कहकर अस्सी के दशक में मैं कट्टरपन्थियों के क्रोध की आग में गिरी थी, जिस कारण से मुझे अन्य देशों में निवास करना पड़ा, वही साहसी बात शान से आज के बहुत-से युवा कहते हैं। मेरी अपेक्षा और भी ज़ोर-शोर से बोलते हैं। लेकिन सारा दोष रूढ़िवादियों का है। वे ही इस्लाम का नाम बदनाम कर रहे हैं। कट्टरपन्थी अगर अपने नफरत के कारनामे बन्द नहीं करते तो यह तय है कि नास्तिकों की संख्या और भी बढ़ेगी। और साधारण मुसलमान उठते-बैठते लोगों के साथ उठने बैठने का अपना स्थान और भी खो बैठेंगे।

रघु राय और शरणार्थी

क्या आप रघु राय से परिचित हैं? रघु राय जो एक फ़ोटोग्राफर हैं। वही तो जिन्होंने खींचे थे 1971 के वे श्वेत-श्याम फोटो। पूर्वी पाकिस्तान के गाँव और कस्बों से जवान, बूढ़े सभी बोरिया बिस्तर, बच्चे-कच्चे और लोटा बर्तन लेकर भाग रहे हैं। एक दरिद्र, पीड़ित शरणार्थी ने कॉन्क्रीट की पाइप से सिर फोड़ लिया। सड़क के किनारे भात पक रहा है। हाँडी और पतीलों की आड़ लेकर एक गर्भवती दुखी औरत लेटी है। एक बूढ़िया को डोली में बैठाकर ले जा रहे हैं नंगे बदन आदमी। रघु राय के वे सब फोटोग्राफ कितनी रातों मुझे जगाये रखते थे। कल उन्हीं रघु राय के फोटोग्राफों की प्रदर्शनी देखने गयीं दिल्ली के इंडिया इंटरनेशनल सेंटर (आई.आई. सी.) में। प्रदर्शनी का शीर्षक था 'लॉगिंग टू बिलॉग।' विभिन्न देशों से आकर जो शरणार्थी भारत में हैं उनकी तस्वीरे हैं ये। प्रदर्शनी का उद्घाटन हुआ जून की बीस तारीख को जो अन्तरराष्ट्रीय शरणार्थी दिवस है। रघु राय की इस बार की तस्वीरें श्वेत-श्याम नहीं हैं। सभी रंगीन हैं और जिनकी तस्वीरे हैं ये वे इकहत्तर के लोगों की तरह परेशान और विध्वस्त नहीं हैं। इस बार की तस्वीरों में लोगों की आँखों में न उतनी हताशा है और न लम्बी साँसें भरने का भाव।

एक ज़माना था जब भारत में विभिन्न देशों के, विभिन्न जातियों के, और विभिन्न धर्मों को मानने वाले लोग आश्रय लेते थे। भारत का उदार वक्षस्थल सभी का आलिंगन करता था। यहूदी जब भगाये गये तो भारत आये, वह क्या आज की बात है! फारस देश से ज़ोरोस्ट्रियन आये। दसवीं सदी में जब ज़ोरोस्ट्रियनों ने गुजरात में नदी के किनारे उतरकर राजा से आश्रय माँगा तो, लोग कहते हैं कि राजा ने ऊपर तक भरकर एक बर्तन दूध भेज दिया था जिसका प्रतीकात्मक अर्थ था कि हमारे राज्य में तुम लोगों को शरण देने के लिए कोई जगह नहीं है। उसके बाद एक ज़ोरोस्ट्रियन पुरोहित ने एक चम्मच चीनी डालकर कहा कि 'ज़ोरोस्ट्रियन तुम्हारी ही प्रजा बन जायेंगे और तुम लोगों के जीवन में और भी मिठास घोल देंगे।' वे ही ज़ोरोस्ट्रियन धीरे-धीरे पूरी तरह भारतीय हो गये हैं। इस देश को उनका योगदान असाधारण है। वे पारसी नाम से जाने जाते हैं। भारतवर्ष आज अपने पारसी नागरिकों को लेकर गौरव अनुभव करता है।

भारत में सबसे अधिक शरणार्थी आये भारत के विभाजन के बाद, उन्नीस सौ सैंतालिस में। पूर्व और पश्चिम पाकिस्तान से पुरखों का घर-बार छोड़कर एक करोड़ चालीस लाख लोग भारत चले आये थे। उसके पच्चीस साल बाद इकहत्तर के युद्ध के समय भारत ने आश्रय दिया था पूर्वी पाकिस्तान के लगभग एक करोड़ शरणार्थियों को। आजकल भारतवर्ष में पहले की तरह शरणार्थियों की संख्या उतनी नहीं है फिर भी जो हैं उनमें सबसे बड़ा समुदाय उनका है जो तिब्बत से आये। तिब्बत से दलाई लामा के पीछे-पीछे एक लाख तिब्बती उन्नीस सौ उनसठ में आये थे। सभी को राजनैतिक आश्रय दिया था भारत ने। भारत में उन दिनों तिब्बती शरणार्थियों की संख्या एक लाख दस हज़ार थी। निर्वासित तिब्बतियों के अस्सी प्रतिशत तो भारत में ही रहते हैं।

रघु राय की प्रदर्शनी में तिब्बती शरणार्थियों के जीवन-यापन की तस्वीरें हैं। श्रीलंका के तमिल शरणार्थियों के चित्र भी हैं। तमिलभाषी शरणार्थी उन्नीस सौ तिरासी में श्रीलंका से भारत चले आये थे। आज लगभग साठ हज़ार श्रीलंकाई तमिल तमिलनाडु में रहते हैं। शरणार्थी शिविरों में उन्हें हर प्रकार की सुविधा मिलती है। 2009 में एल.टी.टी.ई. के पतन के बाद कुछ तमिल ज़रूर लौट गये हैं श्रीलंका; बाकी तमिल भी लौट जायेंगे, और अगर नहीं लौटना चाहते तो भारत में ही रह जायेंगे। श्रीलंका के तमिल शरणार्थियों के तमिलनाडु में बस जाने से, मुझे लगता है कि कोई बड़ी समस्या नहीं पैदा होगी।

म्यांमार के शरणार्थी भी हैं भारत में। जम्मू, दिल्ली और हैदराबाद शहरों में रहते हैं नौ हज़ार रोहिंगा शरणार्थी। बहुत-से अन्य देशों के समान ही भारत ने भी यह सब किया था अन्तरराष्ट्रीय शरणार्थी कन्वेन्शन उन्नीस सौ इक्यावन के अनुसार। उसकी शर्त थी कि जो कोई राजनैतिक आश्रय चाहेगा उसे राजनैतिक आश्रय देना पड़ेगा। भारत के सुप्रीम कोर्ट ने कहा है कि भारतीय संविधान की धारा इक्कीस और चौदहवीं के अनुसार भारत में जो भी रहते हैं उन सब के अधिकार समान हैं। लेकिन भारत में कितने लोग इस बात को मानते हैं! संयुक्त राष्ट्र संघ ने सभी रोहिंगा मुस्लिमों को शरणार्थी के रूप में स्वीकार कर लिया है। किन्तु भारत ने इसे कितना स्वीकार किया है यह विषय पड़ताल के क़ाबिल है। भारत में रोहिंगा शरणार्थियों की सहायता करती हैं दो एक मुस्लिम संस्थाएँ। साधारण जनता में रोहिंगाओं के प्रति सहानुभूति लगभग नहीं के बराबर है। अक्सर रोहिंगा मुझे रूमानिया के जिप्सी लोगों की तरह लगते हैं। वे जहाँ भी जाते हैं वहाँ के लोग उनसे घृणा करते हैं। सभी जगह उन्हें दुत्कार कर भगा दिया जाता है।

भारत में अफगान शरणार्थियों ने आना शुरू किया था। सोवियत यूनियन द्वारा अफगानिस्तान पर आक्रमण करने के समय से यानी उन्नीस सौ उनासी से। लगभग बारह हज़ार अफगान शरणार्थी इस समय भारत में रहते हैं। पाकिस्तान के हिन्दू

शरणार्थी हैं एक लाख। दो हज़ार बारह में पाकिस्तान के कुछ हिन्दुओं ने शिकायत की थी कि पाकिस्तान के मुस्लिम निवासी उनकी ज़मीन-जायदाद छीन रहे हैं, उनके ऊपर शारीरिक हमला करते हैं, उनका अपहरण करते हैं और ज़बर्दस्ती धर्म परिवर्तन कराते हैं। आज पाकिस्तान के हिन्दू भारत सरकार से राजनैतिक आश्रय चाहते हैं। आश्रय शायद उन्हें मिल जाये जिस तरह कि बांग्लादेश के हिन्दुओं को मिला है। रघु राय की इस प्रदर्शनी में बांग्लादेश के किसी भी व्यक्ति का कोई चित्र नहीं है, न हिन्दू न मुसलमान। बांग्लादेश के मुसलमान अवैध या ग़ैरक़ानूनी घुसपैठिये कहलाते हैं। वे क्या शरणार्थी नहीं हैं? उनमें से हो सकता है कि अधिकांश राजनैतिक शरणार्थी न हो, लेकिन वे आर्थिक शरणार्थी तो हैं। आर्थिक दुरवस्था क्या राजनैतिक नहीं है! निश्चित रूप से राजनैतिक है। तब आर्थिक शरणार्थियों को राजनैतिक शरणार्थी न मानकर अवैध घुसपैठिया क्यों माना जाता है?

केवल भारत उपमहाद्वीप से ही नहीं बल्कि अफ्रीका के देशों से भी लोग भारत में राजनैतिक शरण चाहते हैं। भारत में इस समय सात सौ पचास सोमाली शरणार्थी रहते हैं। वे उस समय आये थे जब सोमालिया में गृहयुद्ध चल रहा था। सोमालिया भारतीय समाज में स्वीकार्य या आदरणीय दोनों ही नहीं है। उसका मुख्य कारण है कि सोमालिया के लोग काले हैं। काले लोगों को भारतीय पसन्द नहीं करते। काले अफ्रीकनों को भारत में खुलेआम अपमानित और परेशान किया जाता है। अपने देश के ही चपटी नाक वाले लोगों को यहाँ के निवासी पसन्द नहीं करते। सोचते हैं कि वे भारतीय नहीं हैं। निडोतानिया नामक एक लड़के को तो उस दिन मार ही डाला दिल्ली में कुछ लोगों ने। कारण केवल एक था कि वह लड़का देखने में भिन्न था। निडोतानिया भारत के अरुणाचल प्रदेश का निवासी था।

भारत में एक बात काफ़ी प्रचलित थी एक ज़माने में : अतिथि देवो भवः। आज वह केवल एक वाक्य भर है। उस पर आजकल ज़्यादा लोग विश्वास नहीं करते। निश्चय ही आज के भारत और पहले के भारत के बीच काफ़ी अन्तर है। गोरे यूरोपियन और अमेरिका के लोगों का अनुकरण अब भी बहुत ज़्यादा है। काले, बादामी रंगवाले, मुस्लिम, पड़ोसी, दरिद्र, उपजातियों के लोग—इन सबको तुच्छ समझकर उनको नीचा दिखाने की प्रवृत्ति सामान्य भारतीयों के बीच प्रबल है। जातिवाद और वर्णवाद इन दो से यहाँ के लोग बुरी तरह प्रभावित हैं। राजनैतिक नेता भी चाहते हैं कि इन सब प्रवृत्तियों के साथ जनता जहाँ है वहीं पड़ी रहे। सभी के लिए अन्न, घर और स्वास्थ्य और शिक्षा को लेकर परेशान न हो, ग़रीबी दूर करने के बारे में न सोचे।

रघु राय की उम्र सम्भवतः अब काफ़ी है। ब्रिटिश इण्डिया में उनका जन्म हुआ था तो उनकी उम्र ज़्यादा तो होगी ही। कल मुलाकात नहीं हुई उनके साथ। मैं जब प्रदर्शनी हॉल में घुसी तो वहाँ कोई नहीं था। एक आदमी एक लैपटॉप लेकर

दरवाज़े के पास एक टेबल पर बैठा था। किसी के आने पर उसके विचारों को रजिस्टर में लिखने के लिए बोलना ही उसका काम था। बाहर निकलने से पहले मैंने भी अपना मंतव्य लिख दिया, मेरा विचार यह था : 'रघु राय की इकहत्तर की तस्वीरें जिस दिन मैंने पहली बार देखी थीं उस दिन से ही मैं उनके प्रति श्रद्धा का भाव रखती हूँ। अब भी उन चित्रों को देखकर लम्बी साँसे भरती हूँ। रघु राय अब भी शरणार्थियों की तस्वीरें खींचते जा रहे हैं। आज भी वह मानवता के लिए काम कर रहे हैं। लेकिन जिनकी तस्वीरें खींची है उन्हें मैं शरणार्थी या रिफ्यूजी कहकर नहीं पुकारती, मैं उन्हें इन्सान कहकर पुकारती हूँ।' किसी इन्सान को दरअसल शरणार्थी कहकर पुकारना उचित नहीं है। सभी इस पृथिवी की सन्तान हैं। सम्पूर्ण पृथिवी पर जहाँ चाहे वहाँ जाने की स्वाधीनता और जिस जगह निवास करने की इच्छा हो वहाँ निवास करने का अधिकार सभी का हो यही उचित है। हम इन्सानों ने ही पृथिवी को विभाजित किया है और कँटीले तारों की सीमा रेखाएँ खड़ी कर दी है। इसी मानवजाति ने हममें धर्म और जाति की सृष्टि की है। इसी मनुष्य ने हममें बनाये हैं ग़रीब और प्रचुर सम्पदा वाले वर्ग और पैदा किया है इन्सान और इन्सान के बीच विषमता और विभेद।

शरणार्थी शिविरों में पड़े हुए इन इन्सानों के जीवन-यापन का स्तर ऊपर उठे, इस देश के नागरिकों को जो सुयोग और सुविधा मिलती है, जो सम्मान मिलता है वैसा ही सुयोग, सुविधा और सम्मान इन इन्सानों को मिले। समान स्वाधीनता और अधिकार इन्हें भी प्राप्त हों। जब तक वैसा नहीं होता तब तक निश्चित रूप से मानवता का अपमान होता है।

मैं स्वयं एक राजनैतिक शरणार्थी हूँ। मेरे देश की सरकार ने आज बीस बरस हुए, अपने देश से मुझे निकाल दिया है। इसी वजह से जो मैं अपनी किताबों में लिखती हूँ, मेरी कहानी और उपन्यास में, लेख में, कविता में, वह बांग्लादेश की सरकार पसन्द नहीं करती। आज भी ग़ैरक़ानूनी एवं अन्यायपूर्ण तरीके से मुझे वहाँ की कोई सरकार देश में घुसने नहीं देती। मेरे बांग्लादेश के पासपोर्ट की मियाद बांग्लादेश की कोई भी सरकार नहीं बढ़ाती। मेरे विदेशी पासपोर्ट पर भी कभी वीसा नहीं देती। मेरे लिए तो हसीना की सरकार, ख़ालिदा की सरकार—सभी एक जैसी हैं। उनका सबका एक जैसा चरित्र है। मुझे क्या कुछ कम भोगना होता है निर्वासन के जीवन में। लेखक होकर विदेश की ज़मीन पर जीवन-यापन करना आसान नहीं है। विशेष रूप से बांग्लाभाषा के लेखक के लिए। भारतवर्ष में रहती हूँ, भारतवर्ष के साथ अपने देश की कुछ समानता पाती हूँ इसलिए। इस बीच पश्चिम बंगाल ने बांग्लादेश के कदमों का अनुसरण करते हुए मुझे वहाँ से निकाल दिया। दिल्ली में मैं एक पतले धागे से लटक रही हूँ; किसी भी दिन सरकार मुझसे कह सकती है बहुत हो गया इस बार बोरिया बिस्तर समेटो। उसके बाद कहाँ जाऊँगी, किस

दिशा में, नहीं जानती। ग़रीब शरणार्थी फटे-पुराने तम्बुओं में रहते हैं, मैं किसी तम्बू में नहीं रहती किन्तु जीवन की अनिश्चितता मेरी उनके ही जैसी है। अपना देश जिसे कह सकूँ ऐसी जगह कहीं भी नहीं है मेरे लिए। अपना घर नामक सचमुच कुछ नहीं है, सिर पर छत जैसा कुछ नहीं है। अपने असहनीय जीवन को देखकर जब मेरी आँखें धुँधलाने लगती हैं तो सुनती हूँ कि हमें जिन लोगों ने विस्थापित किया है, जिन्होंने हमारे पैरों के नीचे की ज़मीन छीन ली है, मानवता का इतना घोर अपमान जिन लोगों ने किया है वे ही आज विभिन्न देशों में देश को लेकर प्रशंसा करते हैं। ये वही लोग हैं जो मानवाधिकार को लेकर दिवस वगैरह मनाये जाने पर बड़े-बड़े भाषण भी देते हैं।

शान्तिप्रिय मुसलमान हैं या नहीं?

मुझे अब्दुल रक़ीब अमीन, जोखर ज़ारनायेब की याद दिला देता है। बोस्टन मैराथन के दिन बैक पैक में प्रेशर कुकर में बन्द बमों को लेकर भीड़ भरे फुटपाथ पर वह चुपचाप रख आया था। बम फटने पर कुछ निरपराध मैराथन दर्शक मारे गये। जोखर ज़ारनायेब के इस नीच कर्म को जानने के बाद उसके स्कूल के छात्र-छात्रायें, शिक्षक उसके दोस्त और उसके पड़ोसियों ने कहा, 'जोखर जैसा भला लड़का मिलना मुश्किल है।' बास्केट बॉल खेलता था। उसके कोच ने कहा था, 'इतना स्मार्ट, फुर्तीला लड़का मिलना मुश्किल है।' सभी जोखर की तारीफ ज़ोर-शोर से कर रहे थे। कैसे यह विनम्र और सभ्य लड़का बिगड़ गया? ख़ास कुछ नहीं था। मोहल्ले की मस्जिद में जाने लगा। वहाँ पर धर्मान्ध भाई तामिरलान के सम्पर्क में आया, बस बिगड़ गया। अब्दुल रक़ीब के बारे में भी स्कॉटलैण्ड में एबरडीन के बन्धु बान्धव और जान-पहचान वाले, सभी एक ही बात कहते हैं, 'बहुत अच्छा लड़का था, उसके बहुत-से दोस्त थे, खूब हँसता था, दोस्तों के साथ बैठकर गपशप करता था, फुटबॉल खेलता था, इंजीनियरिंग पढ़ रहा था और हिपहॉप गाने भी गाता था।' रक़ीब के दोस्तों में केवल बादामी चमड़ीवाले मुसलमान ही नहीं थे, गोरे ईसाई और यहूदी भी थे। ज़ाहिर है कि रक़ीब लोकप्रिय था। और यही लड़का इस वक़्त इराक़ में आइसिस के आतंकवादी दल में शामिल हो गया है। उसके पुराने दोस्तों के लिए यह घटना अब भी विश्वास के क़ाबिल नहीं है। रक़ीब के एक दोस्त ने कहा, ''एक बार कहीं बाहर गया था लौटकर आया तो पूरे मुँह पर दाढ़ी थी और आलखल्ला (कट्टर मुसलमानों की पोशाक—एक लम्बा चोंगा) पहने हुए था। यह तो अल-क़ायदा की पारम्परिक पोशाक है। 'चलो जिहाद करें' बार-बार यही कह रहा था।'' उसका वह दोस्त समझ नहीं पाया रक़ीब का वह जिहाद का रहस्य, उसके उस आमूल परिवर्तन का उद्देश्य। इसीलिए जितना सम्भव हुआ वह रक़ीब से दूर ही रहने लगा।

आइसिस में रक़ीब का नाम है अबू-बरा-अल्-हिन्दी। नया नाम रखने का कारण क्या है यह जानने की मुझे बड़ी उत्सुकता है। चेहरा जब दिखाई देता है वीडियो में, जब मुखौटा उतार लिया है तो असली नाम और उसका नाड़ी नक्षत्र ज़ाहिर होने में ज़्यादा समय लगने की बात नहीं है। रक़ीब को पहचानकर एबरडीन के एक और

व्यक्ति ने कहा, 'कुछ हठी और क्रोधी स्वभाव का लड़का था रक़ीब। लेकिन धर्म-कर्म में मन लगाने के बाद बहुत शान्त हो गया था।' मोहल्ले की मस्जिद में मुअज़्ज़िन का काम करता था, अज़ान देता था। वही रक़ीब दिखाई देता है आतंकवादियों के नये वीडियो में। किसी हत्याकांड का वीडियो नहीं है ये, हत्याकांड को अंजाम देने के लिए लोगों को आवाज़ देने का वीडियो है। आतंकवादी दल में योगदान करने के लिए जनसाधारण से अपील की है तीन लड़कों ने, इनमें तीसरे नम्बर का लड़का है रक़ीब, रक़ीब अब्दुल अमीन, बंगाली है। उसका जन्म बांग्लादेश के सिलहट में हुआ था।

अब तक जो आइसिस के वीडियो मैंने देखे हैं उनमें काले कपड़े से मुँह ढककर कुछ बन्दूकधारी शान्तिपूर्वक आदमियों का गला काट रहे हैं, अथवा सिर में गोली मार रहे हैं, और समवेत स्वर में 'अल्लाहू अकबर' बोलकर उत्सव जैसा कर रहे हैं। हो सकता है कि उनमें रक़ीब भी हो। रक़ीब की उम्र है छब्बीस साल। दूसरे बहुत-से आतंकवादियों की अपेक्षा कुछ ज़्यादा ही है। संयुक्त राज्य (ब्रिटेन) से सोलह-सत्रह साल के मुसलमान लड़के इराक़ के आतंकवादी दलों में शामिल होने के लिए चले जा रहे हैं। बीस साल की उम्र का मेडिकल छात्र नासेर मुथन्ना इराक़ चला गया। आतंकवादियों के वीडियो पर प्रसारित आह्वान में मुथन्ना भी शामिल था। माँ-बाप यमन से आये थे। नासेर का जन्म हुआ इंग्लैण्ड के कार्डिफ शहर में, वहीं वह बड़ा हुआ, वहाँ के अल्-मनार सेंटर में नासेर और उसके सत्रह साल के छोटे भाई असील मुथन्ना की मगजधुलाई हुई। 'आतंकवादी चाहिए' की अपील वाले वीडियो में पहले वाले लड़के की उम्र है बीस साल। नाम रियात ख़ान। रियात ख़ान भी कार्डिफ से ही आया है। वह नासेर मुथन्ना का दोस्त है। दोनों ही अल्-मनार सेंटर भाषण सुनने जाते थे। उसी सेंटर—मस्जिद में भाषण देने आते थे मोहम्मद मुस्तफा अल-मुकरी। वह मिस्र के 'अल-गामा-अल-इस्लामिया' नामक एक चरमपन्थी इस्लामी दल से जुड़े हुए थे; और एक वक्ता थे सऊदी अरब के मोहम्मद अल-आरिफी। आरिफी किशोर युवकों से कहते थे, 'सीरिया जाओ जिहाद में शामिल हो।' उनके भाषण को सुनकर पता नहीं कितने लोगों ने जिहाद में योगदान किया। फिर भी अब तक पहचान लिए गये हैं रियात ख़ान, नासेर मुथन्ना और असील मुथन्ना। पूरे इंग्लैण्ड से, तमाम लोगों का कहना है कि एक हज़ार से ज़्यादा मुसलमान सीरिया और इराक़ के जिहाद में शामिल होने गये हैं। ये ही किशोर और युवा डॉक्टर या इंजीनियर होने का सपना और स्वस्थ सुन्दर जीवन की सम्भावना को जानबूझकर छोड़कर, इस समय धर्म के नाम पर इन्सानों का ख़ून कर रहे हैं। संयुक्त राज्य (ब्रिटेन) से मुसलमान किशोरियाँ और युवतियाँ भी जिहादी पुरुषों का साथ देने के लिए भाग रही हैं। दरअसल, मैं नहीं समझ पाती कि इस्लाम धर्म में ऐसा क्या है कि मौत का ख़तरा होने पर भी लोग इसकी सेवा करने के लिए कूद पड़ते हैं। रक़ीब कहता है कि वह इस्लाम के खलीफा की नियुक्ति देखना चाहता है, और यह यदि सम्भव न हुआ तो वह निर्भीक

होकर अपनी जान दे देगा। मरने से उसे कोई ऐतराज नहीं है। उसे तो अपने जीवन का सबसे बड़ा सुख इस जिहाद में ही मिल रहा है। संयुक्त राज्य ब्रिटेन को एक नये जन्म की तरह वह हमेशा के लिए छोड़ आया है, और कहता है कि काफिरों के देश में वह अब कभी पैर नहीं रखेगा। इराक़ जाकर उसने बन्दूक चलाने की ट्रेनिंग ली और उसके बाद ली इस्लाम की ट्रेनिंग। सम्भवतः उसी ट्रेनिंग के दौरान उसे यह सिखाया गया कि किस तरह, बिना विचलित हुए, दुविधा के बिना हँसते-हँसते जीवित मनुष्यों का गला काटा जाता है, गोली मारकर उनका भेजा उड़ा दिया जाता है, और उसके बाद 'अल्लाहू अकबर' बोलकर किस तरह ज़ोर से चिल्लाया जाता है। वीडियो में रक़ीब ने कहा, 'तुम लोग क्या अल्लाह की खातिर अपने भारी भरकम वेतन की नौकरी नहीं छोड़ सकते, अपनी गाड़ी, मकान, और अपना ऐशो-आराम? यहाँ जो कुछ दोगे अल्लाह ने कहा है बाद में उससे सात सौ गुना अधिक पाओगे। याद रखो जिहाद के अतिरिक्त कोई अन्य जीवन नहीं है, उसके बिना जीवन का कोई अर्थ नहीं है।' बांग्लादेश के गाँव-कस्बों में इस्लामी जलसा खड़ाकर कठमुल्ले जिस भाषा में इस्लाम के गुण गाते हैं, रक़ीब भी उसी भाषा में इस्लाम के गुण गाता है। रक़ीब की भाषा किसी विज्ञान की शिक्षा पाये हुए युवक की भाषा नहीं है।

मुझे नहीं पता कि बांग्लादेश से कितने लड़के-लड़कियाँ अपने दिमाग़ की धुलाई कराने के बाद मध्य-पूर्व के जिहाद में शामिल होने गये हैं। फिर भी इंग्लैण्ड से जो बहुत-से बंगाली गये हैं उसका अन्दाजा लगा सकती हूँ। वहाँ के बंगालियों की कठमुल्लों द्वारा दिमाग़ की इस्लामी धुलाई कोई नयी घटना नहीं है। जिन लड़कों की बात थी कि सभ्य देश में जाकर, सभ्य शिक्षा हासिल कर सभ्य बनेंगे वे ही आज सबसे अधिक असभ्य, सबसे अधिक मतिभ्रष्ट, सबसे अधिक पाखंडी, बर्बर और ख़ूनी हो गये हैं। उनके दिमाग़ को पूरी तरह से बदल दिया है धुरन्धर इस्लामी कट्टरपन्थी आतंकवादियों ने। जीवन की शुरुआत में ही उन्होंने जीवन का त्याग कर मृत्यु का वरण कर लिया है। रक़ीब ने कहा है, 'आतंकवादी दल के साथ वह जुड़ा है इंटरनेट के माध्यम से।' इंटरनेट जैसे मस्तिष्क को अच्छा बनाने वाली वस्तु है वैसे ही वह दिमाग़ को ख़राब करने वाली भी है। यहाँ कौन जानता है कि कौन व्यक्ति किसकी तरफ़ आकृष्ट होगा—कोई अच्छे को चुन लेता है तो कोई बुरे को। प्रश्न उठता है कि हमारे रक़ीब साहब ने ख़राब को, जीवन के सीधे श्वेत-श्याम समाधान को ही क्यों चुना। किसी व्यक्ति का किस तरह बचपन और किशोरावस्था में पालन-पोषण हुआ है, परिवार के सदस्यों से उसने क्या सीखा है, बाहर किन लोगों से मिला है—इस सब पर ही बहुत कुछ निर्भर करता है कि वह व्यक्ति कैसा इन्सान बनेगा। रक़ीब एबरडीन की मस्जिद में बचपन से ही जाता था। ज़ाहिर है कि उसे परिवार के लोग ही मस्जिद भेजते थे। मस्जिद में ही हुई उसकी मगजधुलाई। मस्जिद के कारण ही इंटरनेट पर वह आतंकवादियों के सम्पर्क में

आया। वहीं उसने जिहाद का स्वप्न देखा और उसकी यही परिणति हुई। आत्मीय और अपने लोग, समाज और संसार, बन्धु-बान्धव, वर्तमान और भविष्यत् सबको फेंककर तीव्र और अप्रतिहत रूप से आकृष्ट होकर वह बन गया आतंकवादी। बचपन और किशोरावस्था में यदि मस्जिद जाने की घटना न घटे तो मानसिक परिवर्तन की आशंका बहुत कम रहती है। संयुक्त राज्य ब्रिटेन से जितने भी लड़के सीरिया और इराक़ के आतंकवादी दलों से जुड़े हैं, पता लगाकर देखिये, प्रायः सभी का मस्जिद से सम्पर्क था। मस्जिदों में आजकल इस्लाम का ऐसा प्रचार बहुत ही कम होता है जिसमें कलह और झगड़े की बात न हो, अधिकतर वहाँ प्रचार होता है जिहादी इस्लाम का, राजनैतिक इस्लाम का, हिंसा और ख़ून करने वाले इस्लाम का।

कई हज़ार इराक़ी सैनिकों और पुलिस के सिपाहियों को आइसिस के आतंकवादियों ने मार डाला है। यह वीभत्स और नृशंस हत्याकांड, नात्सी हत्याकांड को भी पीछे छोड़ देता है। ये घिनौने ख़ूनी आतंकवादी बगदाद जैसे ऐतिहासिक शहर के स्थापत्य और इतिहास की धरोहर का ध्वंस कर रहे हैं। शिया मुसलमानों की जितनी मस्जिदें थीं सबको बमों की मार से मिट्टी में मिला दिया है। जितने शिया इनके हाथ पड़ जाते हैं उनका ख़ून कर देते हैं। और शिया ही क्यों,अगर सुन्नी लोग आइसिस के आतंकवादी कुकृत्यों में विश्वास नहीं करते तो उनका भी ख़ून कर देते हैं। मासूम रास्तागीरों का ख़ून करते हैं। तोड़ डाला है उन्होंने यूसुफ नबी का मजार। कह रहे हैं कि स्पेन पर कब्ज़ा कर लेंगे। काबा को भी मिट्टी में मिला देंगे। कहते हैं कि वहाँ हज़रे-असवाद के पत्थर को चुनना मूर्ति पूजा के सिवा कुछ भी नहीं है। क्या चाहते हैं आइसिस के आतंकवादी, क्या चाहता है अबू बक्र अल-बग़दादी, इस्लामी राष्ट्र का महान ख़लीफा? सभी राष्ट्रों को इस्लामी राष्ट्र बनाना चाहता है। पूरी दुनिया को ही बनाना चाहता है अपनी मर्ज़ी का दारुल-इस्लाम-इस्लाम की भूमि।

मैं पूछती हूँ जो मुसलमान यह कहते हैं कि वे हत्या की राजनीति या आतंकवादी धर्म में विश्वास नहीं करते, जिनके क़रीब इस्लाम शान्ति का धर्म है, तो वे मुसलमान तमाम देशों में इस्लाम के नाम पर जो बर्बरता शुरू हुई है उसके ख़िलाफ़ आवाज़ क्यों नहीं उठाते, इस्लाम का सही अर्थ क्यों प्रस्तुत नहीं करते? इसके विरोध में वे सड़कों पर निकलकर सभा क्यों नहीं करते और जुलूस क्यों नहीं निकालते? अल-शबाब के आतंकवादी केनिया में जो कर रहे हैं, बोको हराम जो नाइजीरिया में कर रहा है, आइसिस जो सीरिया और इराक़ में कर रहा है उसके ख़िलाफ़ शान्तिप्रिय मुसलमान अपना क्षोभ प्रदर्शित क्यों नहीं करते? ऐसा तो नहीं है कि वे अन्य मुद्दों को लेकर संगठित नहीं होते। तो दुनिया के लाखों-लाख आतंकवाद विरोधी मुसलमान इसके विरोध में कहीं भी कोई प्रदर्शन क्यों नहीं करते, कोई जुलूस क्यों नहीं निकालते! तो वे क्या वास्तव में हैं, या नहीं है उनका अस्तित्व?

बिल्ली की कहानी

पृथिवी पर मनुष्यों के रिहायशी इलाके में रहने वाली जितनी भी बिल्लियाँ हैं सबके पुरखे–बिल्ली और बिल्ले–'नीयर ईस्टर्न वाइल्ड कैट' यानी निकटपूर्व के वनविलाव की सन्तान हैं। यूरोप, दक्षिणी अफ्रीका, मध्य एशिया, और चीन के रेगिस्तानी इलाके के वनविलाव के साथ उनका डीएनए नहीं मिलता। मध्यपूर्व के भीतर के देश उससे सटे हुए जो निकट पूर्व के देश हैं उनकी परिभाषाएँ अलग-अलग हैं।

फिर भी जिन देशों को निकटपूर्व के क्षेत्र में मोटे तौर पर शामिल किया जा सकता है वे हैं बहरीन, साइप्रस, मिस्र, ईरान, इराक़, इजराइल, जर्मनी, कुवैत, लेबनान, लीबिया, ओमान, क़ातार, सऊदी अरब, सूडान, सीरिया, तुर्की, अरब अमीरात, फिलस्तीन और यमन। हम अब तक यह समझते थे कि चार हज़ार साल पहले जंगल से वनविलाव सबसे पहले घुसा था मिस्र के आबादी वाले क्षेत्र में। लेकिन अब तक की हमारी यह जानकारी ग़लत थी। वनविलाव तो जंगल से इन्सानी आबादी के क्षेत्र में इससे पहले भी आया था। विभिन्न प्रकार के प्रमाणों को सूत्रबद्ध कर अब तक जो तथ्य हासिल हुआ है वह यह है कि निकटपूर्व के वनविलावों में कोई-कोई सम्भवतः हाइना और बाघ एवं भालुओं के चंगुल से बचने के लिए मानवीय इलाकों में घुस आया था, दस या बारह हज़ार बरस पहले किसी निकटपूर्व के देश में। आज उसी के वंशधर हमारे मैदानों में, सड़क के किनारे हर जगह और गलीकूचों में घूमते-फिरते हैं, और रिहायशी घरों में भी रहते हैं। उन्नीस सौ तिरासी में साइप्रस में पहली बार मिला आठ हज़ार वर्ष पुरानी विलाव के जबड़े की हड्डी। उसके बाद दस वर्ष पहले जो मिला वह था जबड़े का हाड़ वगैरह नहीं बल्कि पूरा कंकाल। एक मनुष्य के सम्पूर्ण शरीर के साथ आठ महीने की उम्र के एक बिल्ले को कब्र में दफ्न किया गया था; यह कब्र नौ हज़ार साल पुरानी है। कब्र देखकर ही समझ में आ गया कि उस इलाके के बिल्ले मनुष्य के साथ बहुत समय पहले रहने लगे थे। कुछ मानवशास्त्रियों ने यह भी कहना शुरू कर दिया है कि दस बारह नहीं पन्द्रह हज़ार साल आगे वनविलाव मनुष्य के इलाके में घुस आया था। यदि लम्बे समय तक मनुष्य और बिल्ली का सम्पर्क नहीं रहा होता तो इतना प्रेमपूर्वक कोई भी किसी बिल्ली को लेकर कब्र में दफन होना पसन्द नहीं करता।

साइप्रस और तुर्की में किसानों ने अपनी बस्तियाँ बसाई थीं। वे लोग ही सम्भवतः तुर्की में पाले गये बिल्ली-बिल्लों को अपने साथ साइप्रस ले आये। तुर्की से ही आये होंगे साइप्रस क्योंकि और कहीं से तो साइप्रस में बिल्ली को लाने की सम्भावना नहीं थी। साइप्रस के आसपास के जंगलों में भी कोई वनविलाव नहीं था।

पूरी दुनिया में बिल्ली-बिल्लों की संख्या साठ करोड़ है। परिव्रजन और विकास का यही तो दिलचस्प पहलू है। मनुष्य के साथ मनुष्य के इलाकों में रहने वाली बिल्लियों की प्रजाति ही अब तक बची हुई है। वन के विलाव तो ख़त्म होने के रास्ते पर हैं। जो बिल्ली-बिल्ले बुद्धिमानी का क़दम उठाकर वन से मनुष्य की शरण में चले आये थे उन्होंने अपने हित में यह सही काम किया था। कान खोलकर सतर्क रहना पड़ता है, कहीं भली प्रकार से जीवन कटेगा ऐसी कुछ गन्ध पाकर पुरानी जगह छोड़कर नयी जगह तुरन्त चले जाना पड़ता है। मानवजाति तो जीवन के प्रारम्भ से ही अपना निवास बदलता रहा है। इसलिए क्रमशः वह अच्छी आबहवा, अच्छे परिवेश और बेहतर जीवन की तरफ़ निरन्तर प्रयाण करता है। एक जगह से दूसरी जगह प्रब्रजन या प्रवास करता है; इसी कारण होमोसेपियन नाम की मनुष्य की प्रजाति अब तक सुरक्षित है। नियन्डर्थाल नामक मनुष्य की प्रजाति तो विलुप्त ही हो गयी।

मनुष्य जिस युग में मूल रूप से शिकारी था तब कुत्ते को अपने साथ रखता था। जब स्थिर हुआ और खेती का काम शुरू किया तब कुत्ते के बदले बिल्ली हुई उसकी विश्वस्त साथी। बिल्ली-बिल्ले अनाज की फसल के खेतों में आने वाले चूहों को मार डालते। उसे खाकर बड़े सन्तोष और सुख से खेत-खलियान में रहते और मनुष्य भी बिल्लों से खुश था क्योंकि उसके द्वारा चूहे मारे जाते थे और अनाज की कमी नहीं होती थी। मिस्र के प्राचीन निवासी तो बिल्ली की पूजा करते थे। बिल्ली देवी का नाम था बास्ट। बिल्ली की पूजा के लिए मिस्र में मन्दिर भी थे। मिस्र के क़ानून में उस जमाने में मनुष्य से भी अधिक सम्मान मिलता था बिल्ली जाति के जानवर को। किसी घर में अगर आग लग जाती तो मनुष्यों को बचाने से पहले बिल्ली को बचाने का नियम था। ऐसा नहीं है कि मिस्र के राजा और बादशाहों की ही ममी बनाई जाती थी, बिल्ली की भी ममी बनाई जाती थी। बिल्लियों के कब्रिस्तान में तीन बिल्लियों की ममियाँ मिली हैं। यदि कोई किसी बिल्ले को मार डालता तो केवल जेल और जुर्माना ही नहीं, आजीवन कारावास ही नहीं बल्कि बाक़ायदा मृत्युदण्ड दिया जाता। प्राचीन रोम में भी बहुत कुछ ऐसा ही था। बिल्ली को वहाँ स्वाधीनता का प्रतीक मानते थे। सुदूर पूर्व की बिल्लियों का मनुष्य से अधिक सम्मान का एक अन्य कारण भी था। बिल्लियाँ पोथी-पत्र और पाण्डुलिपियों की चूहों के दाँतों से रक्षा करती थी।

जिस समय चारों तरफ़ बिल्ली को मनुष्य ईश्वर के बराबर का सम्मान देते

थे, तभी मध्य युग में हठात् बिना कुछ कहे सुने, यूरोप के निवासियों ने बिल्ली को अशुभ प्रतीक-डायन का साथी और शैतान का दूत मानना शुरू कर दिया। प्लेग के लिए बिल्ली जिम्मेदार है यह दोषारोपण भी किया। भारतीय उपमहाद्वीप में बिल्ली को लेकर अभी भी अन्धविश्वासों की भरमार है। काली बिल्ली सामने आने पर लोग गाड़ी रोक देते हैं। एक महाशय ने मुझसे पूछा था, 'काली बिल्ली सड़क पार कर रही है इसका क्या अर्थ है। मैंने उत्तर दिया है इसके मायने हैं कि काली बिल्ली कहीं जा रही है।' जो लोग अन्धविश्वास में आस्था रखते हैं वे मजाक नहीं समझ पाते।

जिस प्राणी को लोग सबसे ज़्यादा पालते हैं वह गाय नहीं है, घोड़ा नहीं है, कुत्ता नहीं है, पक्षी नहीं है, वह तो बिल्ली है। यूरोप और अमेरिका में लगभग हर घर में बिल्ली पायी जाती है। संयुक्त राज्य अमेरिका में ही पालतू बिल्लियों की संख्या नौ करोड़ है। जो प्राणी दूध नहीं देता, बोझा नहीं ढो सकता, जिसके चमड़े से कुछ भी बनाया नहीं जा सकता, और आजकल जो मनुष्य की किसी भी भलाई के काम नहीं आता उसी प्राणी को ही इन्सान सबसे अधिक पालता है। मामला बड़ा विचित्र है। मेरे एक दोस्त ने कहा था, 'बिल्ली पानी बचाकर चलती है और उसका सबसे प्रिय भोजन है मछली'! विकास की प्रक्रिया कितना कुछ बदल देती है। मैं अपनी ही बिल्ली की बात करती हूँ, नाम है मीनू। वह तो अपनी मछली भी खुद खाना नहीं जानती। काँटे चुनकर निकाल देने के बाद ही खाती है। यह देखकर एक बार मेरे मित्र ने कहा था, 'यह तो खूब है, तुम तो बिल्ली को काँटे निकालकर मछली खाने को देती हो मैं तो अब तक यह समझती थी कि बिल्ली मछली के काँटे भी खा लेती है। काँटे निकालकर बिल्ली को मछली खाने के लिए देने का अर्थ हुआ कि इस बिल्ली में अब कुछ बिल्लीपन बचा नहीं है, उसके अन्दर तो इन्सानियत डेवलप हो रही है।'

यह तो सही है कि मीनू को देखकर कोई भी कहेगा कि मीनू के अन्दर अब कुछ भी बिल्लीपन बाकी नहीं रहा, जो है वह इन्सान जैसा है। आज नौ साल से मीनू मेरे साथ है। गाड़ियाहाट के मछली बाज़ार में असहाय खड़े इस बच्चे को मैं घर ले आयी थी। आज उसका जीवन बहुत कुछ रानी या देवी के समान है। कितने तरह का सरकारी अत्याचार हुआ मेरे ऊपर, सब चले गये; सारे मित्र, सब अनुरागी, रह गयी केवल मीनू। वह और जायेगी कहाँ! बाहर, सड़क के किनारे के जीवन की अब वह अभ्यस्त नहीं। शिकार करके वह अब खा नहीं पायेगी, चोरी करके भी नहीं। वह सब तो बहुत दिन पहले भूल गयी, अथवा कभी सीखा ही नहीं। सड़क पर निकली तो गाड़ी-घोड़ा, कुत्ता या किसी आदमी के हाथ मारी जायेगी। उससे तो अच्छा है कि घर में निरापद सोयेगी, खेलेगी, स्वादिष्ट भोजन मिलेगा, विदेशी कम्पनी के स्वादिष्ट व्यंजन, रॉयल कैनायन फूड। कभी नाक सिकोड़ेगी, बुरा मानेगी, नाराज़ हो जायेगी, और खाने के लिए ज़ोर डालने पर 'नहीं खाऊँगी' की मुद्रा में

मुँह घुमाकर लेटी रहेगी, हाथ-पैर पकड़ने पर भी मुँह खुलवाना सम्भव नहीं। और कभी जब मर्जी होगी तभी वह मुँह में खाना लेगी। पूरे घर में उसके खिलौने भरे पड़े हैं। पूरी शाम उसके साथ खेलना पड़ेगा, उसकी बचकाना हठ और नखरों का अन्त ही नहीं। गर्मी के मौसम में उसे एसी चाहिए, शीतकाल में पश्मीने का कम्बल चाहिए, गुड़ियों वाली जैकेट चाहिए, हीटर चाहिए। कोई विश्वास करे या न करे लेकिन उसका अलग सोने का घर है, अलग बिछौना और अलग टॉयलेट। अगर टॉयलेट कभी गन्दा मिला तो चिल्ला-चिल्लाकर घर सिर पर उठा लेगी। सबसे पहले उसे चाहिए साफ-सुथरा टॉयलेट, उसके बाद बाकी की बात। किन्तु यही सब वह सोचती है ऐसा नहीं है। एक दिन मुझे बुखार आ गया था। जब तक मेरा बुखार नहीं उतरा तब तक वह अपनी जगह से उठी नहीं। तो यह है मेरी पाली हुई कन्या मीनू।

मीनू अब बिल्ली की तरह रोती नहीं। इन्सानों की तरह रोती है, शायद हँसती भी है हमारी ही तरह। इसी मीनू की जाति की बिल्लियाँ प्राचीनकाल में जंगल से मनुष्यों के इलाके में एक युग में घुस आयी थीं। चूहों का शिकार करने का काम करके गुजर करती थीं। आज उसी वनविलाव के वंशधर घर के जीवन-यापन के इतने अभ्यस्त हो गये हैं कि चूहे को देखकर डरते हैं। खिलौने के चूहे की गर्दन पर दौड़कर खूब काटती है किन्तु जीवित चूहे को देखकर डर से दौड़ लगाकर भाग जाती है। घर में पलने वाली बिल्लियों का स्वभाव और चरित्र इतना बदल रहा है कि शायद बिल्ली की जगह इन्हें किसी और नाम से पुकारना होगा, क्या नाम होगा वह?

फिलिस्तीन एक टुकड़ा ज़मीन का नाम

मैं यदि यहूदी होती तो हज़ारों बरस से जो लोग जिस ज़मीन पर रहते हैं, उन्हें उखाड़कर, विस्थापितकर मैं अपना घर, अपना शहर या अपना देश उस ज़मीन पर निर्माण नहीं करती। अगर इजरायली होती तो मैं विरोध प्रकट करती इजराइल राष्ट्र के आतंक के विरुद्ध, फिलिस्तीनियों को नेस्तनाबूद करने की योजना के विरुद्ध। यदि मैं फिलिस्तीनी होती तो पेट्रोल बम, रॉकेट, ईंट-पत्थर, बोतल पटाखा नहीं छोड़ती, एक ऐसे राष्ट्र की तरफ़ जिस राष्ट्र के पास हैं विश्व के सबसे उन्नत क्षमता वाले बम, अतिआधुनिक मारक अस्त्र और युद्ध के जहाज; ये सब तो है ही, उनके पास है कुशल सेना, नौसेना, वायुसेना, सब कुछ तैयार, यहाँ तक कि परमाणु अस्त्र भी हैं उनके हाथों के पास ही; ऐसा राष्ट्र जो किसी भी पड़ोसी बस्ती में आतंक फैलाने, उनके घरबार, स्कूल, अस्पताल, धूल में मिलाने से हिचकता नहीं और जो बम बरसाकर सैकड़ों बच्चों की हत्या करने से पहले दोबारा सोचता नहीं। मैं यदि फिलिस्तीनी मुस्लिम होती तो मैं आत्मघाती बम नहीं बनती। किसी को हवा का ईंधन नहीं बनाती। शायद मैं फिलिस्तीन में रहती भी नहीं। जब भी मैं इजराइल के विमानों का हमला देखती हूँ, तोपखाने से गोला बारूद छोड़ना देखती हूँ, सैकड़ों निरपराध इन्सानों को मरता हुआ देखती हूँ तो मैं ठीक से समझ नहीं पाती कि किस तरह लोग जीवन को इतने भीषण तरीके से झोंककर उस एक टुकड़ा ज़मीन को दाँतों में पकड़कर पड़े हुए हैं। ज़मीन तो जीवन से बड़ी नहीं होती। जन्मभूमि को छोड़कर, पुरखों के घर छोड़कर दूर कहीं चले जाने का अर्थ हार जाना तो नहीं है। जीवन की रक्षा करने के लिए चिरकाल से मनुष्य अपना घर-ज़मीन छोड़ता रहा है। यदि मेरे किसी निरापद देश में चले जाने का उपाय न होता, अपनी आँखों के सामने यदि देखती कि मेरे निरपराध माता-पिता, भाई-बहन आत्मीय स्वजन और बन्धु-बान्धव सबको मार डाला जा रहा है, यदि मैं देखती कि जितने बार ही मैं अपना घर बनाकर तैयार करती हूँ उतने बार ही उसे धूल में मिलाया जा रहा है तो पता नहीं क्या होता! मैं नहीं हूँ लेकिन मेरी जैसी अवस्था जिन लोगों की हो गयी है उनमें से शायद बहुत-से लोग हमास की तरह आतंकवादी हो जाते। जब पीठ के पीछे दीवार हो तो इन्सान, सोचती हूँ, वैसा ही हो जाता है। जब टीवी पर भयंकर

आतंक के दृश्य देखती हूँ, मृत्यु और विध्वस स्तूपों के बीच बैठे हुए उन सब, खोये हुए इन्सानों को देखती हूँ तो मैं कल्पना करती हूँ कि मैं भी उनमें से ही एक व्यक्ति हूँ। तभी मैं समझ पाती हूँ कि हमास जो कर रहे हैं वह कितने क्रोध से उठकर आ रहा है। समझ पाती हूँ कि पीएलओ, हमास, हिजबुल्ला जैसे दल ऐसे ही नहीं बन गये। राष्ट्र का बुल्डोजर, विद्रोही दल के अहंकार को चूर कर देता है। हमास को यह मालूम है। यह जानकर भी तब वह निरपराध, निहत्थे फिलिस्तीनियों की मृत्यु को रोकने का समझौता क्यों नहीं करता, क्यों रॉकेट छोड़ना बन्द नहीं करता? और कितनी मौत देखनी होगी हमें, और कितने बच्चों की हत्या और कितना रक्त और कितनी वीभत्सता? इजराइल कहता है कि हमास यह कार्रवाई करते हैं आवासीय इलाके में; उसने राष्ट्रसंघ के स्कूलों की इमारतों में रॉकेट छिपाकर रखे हैं, स्कूल के बच्चों को ढाल बना रखा है। इजराइल का कहना है कि इन्हीं हमास के कारण ही फिलिस्तीन के साधारण जनगण मर रहे हैं। यह सुनकर लगता है कि आवासीय इलाके में बमबारी के अलावा जैसे इजराइल के पास अन्य कोई रास्ता नहीं था। रास्ता तो निश्चित रूप से था; जिस बम से लोग मरते हैं ऐसे बम को न गिराना ही उचित था। सम्भवतः हमास ने रॉकेट छिपाकर रखे हैं ऐसी सब जगहों में जिन जगहों पर बमबारी करना युद्ध के नियमों के अनुसार निषिद्ध है। हमास भी क्या भूल गया था कि इजराइल किसी क़ानून को नहीं मानता। यदि क़ानून को मानता तो बीच कैफे के लड़कों को उस तरह क्या मार डालता!

जब से जन्म हुआ तब से सुनती आ रही हूँ कि फिलिस्तीनियों पर अत्याचार करता है इजराइल नाम का एक देश। कोई कुछ कह दे और मैं विश्वास कर लूँ ऐसा व्यक्ति नहीं हूँ मैं। बड़े होने पर मैंने इजराइल और फिलिस्तीन का इतिहास, आतंक, ज़मीन-जायदाद की नाप-जोख, अरब राजनीति और अनेक संधियाँ सब कुछ जाना और समझा है। एक पक्ष की ही बात नहीं सुनी, दोनों पक्षों की बात ध्यान देकर सुनी है। फिलिस्तीनी बच्चों को पकड़कर यहूदियों के प्रतिघृणा पैदा करने के लिए और उन्हें आत्मघाती बम बनने की मानसिकता बनाने के लिए फिलिस्तीनी विद्रोही जो कर रहे हैं मैंने उसकी निन्दा की है और निन्दा की है लम्बे समय से फिलिस्तीनियों के ऊपर इजराइल द्वारा किये जाने वाले आतंक की। मेरी निन्दा से अवश्य ही कहीं कुछ भी परिवर्तन तो होगा नहीं। लाखों लोग निन्दा कर रहे हैं उससे भी उनका कुछ आता-जाता नहीं। उस दिन इजराइल की दीवार पर लिखा देखकर चौंक उठी, 'फिलिस्तीनी अरबों को गैस चैम्बर में भेज देना उचित होगा।' नात्सियों ने यहूदियों को गैस चैम्बरों में मारा था। दुनिया के इतिहास में उससे अधिक नृशंसता और नहीं हो सकती। किन्तु गैस चैम्बरों से बचकर आये यहूदी ही यदि दूसरों को गैस चैम्बरों में भेजना चाहें तो अवाक् नहीं होऊँगी क्या! मानवता पता नहीं कहाँ कब खो गयी। यहूदियों पर जिन लोगों ने अमानुषिक अत्याचार

किया था, साठ लाख यहूदियों की हत्या की थी, उन्हीं नात्सियों से यहूदी सीखकर आये हैं कि किस तरह बर्बर हुआ जाता है। बर्बरता दिखा रहे हैं वे उनके ऊपर जिनके घर-मकान तोड़कर उस ज़मीन को कब्ज़े में लेकर अपनी बस्तियाँ बसायी हैं। सब यहूदी ज़ायोनिस्ट नहीं हैं। बहुत-से यहूदी हैं जो ज़ायोनवाद के घोर विरोधी हैं। वे नहीं चाहते कि हज़ार बरस से वे जहाँ रह रहे हैं उस जगह को हमेशा के लिए छोड़कर अपना सामान उठाकर दूर किसी ऐसी जगह जायें जहाँ हज़ारों साल से जो लोग रहते हैं उनकी जगह पर कब्जा कर ले, क्योंकि उनके धर्मग्रन्थ में लिखा है कि यह जगह प्राचीनकाल में उनके पुरखों की ज़मीन थी। सैकड़ों जातियों के पुरखे रहते थे उस अंचल में। एक जाति का उन्मूलन कर दूसरी जाति के लोग वहाँ कब्जा करते रहे हैं। कनान, मिस्री, एसीरी, बेबीलोनवासी, मेसोडोनिया से आये लोग; रोमन, बाइज़ेन्टाइन और उथ्मान यहाँ आये, कब्ज़ा किया, रहने लगे और फिर चले गये। साम्राज्यवादी अंग्रेज़ आये, और आये ज़ायोनवादी यहूदी। उस ज़मीन पर मनुष्य का प्रचुर रक्त बहा है। पृथिवी का प्राचीन इतिहास बुरी तरह रक्त में सना हुआ है। अब तो हम सभ्य हो गये हैं लेकिन क्या दरअसल सभ्य हुए हैं? आने वाले समय में शायद लोग कहेंगे कि हमने मंगल ग्रह पर तो आदमी को भेजा है ज़रूर, लेकिन भीतर ही भीतर हममूर्ख और असभ्य थे।

इजराइल अभी भयंकर टाइम बम गिरा रहा है ग़ाज़ा पर। ऐसे बम भी फेंक रहा है जिन पर डिप्लीटिड यूरेनियम भी लगा हुआ है, वहीं बम जिन्हें अमेरिका, इराक़ पर गिरा रहा था। दोनों प्रकार के बमों से कैंसर का रोग फैलता है। इजराइल के बम वर्षक विमानों के हमले के दिनों में दो सौ से ऊपर फिलिस्तीनी मारे गये और लगभग दो हज़ार घायल हुए। हमास के रॉकेट की मार से तो केवल एक इजराइली की मौत हुई। यही सब देखते-देखते बड़े हो रहे हैं हम लोग। हमने सम्भवतः यह धारणा बना ली है कि एक दिन आयेगा कि मरते-मरते फिलिस्तीनी विलुप्त हो जायेंगे। तब इजराइली निश्चिन्त और निरापद होकर अरब भूमि पर निवास कर सकेंगे। बचपन में एक कहावत सुनी थी—ज़ोर जिसका मुल्क उसका। फिलिस्तीनियों के सन्दर्भ में यह बिल्कुल ठीक बैठती है। सम्भवतः सभी जगह ऐसी घटना घटित होती है, बाहर से समझने का उपाय नहीं होता। आजकल घुमा-फिराकर झूठ बोलने की प्रवृत्ति बहुत बढ़ गयी है। लोगों की आँखों में धूल झोंकना भी बढ़ गया है। जो ज़ोर ज़बरदस्ती से कब्ज़ा करते हैं वे क़ानून नहीं मानते हैं। पैसा और मारने वाले अस्त्र जिनके पास हों उनके द्वारा क़ानून न मानना भी चलता है। वह सब होने के बावजूद संयुक्त राष्ट्र संघ भी सिर झुकाये रहता है।

इजराइल और फिलिस्तीन को दो राष्ट्र बना दो। इराक़ को तोड़कर उसके तीन टुकड़े कर दो। सद्दाम हुसैन को हटाकर उसके सभी साथियों का ख़ून करके, लाखों इराकियों को मारकर, जो कुछ इतिहास और सांस्कृतिक धरोहर है उस सबको मिट्टी

में मिलाकर अमेरिका ने इराक़ को गणतन्त्र का उपहार दिया है। उस गणतन्त्र का हाल देखकर दुख और क्रोध से फट पड़ती हूँ। इस समय तो इराक़ में जात-पात, वर्ग, और गोत्र लेकर ख़ूनख़राबा चल रहा है। साम्राज्यवादी देशों ने भला करने के उद्देश्य से क्या किसी अंचल में कभी पैर रखा है! धर्म के कीचड़ भरे तालाब में डुबाकर रखा है मुस्लिम देशों को। विश्वास नहीं होता कि एक ज़माने में इन सब देशों में ही प्रगतिशील, स्वाधीन, विचारकों ने समाजवाद और सेक्युलिरिज़्म के आदर्श के आधार पर पैन अरब नेशनलिस्ट मूवमेंट का संगठन किया था। उस सबका अस्तित्व लगता है और नहीं है। धर्म के मज़बूती से बैठ जाने पर स्वतन्त्र चिन्तन का गला ही कट जाता है।

मैं अगर इजराइली यहूदी होती या फिर फिलिस्तीनी मुसलमान होती, मैं उस धरती को छोड़कर हमेशा के लिए चली जाती तो कहीं न कहीं तो जगह होती मेरी, आख़िरकार यह पृथिवी तो हमारी ही पृथिवी है। इन्सानों के बीच इतनी छीना झपटी, इतनी लड़ाई, इतना ख़ून बहाना, इतनी ईर्ष्या और द्वेष—इतना रक्तपात देखकर तो मनुष्य होने के नाते शर्म से मुँह छुपाती। आदिकाल से मनुष्य भली प्रकार से जीने के लिए, शान्तिपूर्ण तरीके से रहने के लिए और जीने के लिए जगह बदलता रहा है; इसीलिए शायद मैंने भी बदली है अपनी रहने की जगह। ग्रीनलैण्ड में एस्किमो लोगों के साथ निवास किया है। जगह के लिए लड़ाई की, आत्मघाती बम बनकर अपने साथ दो लोगों को मार डाला है या बम फेंककर पूरे नगर को नष्ट कर दिया, पड़ोसियों को चींटियों की तरह मसल डाला—इस तरह के कृत्यों से तो मानवीय इतिहास गौरवशाली नहीं बन सकता। मनुष्य गौरव महसूस करेगा अगर हम छोटे-छोटे मतभेद और विषमता को भूलकर एक-दूसरे के साथ रहें, परस्पर सहयोग रखें और उदारता हमें यदि मनुष्य के रूप में और भी अधिक बड़ा कर सके; हमारी आपस की भिन्नता यदि हमें पद दलित न करे बल्कि हमें समृद्ध बनाये।

ईद के वे दिन

बांग्लादेश में ईद मनाई जा रही है। मेरे लिए तो बांग्लादेश अब एक दूर का देश हो गया है। चाहने पर भी नहीं जा पाऊँगी वहाँ। हाथ बढ़ाकर भी देश को छू नहीं पाऊँगी। मेरे लिए तो देश होकर भी नहीं है। बीस बरस हुए मैं, उस देश में नहीं रहती। बीस बरस हुए ईद का कोई उत्सव नहीं देखा। कई बार ईद निकल जाने के बाद सुना कि ईद आयी थी। निर्वासित जीवन की फिजूल परेशानियों से निपटने में ही इतने बरस निकल गये। बांग्लादेश के आनन्द उत्सव की ख़बर से भी ज़्यादा मिलती है देश की दुख और दुर्दशा की ख़बर। कई दिनों से बंगाली बन्धुओं के फेसबुक में गाय की तस्वीर देख रही हूँ। गायें देखने में डेनमार्क या आस्ट्रेलिया की गायों जैसी नजर आती है। जब देश में रहती थी तो इतनी मोटी गायें मैंने नहीं देखी थी। सुना है कि इनको हार्मोन खिलाये जाते हैं जिससे वे मोटी-ताजी दिखाई दें। हार्मोन की अतिरिक्त मात्रा यदि शरीर में जाये तो कहते हैं कि लड़कियाँ भी किशोरावस्था और यौवन की वयःसंधि पर तेज़ी से पहुँच जाती हैं। अब लड़कियों के जीवन में बचपन जैसा कुछ नहीं रहता। यह ज़रूर एक समस्या है। जब मैं छोटी थी तो गायें बहुत दुबली पतली होती थीं। गाय खरीदकर घर के आँगन में बाँधकर रखा जाता था। चारा, नमक और पानी मेरे बाबा उसे खाने को देते थे। गाय जब अपनी पूँछ उठाकर खाती तो मुझे देखकर बहुत अच्छा लगता। जाड़े के दिनों में माँ गाय को कम्बल ओढ़ा देती। यद्यपि गाय की देखभाल बाबा और अम्मा दोनों ही करते थे, लेकिन उसके बावजूद मुझे कभी-कभी लगता कि उसकी देखभाल यथेष्ट नहीं हो रही है। सारी रात मुझे नींद नहीं आती, मैं सोचती कि मैं तो बढ़िया मच्छरदानी के भीतर हूँ और उस तरफ़ बेचारी गाय आँगन में पड़ी है, उसको जो मच्छर काट रहे हैं उसका क्या होगा। मैंने एक बार प्रस्ताव किया था कि गाय को भी मच्छरदानी दी जाये। लेकिन आँगन में मेरे माँ बाबा ने धूप जलाकर मच्छरों को दूर करने की व्यवस्था की थी। सुबह मैं दौड़कर जाती थी गाय को देखने। देखती की बड़ी-बड़ी काजल जैसी काली आँखों में आँसू हैं, गाय के गले में, पेट पर, पीठ पर, हाथ सहलाकर अपना प्रेम प्रदर्शित करती, जैसे कि कोई नया मेहमान आया हो हमारे घर। अब इस अतिथि को और कोई कष्ट नहीं सहना पड़ेगा। मच्छरों के काटने से

बचाने के लिए नयी मसहरी भी मिलेगी, मैंने गाय से यह वादा किया था। कुछ दिन बाद वह समय भी आता जब गाय को आँगन से मैदान में ले जाया जाता। कोई न कोई मुझे खींचकर ले जाता, गाय को ज़िबह होते हुए देखने के लिए। मैं बहुत चाहती कि गाय अपनी पूरी ताकत लगाकर छुरी और बाँस हाथ में लेकर खड़े हुए लोगों को उलटा गिराकर गेट के बाहर चली जाये। कहीं जाकर ग़ायब हो जाये। गाय का ज़िबह यानी उसे मारना सचमुच एक वीभत्स दृश्य है। हर बार कुछ लोग आकर गाय के पैरों को रस्सी से बाँध देते और बाँस अटकाकर उस निरीह निर्दोष गाय को ज़मीन पर गिरा देते। उसके बाद धारदार छुरी से उसका गला काटते, पिचकारी की तरह ख़ून निकलता, गाय चिल्लाती और रोती, छटपटाती और पूरी ताकत लगाकर खुद को छुड़ाना चाहती, लेकिन छूट नहीं पाती। वह दृश्य देखने के बाद मुझे अपना शरीर सुन्न होता जैसा लगता, ज़ोर की रुलाई आती, दौड़कर बाथरुम में घुसकर दरवाजा बन्द कर लेती और कुछ रोने के बाद बाहर निकलती। एक जीवित गाय को इतनी कठोरता से मार डालने का कष्ट मेरे हृदय से बिल्कुल ही नहीं जाता। कष्ट थोड़ा कम होता जब देखती शाम को गेट के पास सैकड़ों भिखारी जमा हुए हैं एक टुकड़ा मांस की आशा में, और बाल्टी भर-भरकर उन्हें मांस दिया जा रहा है। मांस तो मैं भी देती थी। मुझसे कह दिया जाता था कि एक भिखारी के हाथ में दो टुकड़े से अधिक न दूँ। लेकिन अक्सर मैं दो टुकड़ों की जगह चार टुकड़े भी दे देती थी। अब मुझे पता नहीं है कि मेरे बचपन के दिनों की तरह अब भी हर घर के सामने उसी तरह भिखारियों की भीड़ जमा होती है। सुना है कि बांग्लादेश बहुत कुछ बदल गया हैं। मगर सचमुच कितना बदला है और कैसे बदला है यह देखने की बहुत इच्छा होती है।

मैं एक नास्तिक व्यक्ति हूँ। सच कहूँ तो मेरा कोई ईद और बड़ा दिन नहीं है। पूजा-अर्चना भी नहीं, बुद्धपूर्णिमा और गुरुनानक का जन्मदिन भी नहीं। मैं विश्वास करती हूँ वैशाख की पहली तिथि और इक्कीस फरवरी के उत्सव पर। मैं उत्सव करती हूँ डार्विन के जन्म की वार्षिक जयन्ती पर, मानवाधिकार दिवस पर। लेकिन ईद आने पर बहुत याद आते हैं बचपन के वे दिन। याद आता है बाबा का अलस्सुबह जब कौओं की डाक सुनाई पड़ती है, तो उठकर स्नान कर लेना और चाहे जाड़ा हो या ग्रीष्म का समय, घर के सब लड़के-लड़कियों को नींद से उठाकर स्नान के लिए भेजना। हम सब बड़े आनन्द से कैस्को साबुन से नहाते। कैस्को साबुन बाबा ईद के दिन के स्नान के लिए ही खरीदते। वह कैस्को ही क्यों खरीदते और दूसरा साबुन क्यों नहीं, मैं आज भी नहीं जानती। मैं अब भी, कहीं भी किसी भी दुकान पर कैस्को साबुन जैसा कोई साबुन अगर देखती हूँ तो खरीद लेती हूँ। असल में वह साबुन नहीं है। मैं बचपन के उन दिनों को ही खरीदती हूँ; वे दिन जो मैंने खो दिये।

ईद से पहले मुझे और मेरी बहन को लेकर बाबा गौरहरि वस्त्रालय जाते, हम लोगों के लिए कपड़ा खरीद देते और उस कपड़े को दर्जी की दुकान में दे आते। बाटा की दुकान से खरीद देते जूते। बाबा चूड़ी, माला, और लिपिस्टिक खरीदने की हमारी माँग को कभी नहीं सुनते। साज-शृंगार उन्हें एकदम पसन्द नहीं था। चेहरे पर अगर कभी रंग लगा लिया तो गर्दन पकड़कर नल के नीचे ले जाकर सब रंग धो डालते। बाबा का कहना था, पढ़ो-लिखो, बड़े बनो, छात्रानाम् अध्ययनम् तपः (विद्यार्थियों के लिए अध्ययन ही तपस्या है)। ईद की सुबह स्नान करने के बाद नये कपड़े पहनना ख़त्म ही नहीं हो पाता कि माँ टेबल पर सजाकर रख देती छः-सात तरह की सेंवइयाँ और जर्दा। मैं आज तक समझ नहीं पाई कि इतनी सुबह माँ कैसे इतनी सारी सेंवइयाँ बना डालती। लगता है माँ जादू जानती थीं। बाबा हम सब भाई-बहनों को साथ लेकर सेंवइयाँ खाते। माँ नहीं खातीं वह तो रसाईघर में व्यस्त रहती थी। तब माँ का पुलाव बनाना ख़त्म होता और मुर्गी का कोरमा और खस्सी का। रिजाला लगभग तैयार होने वाला होता। सुबह दस बजे ही हमें नाश्ते के बाद या लंच से पहले कई चीजें खानी पड़तीं, बहुत-सा पुलाव और मांस। बाबा के साथ डायनिंग टेबल पर बैठकर हम भाई-बहन बहुत ही स्वादिष्ट खाना खाते। माँ नहीं खातीं, वह तो रसाईघर में इधर-उधर आती जाती रहतीं। माँ किस तरह इतना बढ़िया भोजन पकाती थीं! मिट्टी के चूल्हे पर फुकनी से आग जलाकर वह किस तरह सब खाना पका लेती थीं मैं नहीं जानती। लगता है माँ जादू जानती थीं। माँ वास्तव में जादू जानती थीं।

पूरे दिन माँ को समय ही नहीं मिलता ईद की साड़ी पहनने का। हर ईद पर उन्हें साड़ी मिलती भी नहीं। ईद के अवसर पर साड़ी पहनते-पहनते माँ को शाम हो जाती। घर में सबको खिला-पिलाकर, मेहमानों को खिलाकर, उसके बाद ही वह साड़ी पहनतीं। माँ को वह नयी साड़ी थोड़ी देर बाद ही उतारकर रख देनी पड़ती, क्योंकि उन्हें दुबारा घर की साड़ी पहनकर जाना पड़ता रसोईघर में सबके लिए रात के भोजन की व्यवस्था करने के लिए। रात का खाना भी हम बाबा के साथ बैठकर खाते, माँ कब खातीं, क्या खातीं, कहाँ बैठकर खातीं मुझे पता नहीं चलता। सोचती हूँ कि क्या कभी मैंने यह जानने की कभी कोशिश भी की।

कुर्बानी के ईद के दिन माँ को साड़ी पहनने का मौक़ा ही नहीं मिलता। वही रात बीतते-बीतते शुरू हो जाता प्याज़ और लहसुन का पिसना। माँ फिर सारा दिन रसोईघर में रहतीं। सुबह बाहर मैदान में गाय काटी जाती। बरामदे में उसका मांस काटकर टुकड़े किये जाते, बड़े-बड़े गमलों में रखकर मांस चला जाता रसोईघर में, माँ पूरे दिन खाना पकाती रहतीं। वह जो कुछ भी पकातीं दौड़कर हमारे लिए डायनिंग टेबल पर दे जाती। कभी भी मैंने रसोईघर में झाँककर नहीं देखा कि माँ कैसे खाना पकाती हैं, माँ की थोड़ी सहायता करने की बात मैंने कभी नहीं सोची।

आज माँ नहीं है, माँ जब थीं तब समझी नहीं कि वे हैं। माँ का चले जाना मैं आज भी स्वीकार नहीं कर पाती। बाबा का चले जाना भी मेरे निर्वासन का जीवन एक दिन ख़त्म होगा, एक दिन उनके पास लौटकर जाऊँगी यही सपना देखती रही। वे सारे स्वप्न कब मर गये, उनका कंकाल सिर्फ़ बाक़ी है।

ईद आते ही माँ की बहुत याद आती है। अगर बचपन को वापस ला पाती दुबारा किसी जादू के बल से तो माँ को अकेले-अकेले मैं और कष्ट उठाने नहीं देती। जो दिन चले गये हैं जानती हूँ वे दिन और लौटेंगे नहीं। जानते हुए भी मन करता है कि लौट आयें। माँ के साथ कहीं भी, कभी भी, मुलाकात नहीं होगी, मेरी मैं जानती हूँ। जानबूझकर भी इच्छा करती हूँ कि कहीं भी, बहिश्त (स्वर्ग) जैसा कुछ हो और उसी बहिश्त में मेरी माँ अनन्त काल तक निवास करें। पृथिवी पर तो माँ दासी की तरह खटती रहीं, पढ़-लिखकर बड़ा बनना चाहती थी माँ, आत्मनिर्भर होना चाहती थीं पर माँ को कुछ भी नहीं होने दिया नहीं गया। स्त्री थीं इसीलिए यह सब उन्हें नहीं मिला। माँ की तकलीफ़ों को मैं छूकर देखने की कोशिश करूँगी सारा दिन। और इसी तरह मैं काटूँगी अपनी इस बार की ईद।

वामपन्थियों की भूल

वामपन्थी विचारधारा को मैं बचपन से ही पसन्द करती थी। मैंने सबसे के लिए अन्न, वस्त्र और निवास स्थान की माँग की है। दुर्भिक्ष से पीड़ित लोगों को शरण दी है। दरिद्रों की सहायता की है। मेरे बड़े मामा कम्यूनिस्ट थे, विद्वान थे, और नास्तिक थे। मैं उनका बहुत सम्मान करती थी। मेरे लिए जुलूस या मीटिंग सम्भव नहीं था, किताबें पढ़ने का नशा था। फिर वह समय आया जब समता और समान अधिकार के लिए मेरा लेखन शुरू हुआ। लेखन शुरू किया था चार दशक पहले।

वामपन्थ में मेरा विश्वास है लेकिन मेरे लेखन को शुरू से ही वामपन्थी अस्वीकार करते रहे। नारी के समान अधिकार के पक्ष में जिन दिनों लिखती थी तब उन्होंने मेरे रास्ते में रुकावट डाली, वे बोले 'तुम वर्ग के शत्रुओं को पहचानो वही पर्याप्त है। समाजवाद आते ही नारी को समान अधिकार मिल जायेंगे। अलग से स्त्री के समानाधिकार के लिए संग्राम करने की ज़रूरत नहीं है।' समाजवाद आने पर नारी को समानाधिकार मिलने की बात तो ठीक है लेकिन जिन देशों में समाजवाद आया था उन देशों में भी नारी को समान अधिकार नहीं मिले। पोलिटब्यूरो में कितने नारी सदस्य थे, बताइये मुझे?

इसके बाद वामपन्थियों ने मुझे एक अद्‌भुत कारण से दोष देना शुरू किया। बांग्लादेश में हिन्दुओं के ऊपर जो अत्याचार होता है उसका प्रतिवाद करने के लिए मैंने 'लज्जा' नामक एक तथ्यों पर आधारित उपन्यास लिखा था। जिन दिनों भारतवर्ष में भारतीय जनता पार्टी ने मेरी अनुमति के बिना लज्जा की जाली कापियाँ छापकर ट्रेन, बस, फुटपाथ सब जगह चना-चबेना की तरह बेचा, उन दिनों वामपन्थियों ने मुझे दोषी ठहराया था। भारत के दक्षिणपन्थी मेरा समर्थन कर रहे हैं, यही मेरी ग़लती थी। आज भी वामपन्थी लोग लज्जा लिखने का अभियोग मुझ पर लगाते हैं, मानो कि लज्जा किताब लिखकर मैंने बहुत ग़लत काम किया। जैसे कि भारत के हिन्दू कट्टरपन्थियों के हाथ में मैंने एक हथियार दे दिया। भारत के वामपन्थी विचारधारा वाले लोग भारत के अल्पसंख्यक मुसलमानों के ऊपर कोई भी आक्रमण होने पर उनके पास दौड़कर जाते हैं। लेकिन अगर मैं बांग्लादेश के अल्पसंख्यक हिन्दुओं पर अत्याचार होने पर उनके पक्ष में खड़ी होती हूँ तो यह मेरा

दोष माना जाता है। मेरी इस ग़लती का कारण है बांग्लादेश के हिन्दुओं के ऊपर कट्टरपन्थी मुसलमानों द्वारा अत्याचार। उधर वामपन्थी भी मुस्लिम कट्टरपन्थियों के प्रतिरूप हो गये हैं। अपने ख़िलाफ़ ये लोग कुछ भी बात सुनने से नाराज़ हो जाते। मैंने तो भारतवर्ष में बैठकर लज्जा नहीं लिखी, लिखी थी बांग्लादेश में बैठकर। मैं अत्याचार से पीड़ित अल्पसंख्यकों के पक्ष में बोलती हूँ ठीक उसी तरह जिस तरह वामपन्थी लोग अन्य देशों में करते हैं। उसी सत्य का अनुसरण हमारे वामपन्थी नहीं कर पाते।

अब तक तो खैर यही था। लेकिन कुछ वामपन्थियों ने मेरे जीवन को सबसे अधिक क्षति उस दिन पहुँचाई जिस दिन भारतवर्ष में मेरी किताब निषिद्ध हो गयी। मेरी आत्मकथा का तीसरा खण्ड 'द्विखण्डित' भारतवर्ष में निषिद्ध है क्योंकि मैंने इस्लाम की आलोचना की है, क्योंकि उससे मुसलमानों की धार्मिक भावनाओं को आघात लग सकता है। किसी मुसलमान ने 'द्विखण्डित' पुस्तक को निषिद्ध करने के लिए माँग नहीं की किन्तु आगे बढ़कर किताब पर रोक लगा दी वामपन्थी सरकार ने। इस पुस्तक पर निषेधाज्ञा जारी होने के बाद भारतीय उपमहाद्वीप में मेरा जीवन पूरी तरह बदल गया। कारण है कि वामपन्थी सरकार ने मुझे इस्लाम विरोधी विशेषण देकर मुस्लिम रूढ़िवादियों के हाथ में एक अस्त्र पकड़ा दिया। आज भी कट्टरपन्थी मुसलमान उसका प्रयोग कर रहे हैं, एवं इसी कारण भारतवर्ष के अन्य राजनैतिक दल इसी अस्त्र को इस्तेमाल करने के लिए बाध्य हो रहे हैं। मुस्लिम कट्टरपन्थियों के साथ भारतवर्ष की वोट की राजनीति का सम्बन्ध भारतवर्ष के जन्म से ही चला आ रहा है।

किताब को निषिद्ध कर देने के बाद मेरे विरुद्ध एक-एककर कट्टरपन्थी मुसलमानों ने फ़तवा जारी किया। मेरे सिर की क़ीमत की घोषणा की। मेरे ऊपर जानलेवा हमला भी किया, मुझे मार डालने की कोशिश की, मेरे विरुद्ध मीटिंग की और जुलूस निकाला। उन्होंने मेरे ख़िलाफ़ मुक़दमा दायर किया। वामपन्थियों के द्वारा मेरी ख़िलाफ़त यहीं ख़त्म नहीं हुई। मेरे लिए वामपन्थी बड़ा ख़राब समय ले आये। उन्होंने मुझे पश्चिम बंगाल राज्य से निष्कासित कर दिया। वास्तव में गर्दन में धक्का देकर जिस तरह से निकाला जाता है उसी तरह। और मुझे पश्चिम बंगाल से निकालने का कारण था वोट। मैं इस्लाम विरोधी हूँ इसलिए मुझे राज्य से बाहर निकाल देने पर वहाँ के मुसलमान वामपन्थियों को वोट देंगे, यही उम्मीद थी उनकी। अपने राजनैतिक स्वार्थ की खातिर भारत के वामपन्थियों ने मुझे राजनीति का मोहरा बना डाला।

एक राज्य जब किसी को निष्कासित कर देता है, तो दूसरा राज्य भी उसे निकाल देता है। अपने वोट खो देने का ख़तरा कोई उठाना नहीं चाहता। पश्चिम बंगाल से मुझे राजस्थान भेज दिया था वामपन्थी सरकार ने। राजस्थान की

दक्षिणपन्थी बीजेपी सरकार ने मुझे वहाँ छः घण्टे भी रहने नहीं दिया। देर रात पहुँची थी लेकिन सूर्य निकलने से पहले ही मुझे वहाँ से चला जाना पड़ा। जाकर पहुँची दिल्ली जहाँ भारतवर्ष की तत्कालीन कांग्रेस सरकार ने भी मुझे छल-बल और कौशल से बाहर निकालने की कोशिश की, वह सफल भी हुई। पर मैं भी आसानी से छोड़ने वाली शख़्सियत नहीं हूँ। मैंने चैलेंज किया इसलिए मैं आज भी भारतवर्ष में हूँ। लेकिन वामपन्थियों के कारण मेरा मार्ग बहुत कंटकाकीर्ण है। मैं नारीवादी लेखक हूँ, आज भी मुस्लिम कट्टरपन्थी अपने राजनैतिक स्वार्थ के लिए मुझ पर जब तब आक्रमण करते रहते हैं। इसी तरह से दूसरे राजनैतिक पार्टियों के लोग भी, मुस्लिम वोट चाहिए इसीलिए। मुझे अपमान और परेशानियों का शिकार बनाया जाता है और यह सब शुरू किया था वामपन्थियों ने।

आज भी ख़त्म नहीं हुई वामपन्थियों की ग़लत राजनीति। सारी दुनिया में अनुचित काम करते घूम रहे हैं। मुस्लिम चरमपन्थियों और आतंकवादी दलों के पक्ष में बोलते हैं वे। आज क्यों सेक्युलर और लिबरल वामपन्थी, इस्लामी आतंकवादियों जैसे चरम दक्षिणपन्थी दलों की पक्षधरता कर रहे हैं। इसका कारण है वामपन्थियों का विश्वास कि इस्लामी आतंकवादी अमेरिकन साम्राज्यवाद के विरुद्ध लड़ रहे हैं। यह तो वामपन्थियों की एक विराट भूल है।

इस्लामी आतंकवादी गुट तालिबान को तैयार ही किया था अमेरिकन साम्राज्यवादियों ने। तालिबान तो सी.आई.ए. के पैसे से चल रहा था। बहुत-से इस्लामी कट्टरपन्थी और आतंकवादी दल सऊदी अरब के पैसे से संगठित हुए हैं। सऊदी अरब अमेरिकन साम्राज्यवाद का घनिष्ठ मित्र है। इस्लामी कट्टरपन्थी दारुल-इस्लाम क़ायम करना चाहते हैं। दारुल-इस्लाम का अर्थ है मुसलमानों का विश्व, पूरी दुनिया जिसमें अन्य किसी धर्मावलम्बी और नास्तिकों के लिए जगह नहीं है। विश्वास करिये उस विश्व में सबसे पहले जिन्हें जगह नहीं मिलेगी वे हैं वामपन्थी। तो फिर किस तर्क के आधार पर वामपन्थी कट्टरपन्थियों के इस आदर्श का समर्थन करते हैं? इस्लामी कट्टरपन्थी तो खिलाफ़त का आन्दोलन चला रहे हैं, इस्लामी साम्राज्य क़ायम करने का स्वप्न है उनका। यह जानने की मेरी अधीर इच्छा है कि इन साम्राज्यवादियों का समर्थन वामपन्थी क्यों कर रहे हैं। वामपन्थी विश्वास करते हैं नारी के समान अधिकार पर किन्तु इस्लामी कट्टरपन्थी नारी के समान अधिकार पर विश्वास नहीं करते। वे तो स्त्री को बुर्क़े के अन्दर रखते हैं, नारी की पत्थर मारकर हत्या करते हैं, नारी को गृहस्थ जीवन में क़ैदी बनाकर रखते हैं। वास्तविकता यह है कि ये लोग नारी को पुरुष की सम्पत्ति समझते हैं। तो नारी के अधिकारों के प्रसंग में वामपन्थियों के किस आदर्श के साथ रूढ़िवादियों के आदर्शों की समानता है? वास्तव में किसी आदर्श के साथ नहीं, किन्तु दुनियाभर में अन्धों की तरह मुण्डहीन राक्षसों की तरह, वामपन्थी लोग इस्लामी आतंकवादियों का

गुणगान कर रहे हैं। एक वामपन्थी दल दूसरे वामपन्थी के दिमाग़ को धो डालता है। इस्लामी कट्टरपन्थी की जिस तरह दिमाग़ की धुलाई होती है ठीक उसी प्रकार वामपन्थियों की भी। मेरी तो समझ में नहीं आता कि मगजधुलाई के अलावा किसी अन्य क्षेत्र में इन दो दलों के बीच कोई समानता है।

वामपन्थी ग़लत सोचते हैं कि इस्लामी आतंकवादी अमेरिकन साम्राज्यवाद के विरुद्ध लड़ रहे हैं। मैं फिर कहती हूँ कि वे नहीं लड़ रहे। अगर लड़ रहे होते तो व्हाइट हाउस या कैपिटॉल पर बम गिराते। ट्विन टावर का विध्वंस नहीं करते। ट्विन टावर का विनाश होने के कारण कई हज़ार निरीह लोग मरे। लेकिन साम्राज्यवाद की पृष्ठपोषक सरकार का तो एक व्यक्ति भी नहीं मरा। इस्लामी कट्टरपन्थी किसी राष्ट्र के नायकों पर आक्रमण नहीं करते। आक्रमण करते हैं साधारण जनता पर। कितने देशों में वे निरपराध जनसाधारण की हत्या कर रहे हैं। अमेरिका की सरकार की नहीं, वे तो मुस्लिम देशों में मुसलमानों की जानबूझकर, ठण्डे दिमाग़ से, पक्की योजना बनाकर हत्या कर रहे हैं।

वामपन्थियों का चरित्र बहुत समय पहले ही भ्रष्ट हो चुका है। किन्तु किसी अच्छी चीज़ के सड़ जाने से इतनी जो दुर्गन्ध आती है वह वामपन्थियों को देखे बिना मुझे शायद मालूम नहीं होता। ईसाई या यहूदी से जो नये मुसलमान बने हैं उन्होंने योगदान किया है आइसिस के घृणित दल में। वे इस समय मज़े में, खेल की तरह इन्सानों का गला काट रहे हैं। वामपन्थी लोग आइसिस को, अल-क़ायदा को, अल-शबाब को, बोको हराम को एवं प्रचुर संख्या में इस्लामी रूढ़िवादी और आतंकवादी दलों को समर्थन दे रहे हैं। ये सभी दल मानवता के विरुद्ध हैं, मानवाधिकार और नारी के अधिकार के विरुद्ध हैं। ये लोग इन्सान की हत्या करके किसी अलौकिक ईश्वर को सन्तुष्ट करना चाहते हैं जो ईश्वर, इनका विश्वास है प्रचुर ऐशो-आराम के अलावा बहत्तर हूरें भी देगा। वामपन्थियों का तो किसी अलौकिक या स्वर्गीय धारणा में विश्वास नहीं है। वामपन्थी अच्छी तरह जानते है जिस उद्देश्य से इस्लामी कट्टरपन्थी आज सारी दुनिया में मनुष्य का सर्वनाश कर रहे हैं, उनका यह उद्देश्य एक भयंकर ग़लत उद्देश्य है। वे यदि ग़रीबों को दान करते हैं तो उस दान के पीछे यह नहीं है कि वे ग़रीबों की ग़रीबी मिटाना चाहते हैं। दक्षिणपन्थियों में सबसे अधिक निकृष्ट अगर कोई हैं तो वे हैं दक्षिणपन्थी इस्लामी रूढ़िवादी। और इनके साथ मिलकर मानवता के विरुद्ध वामपन्थी जो कर रहे हैं वह शायद मैं कभी भूल जाऊँ लेकिन इतिहास कभी नहीं भूलेगा। इन जान-बूझकर पाप करने वाले लोगों को इतिहास कभी क्षमा भी नहीं करेगा।

तुर्की अब वह तुर्की नहीं

एक ज़माना था कि तुर्की को लेकर बहुत गौरव महसूस होता था। तब हम कहते थे कि तुर्की मुस्लिम देशों में सबसे अधिक धर्ममुक्त देश है। कमाल अतातुर्क का ज़िक्र भी करते थे, वह व्यक्ति जिसके कारण तुर्की को कट्टरपन्थियों के हाथ से मुक्ति मिली थी। कितने गर्व से हम बार-बार कहते थे कमाल तूने कमाल किया भाई! अतातुर्क के उस देश तुर्की और आज के एरदुआन के तुर्की के बीच बहुत अन्तर है। जो धार्मिक कट्टरवाद एक युग में समाप्त हो गया था वही अब सिर उठाकर तुर्की में दुबारा उठ खड़ा हुआ है। कुछ दिन पहले तुर्की के प्रेसीडेंट एरदुआन ने घोषणा की है कि अमेरिका की खोज क्रिस्टोफर कोलम्बस ने नहीं की थी, उसे तो खोज निकाला था मुसलमानों ने। उनका कहना है कि कोलम्बस अमेरिका सन् 1492 में गये थे और मुसलमान वहाँ गये थे कोलम्बस से 314 वर्ष पहले सन् 1178 में। एरदुआन को कहाँ से मिला यह तथ्य, तमाम लोग पूछते हैं यह सवाल। यह तथ्य उन्होंने पाया है कोलम्बस की डायरी से। कोलम्बस ने अपनी डायरी में लिखा है कि क्यूबा के समुद्र तट के एक पहाड़ को देखकर उसे लग रहा था कि यह तो मस्जिद जैसा दिखाई देता है। पहाड़ तो मस्जिद नहीं था और न मस्जिद ही पहाड़। कोलम्बस ने पहाड़ का वर्णन करने के लिए एक रूपक का सहारा लिया था। लेकिन एरदुआन इस रूपक को नहीं समझना चाहते। वे कोलम्बस की डायरी के उस रूपक को ही वास्तव समझ रहे हैं। उन्हें पूरा यक़ीन है कि कोलम्बस से पहले मुस्लिमों ने ही अमेरिका में क़दम रखा था। किन्तु कोई भी इतिहासकार यह नहीं मानता कि अमेरिका में कोलम्बस से पहले मुसलमान मौजूद थे। क्यूबा ने भी एरदुआन का दावा अस्वीकार किया है। एरदुआन ने इस समय अपने दावे के पक्ष में खड़े होकर तुर्की की पाठ्य पुस्तकों से कोलम्बस की अमेरिका विजय की कहानी निकाल दी है, और मुसलमानों की विजय का इतिहास लेकर इतिहास के पन्ने भर डाले हैं।

एरदुआन के दावे के पक्ष में कोई प्रमाण नहीं है। किन्तु यूरोप के उत्तरी अंचल से वाइकिंग समुद्री लुटेरे जिन्होंने कोलम्बस से भी 500 वर्ष आगे अमेरिका की खोज की थी उसके बहुत-से प्रमाण हैं। आइसलैण्ड की प्राचीन पाण्डुलिपियों में ही मिलती है वाइकिंगों द्वारा अमेरिका की विजय की कहानी। तो अमेरिका क्या अनाविष्कृत

था वाइकिंग और कोलम्बस से पहले? लोग अमेरिका के आदिवासियों का यथार्थ तो भूल ही जाते हैं। अमेरिका के आदिवासियों ने अमेरिका की खोज की थी आज से बारह हज़ार वर्ष पहले। उस सुदूर प्राचीनकाल में साइबेरिया से अमेरिका और अलास्का पैदल चलकर ही पहुँचा जा सकता था। ये आदिवासी आये थे उत्तर-पूर्व एशिया से। अब दुबारा एक नयी गवेषणा के अनुसार उत्तर-पूर्व एशिया से आने वाले आदिवासियों के द्वारा अमेरिका की खोज की पहली खोज नहीं थी। उससे पहले भी मानवजाति के लोग यहाँ आये थे। साठ हज़ार वर्ष पहले दक्षिण एशिया से जाकर मनुष्यों के दल ने आस्ट्रेलिया में रहना शुरू किया था। आज से ही साढ़े तेरह हज़ार वर्ष पहले अमेरिका में क़दम रखा था। इसलिए परिणामस्वरूप अब तक हमारी जानकारी के अनुसार दक्षिण-पूर्व एशिया के मानव ही अमेरिका के पहले खोजने वाले हैं।

तुर्की के प्रेसीडेंट ने तो एक दिन और भी भयंकर बात कही। उन्होंने कहा कि नारी और पुरुष के समान अधिकार प्रकृति के विरुद्ध हैं। वे इस समानाधिकार के पक्ष में नहीं हैं। वे कहते हैं स्त्रियों के बीच में पारस्परिक समान अधिकार रहें, और पुरुषों के बीच में भी, जैसा भी हो किन्तु, नारी एवं पुरुष के बीच किसी भी तरह का समान अधिकार हो ही नहीं सकता। वे बोले कि माता बनना ही नारी के जन्म की सार्थकता है। वह गर्भपात के विरुद्ध हैं। स्त्रियों को उन्होंने निर्देश दिया कि वे तीन बच्चे पैदा करें। नारीवादियों को उन्होंने गालियाँ दीं, कहा कि हो सकता है नारीवादी यह नहीं चाहते कि स्त्रियाँ गर्भवती हों। मदर्स डे की निन्दा की एरदुआन ने। कहने लगे मदर्स डे एक दिन ही क्यों मनाया जाता है? उनके विचार से तो साल का हर दिन ही मदर्स डे है। उनका ऐसा विश्वास है कि माँ के पैरों के नीचे सन्तान का स्वर्ग है। एरदुआन निश्चय ही एक निकृष्ट प्रकृति के धर्मान्ध रूढ़िवादी हैं। उन पर न भरोसा किया जा सकता है और न उनसे कोई आशा। उनके नारी से घृणा करने वाले विचारों पर भी विस्तृत आलोचना करना मुझे पसन्द नहीं है। जो लोग यह सोचते हैं कि नारी और पुरुष की स्वाधीनता एक जैसा होना उचित नहीं है क्योंकि दोनों के शरीर का आकार और आकृति भिन्न है, मांसपेशियाँ और पेलविस भिन्न है, शरीर का वज़न भिन्न है, और जो लोग यह सोचते हैं कि नारी और पुरुष के अधिकार समान होना उचित नहीं है क्योंकि नारी के शरीर पर बाल कम होते हैं और पुरुष के शरीर में ज़्यादा; नारी सन्तान को जन्म देती है पुरुष नहीं देता—तो ऐसे लोगों के साथ सार्थक तर्कसम्मत संवाद एकदम असम्भव है।

समान अधिकार की बात उठने पर स्त्रियों की ख़िलाफत करने वाले नारी और पुरुष के अन्तर को लेकर बहुत शोर मचाते हैं। लगता है उनका ख़याल है कि हम अपने शरीर के वज़न और उसकी शक्ति के द्वारा ही राष्ट्र को चलाते हैं, समाज को संगठित करते हैं या क़ानून बनाते हैं। जैसे कि पुरुष के मस्तिष्क में नारी के

मस्तिष्क की अपेक्षा सफेद माल कुछ ज़्यादा होता है। एरदुआन ने कहा है कि पुरुष जो काम कर सकता है नारी वह काम नहीं कर सकती। तो नारी ने क्या अब तक साबित नहीं किया है कि पुरुष जो कर सकते हैं वह सब स्त्री भी कर सकती है? वास्तव में पुरुष तो अब भी यह सिद्ध नहीं कर पाये हैं कि नारी जिन सब कार्यों में पारदर्शी है पुरुष भी उनके सम्पादन में पुरुष भी उसी तरह पारदर्शी हो। पुरुष अब भी यह साबित नहीं कर पाया कि जिस तरह नारी घर का काम करती है और सन्तान का लालन-पालन करती है उस तरह पुरुष करना जानता है क्या? नारी मिलिट्री में है, पुलिस में है, हल चलाती है और खेती करती है, कुली का काम करती है, ईंटें तोड़ती है, मिट्टी काटती है, डॉक्टरी करती है, तकनीकी रूप से कुशल हुई है, क़ानून से जीविका कमाती है, न्यायाधीश बनी है, विमान चालक है, वैज्ञानिक बनी है, अध्यापक बनी है, सम्पादक बनी है, राजनीतिक बनी है, मन्त्री हुई है, प्रधानमन्त्री हुई है और राष्ट्र की नेता भी बनी है। और क्या बाकी है यह साबित करने के लिए कि जो काम करना पुरुष जानते हैं उन्हें करना नारियाँ भी जानती हैं? सन्तान का जन्म देना नारी का कोई गुण नहीं है, ठीक जिस तरह वीर्य को पैदा करना पुरुष की कोई उपलब्धि नहीं हैं। सन्तान तो स्त्री की अकेले नहीं होती, सन्तान तो नारी-पुरुष दोनों की ही है। नारी की बच्चों को जन्म देने के कार्य की वाह-वाही करने की अपेक्षा बेहतर यह होगा कि उसकी बुद्धिमत्ता और उसके कार्य के लिए उसकी प्रशंसा की जाये। जो बच्चे को जन्म देने के कारण स्त्री को कठिन परिश्रम से दूर रहना पड़ता है उसका अर्थ यह तो नहीं है कि नारी कठिन परिश्रम नहीं कर सकती। वास्तविकता यह है दुनिया में सबसे अधिक मात्रा में काम नारी ही करती है। और जिसे सबसे कम मज़दूरी या वेतन मिलता है वह भी नारी ही है। पुरुषों द्वारा नियंत्रित समाज में स्त्री को उसके प्राप्य से वंचित करने के कारण ही नारी के हाथ में आज कम रुपया-पैसा है, इसीलिए नारी आज दरिद्र है।

रूढ़िवादी लोग तुर्की के समाज में नारी और पुरुष के बीच अन्तर और विषमता बढ़ा रहे हैं। तुर्की की एक कट्टरपन्थी धार्मिक राष्ट्र के रूप में पहचान बनाने पर, लगता नहीं है कि तुर्की की सरकार को किसी तरह की आपत्ति है। एक सभ्य आधुनिक, जनतान्त्रिक समता और समान अधिकार का देश हो सकता था तुर्की। इस देश को संगठित उसी तरह किया गया था। किन्तु बीच रास्ते में आकर सब कुछ उल्टा-पल्टा हो गया। धर्मान्ध गुट अगर देश पर शासन करने बैठता है तो उस देश का सर्वनाश होने के अतिरिक्त अन्य कोई विकल्प नहीं रहता। हमने तमाम देशों में इसका सबूत पाया है। धर्म आता है तो नारी के प्रति नफ़रत भी आती है। नारी का विद्वेष आने से जनतन्त्र का बलात्कार होता है। जनतन्त्र का बलात्कार होने से समान अधिकार दूर भाग जाता है। विषमता आकर सिंहासन पर बैठ जाती है। घृणा को आदर मिलता है और मूर्खता को विजय का पुरस्कार मिलता है।

तुर्की के प्राचीन 'हयासोफिया' गिरजाघर को मस्जिद बनाने के लिए धर्मान्ध लोगों के दल चीत्कार कर रहे हैं। तुर्की में बहुत-से प्राचीन सिनेगॉग, गिरजाघर और मस्जिदें हैं जिन्हें संग्रहालय बनाकर रखना उचित है। किन्तु यहाँ कौन किसकी बात सुनता है। धर्मान्ध लोग केवल अन्धे ही नहीं होते, बहरे भी होते हैं। एरदुआन किसी की सही बात सुनना ही नहीं चाहते। आधुनिक तुर्की को इन्होंने अपनी पूरी ताकत लगाकर हज़ार साल पीछे की तरफ़ धकेल दिया है। वे उसी अन्धकार युग की तरफ़ चल पड़े हैं जिसके शासक धर्मान्ध और अन्धविश्वासी थे। मनुष्य तो आगे की तरफ़, प्रगति के रास्ते पर बढ़ता है। किन्तु दुनिया के मुस्लिम देशों को अपनी आँखों के सामने पीछे की तरफ़ जाता हुआ देखा है मैंने। मिस्र, ट्यूनीशिया, अलजीरिया, तुर्की, सीरिया, इराक़, ईरान, अफगानिस्तान—एक जमाने में ये सारे देश प्रगति से प्रकाशवान देश थे। आज धर्मान्धों के आक्रमण से आहत होकर औंधे मुँह पड़े हैं। सन् 1971 का धर्मनिरपेक्ष बांग्लादेश भी आगे न जाकर पीछे की तरफ़ चल पड़ा है। पीछे की तरफ़ चल पड़ा है इसीलिए तो आज तैंतालिस साल के बाद धर्मान्धों के क़ब्जे में है। देश में बोलने की स्वाधीनता नाम की कोई चीज़ नहीं है। समानाधिकार शब्द भी यहाँ के अधिकांश निवासी नहीं जानते।

अमेरिका, आइसिस और अल-क़ायदा

1. अमेरिका ने कहा है कि आइसिस से भी भयंकर मुस्लिम आतंकवादी हैं दुनिया में, उनका नाम है खुरासान। ओसामा बिन लादेन का तैंतीस वर्ष उम्र का घनिष्ठ सहयोद्धा मोहसिन-अल-फादली खुरासान का नेतृत्व कर रहा है। यह मोहसिन अमेरिका की ट्विन टावर पर आक्रमण की योजना और उसका सम्पूर्ण नक़्शा पहले से ही जानता था। सीरिया जाने से पहले मोहसिन ईरान में था। वहाँ ईरान के छोटे-मोटे अल-क़ायदा गिरोहों को चलाता था। मोहसिन को जीवित पकड़ लेने पर सात मिलियन डॉलर के पुरस्कार की घोषणा की गयी थी। ईरान से उसके दल के लोग पाकिस्तान और सीरिया भाग गये। सीरिया में अल-क़ायदा के नुसरा फ्रंट से निकलकर आये हुए दल का नाम है खुरासान।

इस ख़ुरासान दल का निशाना शुरू से ही यूरोप और अमेरिका है। आइसिस से भी बर्बर कोई दल दुनिया में मौजूद है यह तो मैंने कभी सपने में भी नहीं सोचा था। खुरासान के पास निश्चित रूप से परमाणु बम नहीं है, जलसेना नहीं है, वायुसेना नहीं है, आधुनिक अस्त्र-शस्त्र नहीं है। तो क्या कारण है कि वे आइसिस से भी भयंकर है? सम्भवतः इस कारण अमेरिका उन्हें भयंकर समझता है क्योंकि आइसिस मध्य-पूर्व में ही इस्लामी आतंकवाद के कारनामों से सन्तुष्ट महसूस करता है जबकि खुरासान योजना बना रहा है कि किस तरह यूरोप और अमेरिका की ज़मीन पर आतंकवाद फैलाया जाये।

यूरोप और अमेरिका अब भी पृथिवी पर ऐसी जगहें हैं जहाँ मुसलमानों के बर्बर आतंकवादियों से बचने के लिए शरण ली जाती है। इस निरापद भूमि को भी अगर इस्लामी आतंकवादी विध्वंस कर दें तो धैर्य और साहस जिनका सम्बल है और जो जीवन की बाजी लगाकर मुस्लिम समाज को सभ्य बनाने की चेष्टा करते हैं, तो विपत्ति और आपदा में उनके जाने के लिए कोई जगह ही नहीं रह जायेगी। तब तो सुरक्षा की शायद छुट्टी ही हो जायेगी।

2. नहीं, मैं ऐसा तो नहीं कहूँगी कि चारों तरफ़ आशा का आलोक एकदम नहीं है। कुछ अरब देशों को साथ लेकर अमेरिका ने अभी आइसिस और अल-क़ायदा के आतंक को बन्द करने के लिए एक संगठन बनाया है। इसी बीच उसने सीरिया के

अल-क़ायदा के सिर पर बम गिराना शुरू किया है। इन दो भयंकर आतंकवादी दलों को निष्क्रिय कर देना बहुत ज़रूरी है। उन्हें यदि निष्क्रिय नहीं किया तो वे हमारी दुनिया को एक हत्या और हिंसा की दुनिया बनाकर छोड़ेंगे। बहुत-से अन्य लोगों की तरह मैंने भी इराक़ और अफगानिस्तान पर अमेरिका की बमबारी का समर्थन नहीं किया। इराक़ की इस छिन्न-भिन्न—विध्वस्त अवस्था के लिए मैं अमेरिका को ही जिम्मेदार मानती हूँ। अमेरिका की विदेश नीति में बहुत-सी ग़लत बातें हैं। इस नीति का शिकार बहुत-से देश हैं, करोड़ों इन्सान हैं। अमेरिका की विदेश नीति का विरोध मैं हमेशा करती हूँ। किन्तु आइसिस और अल-क़ायदा के विरुद्ध अमेरिका के आक्रमण का मैं सौ प्रतिशत समर्थन डंके की चोट पर करती हूँ।

मैं हमेशा ही वायलेंस (हिंसा) के विरुद्ध रही हूँ। लेकिन आइसिस और अल-क़ायदा के ख़िलाफ़ मैं हर प्रकार की वायलेंस के पक्ष में हूँ, ठीक उसी तरह जैसे मैं द्वितीय महायुद्ध के पक्ष में थी। मानवजाति की रक्षा के लिए यदि किसी भी वायलेंस की ज़रूरत हो तो मैं ऐसी वायलेंस का विरोध नहीं करती।

बहुत लोगों का कहना है कि अमेरिका ने इराक़ का जो सर्वनाश किया है उसके सन्दर्भ में मध्य-पूर्व की समस्या में उनका टाँग अड़ाना बिल्कुल ग़लत है, जो करना है वह अरब देश करेंगे, अरब देशों की समस्या का समाधान अरब देश ही करेंगे, आइसिस और अल-क़ायदा के विरुद्ध युद्ध तो अरब देश करेंगे। सुनने में सटीक लगता है। मगर आइसिस और अल-क़ायदा केवल अरब देशों की समस्या नहीं है, वह तो सारी दुनिया की समस्या है। वे तो पूरे विश्व में इस्लाम का साम्राज्य स्थापित करना चाहते हैं। पूरी दुनिया के ग़ैरमुसलमानों को मिटा देना चाहते हैं। अपनी दुष्ट और दूषित आइडियोलॉजी (विचारधारा) के द्वारा मुस्लिम युवक समाज के दिमाग़ को प्रतिदिन भ्रष्ट और दूषित किया जा रहा है। वे सारी दुनिया के लिए एक बहुत बड़ी धमकी हैं। अरब देशों को दायित्व देने से वे कुछ भी नहीं करेंगे इन आतंकवादियों के ख़िलाफ़। अरब देशों के कट्टरपन्थी ही आइसिस और अल-क़ायदा को रुपया-पैसा और साथ—समर्थन देकर आगे बढ़ा रहे हैं।

कुछ लोग यह भी कहते हैं कि इराक़ और अफगानिस्तान में अमेरिका ने बमबारी की थी, इस वजह से सारी दुनिया के मुसलमान अमेरिका के ज़ुल्म का प्रतिशोध लेने के लिए विभिन्न कट्टरपन्थी और आतंकवादी दलों में संगठित हो गये हैं। इसलिए आइसिस को ख़त्म करने के लिए यदि अमेरिका दुबारा बम गिराये तो एक बार फिर सारी दुनिया में आइसिस के रास्ते पर चलने वाले लोगों की संख्या बढ़ेगी।

मैं यह तर्क नहीं मानती। यदि आइसिस जिस तरह इन्सानों के सिर काट रहा है, वैसे ही काटता रहे; इंटरनेट पर यदि सिर काटने के शानदार क्रियाकलाप को दिखाता ही रहे, उसी तरह जैसे अभी दिखा रहा है; सारी दुनिया से तमाम लोग

अगर आइसिस के कारनामों में योगदान उसी तरह करते रहें जैसे अभी कर रहे हैं, तब क्या होगा! यदि ऐसा हुआ तो आइसिस के अनुयायियों की पैदावार को रोकने की शक्ति किसी के पास नहीं रहेगी। चारों दिशाओं में तो आइसिस पन्थी पैदा हो रहे हैं, अमेरिका के दिमाग़ में आइसिस के ध्वंस का विचार बहुत पहले से ही आना था। जब तक इस्लाम है तब तक कुछ लोग इसका प्रयोग अपने व्यावहारिक और राजनैतिक स्वार्थ के लिए करेंगे ही, अमेरिका उसमें अपना हस्तक्षेप करे या दूर रहे, बम गिराये या न गिराये। अमेरिका के जन्म से पहले ही क्या मुसलमान लोगों के गले नहीं काट रहे हैं? वह तो यह कुकृत्य इस्लाम के प्रादुर्भाव के काल से ही कर रहे हैं।

3. कुछ दिन पहले अल-क़ायदा की बांग्लादेश शाखा नुसरा फ्रंट से एक व्यक्ति ने मुझे ट्वीट किया था, इस वजह से कि मैंने लिखा था आइसिस वालों को मार डालने पर मैं आपत्ति नहीं करूँगी। कई कटे सिरों की तस्वीरें मुझे भेजकर मुझसे कहा था, 'उतने दिन प्रतीक्षा करो जब तक तुम्हारा सिर नहीं काटा जाता।' वह ट्वीट देखकर मैं सचमुच डर गयी थी। ऐसा कोई जघन्य कार्य दुनिया में नहीं है जिसे वे लोग नहीं कर सकते। मैं तब भी नहीं जानती थी कि यह नुसरा फ्रंट बड़ा भयंकर दल है। इसी की अन्तरराष्ट्रीय शाखा का नाम है खुरासान, वही खुरासान जिसे अमेरिका आइसिस से भी अधिक वीभत्स समझता है। नुसरा फ्रंट नामक बांग्ला शाखा इसलिए खोली गयी है कि आतंकवादियों में स्वयं को बंगाली होने के गर्व को महसूस करने वालों की संख्या सम्भवतः काफ़ी बड़ी है। बंगाली मुसलमानों के बीच आतंकवादी होने की प्रवृत्ति आजकल जिस तरह बढ़ रही है उससे कौन इनकार कर सकता है! बड़ा दुख होता है। मात्र चार दशकों में बंगाली मुसलमानों का इतिहास बदल गया। बांग्लादेश नामक एक सेक्युलर देश क्रमशः रूढ़िवादी देश में परिणत हो गया।

सिर काटने की तस्वीरें देखना तमाम लोगों के लिए सम्भव नहीं है। लेकिन मैंने ऐसी बहुत-सी तस्वीरें देखी है। देखा है कि किस तरह अल्लाह का नाम लेकर वे लोग इन्सानों के गले पर छुरा रख देते हैं। देखा है कि मैंने किस तरह कतार में खड़ाकर लोगों को घुटनों पर बिठा देते हैं और सिर में गोली मार देते हैं, वह भी अल्लाह का नाम लेकर। अपनी गर्दन पर हाथ फेरते-फेरते मैं अक्सर कहती हूँ कि गला काटने से तो सिर में गोली मार देना बहुत बेहतर है। मैं किसी भी क़ीमत पर ज़िबह (गला काटना) नहीं होना चाहती। मैं महसूस करती हूँ कि जिनका ज़िबह हुआ उन्हें अपना सिर कटते वक़्त कैसा लगा होगा। मुसलमानों ने मनुष्य का गला काटना कहाँ से सीखा? ईद के मौक़े पर क़ुर्बानी की गाय के ज़िबह करने से सम्भवतः। बचपन से अपने या मोहल्ले के किसी आँगन में गाय और बकरी का ज़िबह देखते-देखते, ज़िबह करना शायद दाल-भात की तरह आसान हो जाता है।

इसलिए बड़ा होने पर ज़िबह करते वक़्त उसका हाथ नहीं काँपता।

4. आइसिस और अल-क़ायदा के बीच अन्तर है। आइसिस की तरह अल-क़ायदा वाले सिर काटने का वीडियो यू-ट्यूब अथवा ट्विटर के माध्यम से सारी दुनिया को नहीं दिखाते।

बहुत लोग कहते हैं कि आइसिस और सऊदी अरब के बीच क्या फर्क है? अन्तर तो शायद बहुत ज़्यादा नहीं है। आइसिस का आदर्श वही सऊदी अरब के वहाबी मतावलम्बियों का आदर्श ही है। सऊदी अरब भी तो सिर काटता है। अपराधी को जनता के सामने ले जाकर तलवार के एक वार से सिर को धड़ से उड़ा देता है। आसपास खड़ी हुई पब्लिक 'अल्लाहू अकबर' बोलकर शोर करने लगती है।

जो अमेरिका चारों तरफ़ गणतन्त्र और मानवाधिकार का प्रचार करता घूम रहा है, वही अमेरिका किस तर्क के आधार पर सऊदी अरब को अपना दोस्त मान सकता है—उस सऊदी अरब को जिसमें गणतन्त्र और मानवाधिकार का चिन्ह् मात्र भी नहीं है? और, अगर सऊदी अरब आइसिस को फंड देता है और वहाँ के वहाबी मत को आदर्श मानकर अगर आइसिस चल रहा है, तो आइसिस के ख़त्म करने की मुहिम में सऊदी अरब अमेरिका के साथ सहयोग क्यों कर रहा है? जानती हूँ इसके अन्तर्विरोध, इसका हिसाब मिलने वाला नहीं। राजनीति का समीकरण अक्सर मेरे जैसे निरीह और भला सोचने वाले लोग नहीं समझ पाते। मेरे जैसे निरीह भला चाहने वाले लोग कम से कम जो चाहते हैं वह है आतंकवाद से मुक्त पृथिवी। अमेरिका तो आतंकवाद का राजा है! मैं मानती हूँ कि अमेरिका बहुत-से ग़लत काम करता है, किन्तु बीच-बीच में कुछ सही काम भी कर बैठता है। आतंकवाद फैलाता है, और आतंकवाद के विरुद्ध युद्ध भी करता है। सच है अमेरिका अब तक दुनिया के किसी भी बड़े आतंकवादी दल को निर्मूल नहीं कर पाया है। लेकिन कोशिश तो करता है। इसीलिए उसके इस आइसिस और अल-क़ायदा को ख़त्म करने के प्रयत्न का मैं स्वागत करती हूँ।

मिस मुस्लिमा सुन्दरी

इंडोनेशिया में मिस मुस्लिमा सुन्दरी प्रतियोगिता आयोजित हुई है। चेहरे का साज-शृंगार मिस वर्ल्ड या मिस यूनिवर्स में भाग लेने वाली जैसा करती हैं, ठीक वैसा ही मिस मुस्लिमा प्रतियोगिता में भाग लेने वाली लड़कियाँ भी करती हैं। मिस वर्ल्ड या मिस यूनिवर्स प्रतियोगिता में भाग लेने वाली लड़कियाँ किसी भी देश, धर्म और आस्था वाली हो सकती हैं। किन्तु मिस मुस्लिमा प्रतियोगिता की लड़कियों के लिए आवश्यक है कि वे मुस्लिम धर्म में विश्वास करने वाली हों। केवल यही नहीं, उन्हें हिजाबी भी होना होगा। शरीर को तो ढाँकना पड़ेगा ही, सिर भी ढाँकना होगा। हिजाब पहने हुए लड़कियों में सौन्दर्य की प्रतियोगिता! इस्लाम के अनुसार हिजाब पहनने का उद्‌देश्य ही यह है कि किसी भी प्रकार किसी खुली हुई जगह से शरीर का कोई भी सुन्दर भाग दिखाई न दे। कुरान और हदीस में स्त्रियों के अपने सौन्दर्य को प्रदर्शित न करने की बात खूब ज़ोर देकर कही गयी है। यही वजह है कि मुस्लिम कट्टरपन्थी एक ज़माने से सुन्दरी प्रतियोगिता के विरुद्ध शोर मचाते रहे हैं। लेकिन अपनी मुस्लिमा सुन्दरी प्रतियोगिता का विरोध क्या कट्टरपन्थियों ने किया है? कम से कम मैंने तो नहीं सुना। जो मुस्लिम सुन्दरियाँ नाना प्रकार के रंगों से मुँह और आँखें रंग कर संसार के समस्त पुरुषों के सामने निर्लज्जता से अपने सौन्दर्य का प्रदर्शन करती हैं, वे निश्चित रूप से अल्लाह-ताला ही नहीं पैगम्बर मोहम्मद के प्रति भी अनुशासन और धर्म की अवहेलना करती हैं। अभी उस दिन ही तो सऊदी अरब में एक नया क़ानून लागू हुआ है, क़ानून इस प्रकार है : सुन्दर आँखों वाली स्त्रियों का अब आँखें खुली रखकर बाहर चलना फिरना नहीं होगा। उन्हें अपनी आँखों को निश्चित रूप से ढाँककर रखना होगा। प्रश्न उठ सकता है कि सुन्दर आँखों को ही क्या ढँककर रखना होगा? हम तो असुन्दर को छिपाकर सुन्दर को ही दिखाते हैं। प्रश्न का उत्तर भी सऊदी अरब ने क़ानून के माध्यम से दिया है : सुन्दर आँखों को देखकर पुरुष के अन्दर यौन वासना की उत्तेजना बढ़ती है। पुरुष जिससे अपनी यौन उत्तेजना को नियंत्रित कर सके ऐसी किसी पद्धति के बारे में जानकारी नहीं है। स्त्रियों के लिए ही केश, आँखें और मुँह से शुरू कर पैर के नाख़ून तक ढँककर रखने के अनुशासन का कोई विकल्प नहीं है; इसलिए जिससे कि पुरुष वह सब

देखकर कोई अशोभन और बदनामी वाला काम न कर बैठे। मिस मुस्लिमा सुन्दरी की प्रतियोगिता में भाग लेने वाली महिलाओं की आँखें खुली हैं। कमर, सीना, और नितम्बों के उभार-उतार भी स्पष्ट नज़र आते हैं। इससे पुरुषों की यौन उत्तेजना में वृद्धि की मात्रा क्या होगी और किस तरह की बलात्कार करने की इच्छा पुरुषों को अस्थिर कर देगी वह तो किसी के लिए भी अनुमान लगाना सम्भव है।

मुस्लिमा सुन्दरियों को देखकर मेरे मन में विचार आता है कि दुनिया में आनन्दपूर्ण जो कुछ है उस सबसे मुस्लिम धर्म के अनुयायी वंचित नहीं होना चाहते। कई बरस पहले यूरोप में रहने वाले कुछ मुसलमान जब यूरोप के ग़ैरमुसलमानों को गालियाँ देते थे, और अरब देश के मुसलमानों की तारीफ करते थे तो मैंने उनसे पूछा 'ग़ैरमुस्लिम लोगों के देश में तुम क्यों रहते हो, चाहो तो बेरोक-टोक अरब देश जा सकते हो, इस्लाम के देश में, पवित्र देश में!' उन्होंने मेरी बात सुन तो ली लेकिन अरब देश प्रस्थान करने की कोई भी इच्छा ज़ाहिर नहीं की। अरब देश को कितना ही पवित्र माने, उस देश में रहने की इच्छा ज़्यादा मुसलमानों की नहीं है। आठ बांग्लादेशी मुसलमान लड़कों के सिर को उस दिन किस तरह से सऊदी अरब सरकार ने एक-एक वार में कलम कर दिया था, यू-ट्यूब से निकालकर कोई भी देख सकता है। दरअसल विधर्मियों के देश में जो मानवाधिकार मुस्लिम उपभोग कर सकते हैं उसका एक बूँद भर भी किसी भी मुसलमानों के देश में या सऊदी अरब में नहीं पा सकते। यूरोप और अमेरिका के जनतन्त्र का फ़ायदा उठाकर मुसलमान वहाँ जनतन्त्र विरोधी शरिया क़ानून का प्रचार करते हैं।

आजकल ट्विटर और फेसबुक पर मुसलमान रूढ़िवादी अपने धर्म का अबाध प्रचार कर रहे हैं। आज मुस्लिम आतंकवादी पूरीदुनिया में अपने आतंकवाद का प्रसार-प्रचार करने के लिए इन आधुनिक तकनीकों का इस्तेमाल करते हैं। हर धर्मान्ध मुसलमान के हाथ में विधर्मियों द्वारा आविष्कृत मोबाइल उपकरण है। विधर्मी और धर्महीन लोग नये-नये वैज्ञानिक उपकरणों और तकनीक का अविष्कार करते हैं। उनके द्वारा आविष्कार किये गये वे सब नवीन प्रौद्योगिकी के उपकरणों पर मुसलमान झपट पड़ते हैं। इन सब सुविधाओं और साधनों को ग्रहण करने से कोई भी ऐतराज नहीं है धर्मान्ध मुसलमानों को। मगर उसके साथ ही दूसरे धर्मों के अनुयायी या धर्म न मनाने वालों से घृणा करना, उन्हें बदनाम करना, गाली देना, और यहाँ तक कि 'अल्लाहू अकबर' बोलकर उन्हें ज़िबह करने से भी कोई आपत्ति नहीं है इन मुसलमानों को। मैंने किसी अन्य धर्म के अनुयायियों को विज्ञान का अच्छा पक्ष और धर्म के बुरे पक्ष को इस तरह एक साथ ग्रहण करते नहीं देखा।

आज का इन्सान केवल लोभी ही नहीं हुआ है, काफ़ी हिंसक भी हो गया है। अभी कुछ दिन पहले तक नबी जी के भक्त बोलते थे 'अल्लाह के प्यारे नबी इन्सान से प्रेम करते थे, किसी से घृणा नहीं करते थे। किसी का अनिष्ट नहीं करते थे।

विधर्मियों को मारने की बात उन्होंने कभी नहीं की; बल्कि उन्होंने कहा है तुम्हारा धर्म तुम्हारे पास, मेरा धर्म मेरे पास।'

और अब नबी जी के भक्त सीना फुलाकर बोलते हैं, 'मोहम्मद रसूलुल्लाह ने इन्सानों को मारा है, हम भी उन्हें मारेंगे, जिसने भी उनके विरुद्ध कोई कड़वी बात कही तो अल्लाह के नबी ने किसी को भी नहीं बख़्शा। हम भी सब नास्तिकों के टुकड़े-टुकड़े कर डालेंगे। धर्म इन्सान को अगर सहनशील बनाने के बदले असहनशील बनाता है, उसे बर्बर कर देता है तो समाज में धर्म की कितनी ज़रूरत है! राजशाही विश्वविद्यालय के एक अध्यापक को कुछ दिन पहले बांग्लादेश के मुसलमानों ने पीट-पीटकर मार डाला। अध्यापक का अपराध था कि उन्होंने अपने क्लास की लड़कियों से कहा था कि विश्वविद्यालय में वे बुर्क़ा पहनकर न आयें, इसलिए कि बुर्क़ा पहनने से मुँह दिखाई नहीं देता और पहचाना नहीं जाता कि वह व्यक्ति वास्तव में एक छात्रा है या छात्रा के छद्‌मवेश में कोई और! कोई डकैत या कोई ख़ूनी तो नहीं है! हमारे 'सोनार बांग्ला' के सोने के लड़के, लड़कियों के सिर के केशों से लेकर पैर के नाखून तक काले कपड़े में ढँककर रखना चाहते हैं। बुर्क़ा तो अरबों की पोशाक है। मुस्लिम होने से क्या अरब संस्कृति को अपनी संस्कृति मानना ही पड़ेगा? क्या अपनी ग़ैर-अरब संस्कृति को मानकर ही मुस्लिम नहीं हुआ जा सकता? यह मेरा लम्बे समय से एक प्रश्न है।

मेरी माँ घोर धार्मिक थीं। उनका ज़माने से एक स्वप्न था कि वह अरब देश जायेंगी। अरब देश माँ गयीं तो ज़रूर थी, लेकिन उनके लौट कर आने पर मैंने लक्ष्य किया कि अरब देश को लेकर, माँ के अपने प्रिय नबी जी के देश को लेकर उनके मन में अधिक उत्साह नहीं था। सम्भव है कि उनकी अपनी कल्पना के अरब देश और सचमुच के अरब देश के बीच उतनी समानता नहीं थी। माँ के अन्तरतम से अरब प्रेम चला गया था। जितने दिन जीवित रहीं, माँ बंगाली होकर ही जीवित रहीं। इन्सान के प्रति माया, ममता और प्रेम ने ही माँ को महान् बनाया था। उसी तरह से ही माँ अपने धर्म का अपने ढंग से ही पालन करती रहीं।

मुस्लिमा सुन्दरी प्रतियोगिता में नये फैशन का हिजाब देखकर मुझे लगा कि हिजाब अब धर्म का एक अंग नहीं रहा। रंग-बिरंगे दृष्टि को आकर्षित करने वाले हिजाब स्त्रियों के लिए बिक रहे हैं। हिजाबी स्त्रियाँ नाना प्रकार से अपने सौन्दर्य को बाहर की दुनिया को दिखाने में लगी हैं। इसीलिए उनकी खातिर आज कैटवॉक का आयोजन करना पड़ता है। मुस्लिमाओं के दल के दल यौन जिहाद में योगदान कर रहे हैं। अपरिचित, अनपहचाने, ग़ैरपुरुषों को यौन सुख देने की खातिर वे अपने साथियों के रास्ते को पारकर, सुदूर इराक़ और सीरिया की मरुभूमि में गयी हैं। किसी निर्लज्ज, विधर्मी वेश्या के लिए भी ऐसी कल्पना करना असम्भव है। घूँघट के नीचे गीत और नाचने की बात मैंने काफ़ी सुनी है। इस बार उसे मैंने अपनी

आँखों से देखा। मुस्लिम आतंकवादी जैसे अल्लाह के नाम पर इन्सान को ज़िबह कर सकते हैं, मुस्लिम औरतें भी उसी तरह अल्लाह को खुश करने के लिए किसी भी आतंकवादी के साथ सो सकती हैं। अच्छा हुआ जो मेरी माँ ज़िन्दा नहीं हैं। मेरी माँ यदि जीवित होतीं और यह सब देखतीं तो पता नहीं कि इस्लाम धर्म को लेकर माँ की जो आस्था थी वह सब गिरकर ख़त्म हो जाती कि नहीं।

इन्सान

मैं बचपन से ही कहती आ रही हूँ कि स्त्रियाँ भी इन्सान हैं। स्त्रियों को मनुष्य का पर्याय बनाने की खातिर मैं कितने समय तक अधीर और व्याकुल रही। आजकल लगता है कि मनुष्य होना क्या कोई अच्छी बात है! मनुष्य जाति को लेकर गर्व करने लायक आख़िर क्या है? यह जाति कितनी बर्बर है यह बात तो युद्ध, लड़ाई और स्त्रियों को दबाकर रखने का इतिहास ही साबित करता है। मानती हूँ कि इस जाति में कुछ लोग अच्छे हैं जिन्होंने इसे सभ्य करना चाहा है; ज्ञान, विज्ञान, शिल्प, और दर्शन की चर्चा की है तथा समता और समान अधिकार की बात कही है। किन्तु यह जाति तो अधिकांश हिंसक, क्षुद्र, ईर्ष्यालु, स्वार्थी और निर्दयी है। नारी की गणना तो मनुष्य की परिभाषा में नहीं होती। एक तरह से यह अच्छा ही है। नारियों के लिए यह एक अच्छी ख़बर है।

मुझे स्त्री कहकर पुकारो, मत कहो कि मैं मनुष्य हूँ। सबसे ज़्यादा खुशी मुझे तब होगी यदि मुझे हिरन कहकर पुकारो।

स्त्रियों को आँखें भी ढाँककर रखना होगा

सऊदी अरब को स्त्रियों के सिर के बालों से लेकर पैर के नाखून तक काले पर्दे से ढँककर भी तसल्ली नहीं होती। अब तो उन्हें अपनी आँखें भी, खासतौर पर वे आँखें जो सुन्दर हैं, ढाँककर रखनी होगी। आँखें ढाँककर स्त्रियाँ देखेंगी कैसे? उनके लिए देखना ज़रूरी नहीं है। वे अंधी हो जायें, वे खाई-खंदक में गिर जायें, और मरें। दूसरे पुरुष जिससे स्त्रियों के अंग-प्रत्यंग न देख सकें। स्त्रियाँ तो किसी न किसी पुरुष की सम्पत्ति होती हैं। दूसरे की सम्पत्ति की तरफ़ नज़र डालना चाहे जहाँ भी चलता हो, सऊदी अरब में नहीं चलेगा।

स्त्रियों की आकर्षक आँखों की तरफ़ यदि किसी बाहरी पुरुष की नज़र पड़ जाये तो क्या कोई क़सम खाकर बोल सकता है कि वह पुरुष कामवासना की उत्तेजना से अधीर नहीं हो उठेगा और बलात्कार की चेष्टा नहीं करेगा! पुरुष बलात्कार की चेष्टा करेंगे यह मानकर ही स्त्रियों को उनके प्राप्य अधिकार से वंचित किया जाता है। किन्तु यह मानने का कोई कारण नहीं है कि स्त्रियों की भलाई के लिए ही उन्हें बलात्कार से बचाया जा रहा है। स्त्रियाँ तो किसी न किसी पुरुष की सम्पत्ति हैं अथवा सम्पत्ति होने वाली हैं; इसीलिए पुरुष ही अपने स्वार्थ के लिए अपनी सम्पत्ति को बलात्कार से बचाता है। पुरुष नहीं चाहते कि उनकी सम्पत्ति के शरीर पर कोई दाग लगे। इस कारण शरीर तो शरीर, स्त्रियों की आँखें भी ढँके रखने की व्यवस्था हो रही है। उन्हें कुछ भी देखने का अधिकार नहीं है। आँखें होते हुए भी अन्धेपन को स्वीकार करने के लिए वे बाध्य हो रही हैं।

इसके बावजूद, ताज्जुब की बात है कि जिन पुरुषों से यह आशंका होती है कि वे बलात्कार की कोशिश करेंगे तो उनके नियन्त्रण की, उनको सुधारने की, उन्हें सलाह मशविरा देने की कोई भी व्यवस्था सऊदी अरब में नहीं है। मेरा सवाल है कि पुरुष वर्ग यदि कामवासना की उत्तेजना से व्याकुल हो उठेगा तो उसमें असुविधा क्या है! उत्तेजना को सँभालने की क्षमता क्या सऊदी पुरुषों में नहीं है? यदि नहीं है तो उन्हें सिखाया जाये कि किस तरह उत्तेजना को सँभाला जाता है। यदि पुरुष सीख लें उत्तेजना पर नियन्त्रण करना तो स्त्रियाँ कम से कम आँखें खोलकर सड़क

पर, रास्ते पर चल-फिर सकेंगी। तब उन्हें खाई-खन्दक में नहीं गिरना पड़ेगा, नहीं मरना पड़ेगा। आचार पुलिस से डरकर स्त्रियाँ एक काले क़फ़न में घुसे रहने के लिए बाध्य होती हैं। अब आँखों को भी बुर्क़ा पहनाना पड़ेगा, नहीं तो जेल काटनी होगी। आचार पुलिस का संरक्षक है सऊदी अरब का राज परिवार। कहते हैं कि कुछ महीने पहले इस पुलिस की संस्था को राज परिवार से 53 मिलियन डॉलर उपहार में मिले हैं।

संयुक्त राज्य अमेरिका ने क्या कभी सऊदी अरब के मानवाधिकार उल्लंघन को लेकर कुछ कहा है? किसी ने तो सुना नहीं। सऊदी अरब के हाथों तो अमेरिका अस्त्र बेच रहा है, साठ बिलियन डॉलर के अस्त्र। यह कोई छोटी-मोटी रक़म नहीं है। तो हथियारों की बिक्री करते समय अमेरिका क्या सऊदी अरब से बोल नहीं सकता था कि तुम लोग स्त्रियों के ऊपर अत्याचार बन्द करो, उसी के बाद ही अस्त्रों की खरीद-फरोख्त होगी? सऊदी अरब में मानवाधिकार के उल्लंघन को लेकर अमेरिका मुँह नहीं खोलता। लेकिन बहुत-से देशों में मानवाधिकार उल्लंघन को लेकर बुरी तरह परेशान रहता है। बहुत शोर मचाता है। दुनिया के बहुत-से देशों को सावधान करता है। वह केवल उस देश को सावधान नहीं करता जो नारी के मानवाधिकार का सबसे अधिक उल्लंघन करता है। शायद इसका एक ही कारण है—इतने बिलियन डॉलर के खरीददार को अमेरिका नाराज़ नहीं करना चाहता। आख़िरकार पैसे का हिसाब ही असली हिसाब होता है।

सऊदी अरब नारी को इन्सान नहीं समझता। बलात्कार होने पर दण्ड उस स्त्री को ही देता है जिसके साथ बलात्कार हुआ है। आत्मीय पुरुष के अलावा किसी अन्य पुरुष के साथ किसी स्त्री द्वारा बात करना या आना-जाना मना है। स्वामी की अनुमति के बिना स्त्रियों को घर की चौखट लाँघना भी निषिद्ध है। असमानता की हज़ार ज़ंजीरों में बन्धी है यहाँ की स्त्री। नारी होकर जन्म लिया है इसीलिए ही इस दुनिया में बर्बर पुरुषों का अत्याचार झेलना पड़ता है। धर्म और पुरुषतन्त्र का शासन है सऊदी अरब में। पुरुषों का ही वर्चस्व है उस देश में। इसलिए यदि किसी में क्षमता हो सऊदी नारियों की दुर्दशा दूर करने की, पराधीनता की गुफा से उनका उद्धार करने की, तो वह निःसन्देह सऊदी पुरुषों की ही होगी। लेकिन अब तक तो नारी के ख़िलाफ़ सऊदी क़ानून का विरोध करने वाले सऊदी पुरुष बहुत कम नज़र आते हैं।

सऊदी अरब में बुरे कामों को बन्द कराने के लिए एक कमेटी है। उसी कमेटी के लोगों ने कहा है कि स्त्रियों की इशारे से बुलाने वाली आँखों को उन्होंने निषिद्ध किया है। कौन-सी आँखें इशारा करती हैं, बुलाती हैं, कैसे समझूँगी। जिन आँखों में काजल है वे आँखें, या जिन आँखों का आकार सुन्दर है—ऐसी आँखें पापी आँखें हैं, इशारे से बुलाने वाली आँखें हैं। आँखें यदि सुन्दर हों तो भी कोई क्षमा नहीं। वे

आँखें निषिद्ध हैं, और जिन आँखों में काजल नहीं है, काजल न लगाने पर भी वे आँखें निषिद्ध हो सकती हैं केवल देखने में सुन्दर होने के अपराध में।

इसी बीच, स्त्रियों के विरुद्ध इस क़ानून को सऊदी शाहजादे नाईफ ने सौ प्रतिशत समर्थन दिया है। यह क़ानून तो वैसे भी एक बर्बर नारीविरोधी क़ानून है। इस क़ानून के मुताबिक किसी भी स्त्री को कभी भी दोषी साबित किया जाता है, जेल भेजा जाता है, या चाबुक से पीटा जाता है। मतलब यह कि स्त्रियों का अपराध यही है कि वे स्त्री हैं, जैसे कि यह स्त्रियों का अपराध है कि उनके केश हैं, आँखें हैं, और चेहरा है। मानो कि यह उनका अपराध है कि उनकी छाती हैं, तलपेट है और उनके पैर हैं। लगता है कि इस क़ानून के मुताबिक नारी इन्सान नहीं है और नारी का शरीर ही एक पाप है। इस पाप को, इस लज्जा को अपराधी की तरह ढाँक-ढूँककर ज़िन्दा रहना होगा यदि ज़िन्दा रखना ही है तो। कमेटी के सदस्यों ने दुनिया के मुसलमानों से आवेदन किया है कि वे सब इस नये क़ानून का समर्थन करें क्योंकि यह क़ानून इस्लाम का क़ानून है। और इस्लाम के प्रश्न पर कोई असहमत हो यह किसकी हिम्मत है!

रेल मन्त्री की उम्र और शादी

एक दिन मैंने ट्विटर पर लिखा कि मेरा ब्वॉयफ्रेंड मुझसे बीस बरस छोटा है। मीडिया ने इस ख़बर को लपक लिया। मैं तो कितनी ख़बरें देती हूँ ट्विटर पर; अपने पुरस्कार पाने की ख़बर, ऑनरेरी डॉक्टरेट पाने की ख़बर, अपनी की-नोट (केन्द्रीय विषय) स्पीच देने की ख़बर, अपने स्टैंडिंग ओवेशन (भव्य अभिनन्दन) की ख़बर। इन सब ख़बरों में मीडिया की ज़रा भी दिलचस्पी नहीं है। मेरे प्रेमी और स्वामी को लेकर मीडिया में प्रबल उत्साह बराबर नज़र आता है। ख़ैर जो बोला था उस पर आती हूँ। खुद से बीस बरस छोटे प्रेमी की ख़बर ट्विटर पर देकर मैं एक तरह की खुशी महसूस कर रही थी। पुरुषों के समान आचरण करना स्त्रियों को शोभा नहीं देता। इसीलिए पुरुष की तरह आचरण कर उम्र में छोटे एक संगी को चुनने पर, देखना चाहती थी, कि समाज क्या कहता है? जिसकी आशंका थी वही हुआ, जैसे तेल में बैगन जलने लगा हो। और उधर प्रतिस्पर्धा में मुझे पीछे छोड़कर 67 साल की उम्र वाले रेल मन्त्री ने धूमधाम से शादी कर डाली अपने से लगभग 40 साल छोटी एक लड़की से। कहाँ बीस और कहाँ चालीस! मैं तो सिर्फ़ ब्वॉयफ्रेंड तक ही सीमित हूँ; उन्होंने बाक़ायदा विवाह किया, परम्परा के अनुसार शरीर पर हल्दी लगाकर, बहुत-से गहनों और लाल बनारसी साड़ी से सजी हुई कन्या के साथ और अपने सिर पर पगड़ी-वगड़ी बाँधकर। किसी 67 साल की उम्र की महिला के लिए क्या सम्भव है कि वह 29 वर्ष के किसी लड़के से इस तरह धूमधाम के साथ ब्याह करे। मन्त्री के विवाह में जिस प्रकार समाज के नारी-पुरुषों ने उत्सव किया, इतना ज़बर्दस्त उत्सव क्या करेगी लगभग 70 साल की महिला बीस के दशक की उम्र वाले किसी लड़के से ब्याह करने पर? तब सभी लोग बोलेंगे पुरुष धनी और प्रभावशाली हो तो छोटी उम्र की लड़की के साथ विवाह करना सम्भव है। मैं पूछती हूँ कि बांग्लादेश की किसी धनी और प्रभावशाली महिला के लिए क्या सम्भव है छोटी उम्र के लड़के से ब्याह करना? सम्भव तो ख़ैर नहीं ही है, बल्कि लोग उसे पुरुष को खाने वाली डायन बोलकर, गाली देकर उसे पीड़ित करेंगे, समाज से बहिष्कृत कर देंगे और कह नहीं सकते कि जीवित ही वह महिला ज़िबह भी हो सकती है।

मुझे पता है कि तमाम लोग कहेंगे कि बूढ़े पुरुष के शरीर में शुक्राणु पैदा

होते हैं, इसलिए उस व्यक्ति के लिए ऋतुमती स्त्री को गर्भवती करना सम्भव है। दूसरी तरफ़ मासिकधर्म बन्द हो जाने पर नारी के लिए गर्भवती होना सम्भव नहीं है। किन्तु कम लोग जानते हैं कि बूढ़े पुरुष के शरीर में शुक्राणु तो तैयार होते हैं, फिर भी उनकी संख्या बहुत कम होती है और उनका स्वरूप और गुण ठीक नहीं होते। एक युवक के शुक्राणु और बूढ़े व्यक्ति के शुक्राणु के बीच आकाश-पाताल का अन्तर होता है। वृद्ध के द्वारा गर्भवती होना कोई हँसी-खेल नहीं है, इसमें बरसों लग जाते हैं। पुरुष के शरीर में टेस्टोस्टेरोन हार्मोन बुढ़ापे में कम हो जाता है और यदि सन्तान जन्म लेती भी है तो उस कारण से क्रोमोजोम की जटिल समस्या पैदा होती है। इसलिए जो लोग ये कहते हैं कि पुरुष बूढ़ा होने पर भी सन्तान, खासतौर पर स्वस्थ सन्तान पैदा कर सकता है तो वे कोई सही बात नहीं कहते।

प्रेम किसी भी उम्र को नहीं मानता। बड़ी उम्र के किसी भी व्यक्ति को प्रेम हो सकता है मैं जानती हूँ। ऐसा होने पर पुरुष और नारी के बीच पुरुष की आयु ज़्यादा क्यों होनी चाहिए? और यदि प्रेम इस सम्बन्ध का प्रधान घटक है तो सन्तान के जन्म की प्राथमिकता होना आवश्यक नहीं है। ऐसे नारी पुरुष बहुत हैं जो सन्तान नहीं चाहते। इसी एक शर्त पर वे साथ रहते हैं या विवाह करते हैं। आजकल तो यह शर्त रोज-बरोज लोकप्रिय होती जा रही है। ऐसे में 67 साल उम्र की महिला और 29 बरस उम्र के लड़के के बीच प्रेम अथवा प्रेम विवाह को लेकर किसी के लिए आपत्ति करना उचित नहीं है। लेकिन लोग हैं जो आपत्ति करते हैं, यद्यपि नारी की यौन क्षमता पुरुष से ज़्यादा होती है। इसके बावजूद 67 की उम्र के पुरुष का समाज में आदर होता है और वैसा करने पर 67 साल की महिला से समाज नफ़रत करता है। नारी और पुरुष के बीच यह भयानक विषमता हमारे समाज ने पैदा की है। उसका यह एक छोटा-सा उदाहरण है।

इस्लाम धर्म के आने से पहले अरब देश की स्त्रियों को जो स्वाधीनता हासिल थी, इस्लाम के आने पर वह धीरे-धीरे छीनी जाने लगी। चौदस सौ वर्ष पहले 40 साल की विधवा ख़दीजा ने 29 वर्ष के युवक मोहम्मद को पसन्द किया और उससे शादी कर ली। वह उनका तीसरा या चौथा विवाह था। आज की अरब आधुनिक ख़दीजाओं को ऐसा करने का न साहस है और न अधिकार। ख़दीजा की मृत्यु के बाद इस्लाम के महानबी ने लगभग एक दर्जन शादियाँ की और खुद से लगभग 50 साल छोटी एक लड़की से भी विवाह किया। महानबी के शिष्य महानबी की इस उम्र में अपने से बहुत छोटी युवती से शादी करने की परम्परा का अनुसरण करते चल रहे हैं। मगर महानबी ने जो खुद से 15 साल बड़ी एक विधवा से विवाह किया था उसका अनुकरण करने को कोई भी नबी के प्रेम में दीवाना धर्मान्ध मुसलमान भी तैयार नहीं। मेरा ख़याल है कि बांग्लादेश के रेल मन्त्री सिल्वेनाफिल साइट्रेट या वियाग्रा पर काफ़ी कुछ निर्भर करेंगे।

लेकिन वियाग्रा के सेवन की भी एक सीमा है। सबके शरीर वियाग्रा बर्दाश्त नहीं कर पाते। खासतौर पर रक्तचाप, हृदय, किडनी, लिवर इत्यादि की समस्या होने पर वियाग्रा का सेवन मना है। तो रेलमन्त्री एक जीवन्त युवती के शरीर को लेकर खेलेंगे। खेल में सफल न होने के बावजूद खेलेंगे ज़रूर क्योंकि वे पुरुष हैं। उन्हें अधिकार है कि जिसके साथ चाहें उसके साथ खेले। सारी दुनिया ही पुरुष के खेल का मैदान है। वह युवती सेक्स की भूख से व्याकुल हो जायेगी। लेकिन उसे चरम हताशा ही हाथ लगेगी। किन्तु उसे बाध्य होकर पुरुष की दुनिया में पिंजरे का क़ैदी बनकर रहना होगा। आखिर स्त्री तो एक खिलौना है, पुरुष के लिए सेक्स का एक खिलौना। वह एक सजावट का सामान भी है। सुखी न होकर भी दिखायेगी कि वह सुखी है, समाज की अधिकांश स्त्रियाँ जैसा करती हैं। सुखी न होकर भी खुद को सुखी समझेगी। दुख और पराधीनता को ही वह सुख और स्वाधीनता मान लेगी। बचपन से ही उसने यही सोचना सीखा है। इसके विपरीत कुछ नया सीखना ज़्यादातर स्त्रियों के लिए सम्भव नहीं है। पुरुष ने जन्म लेने के बाद से ही जो सीखा है वह है, वे मालिक हैं, वे सुपीरियर हैं, वे ज़्यादा जानते हैं, वे ज़्यादा समझते हैं, समाज तो उन्हीं के लिए है, सारी दुनिया ही उन्हीं के लिए है, वे शासन करेंगे, और वे ही उपभोग करेंगे। यह न सीखने और इसके विपरीत कुछ सीखने के लिए अधिकांश पुरुष तैयार नहीं हैं।

मैं ऐसा नहीं सोचना चाहती; किन्तु बार-बार पुरुष मुझे यह सोचने के लिए मजबूर कर देते हैं 'इट्'स ए मैन्'स मैन्'स मैन्'स वर्ल्ड।'

गंजा क्या बेलतला जाता है

1. आज से 25 वर्ष पहले मैंने बांग्ला की संसद के शब्दकोश के बारे में लिखा था। इस शब्दकोश में पुरुष शब्द का अर्थ तो मानुष या मनुष्य है किन्तु नारी शब्द का अर्थ और जो कुछ भी हो, मनुष्य नहीं है। 25 वर्ष पहले बहुत लोगों को इस बात पर आश्चर्य हुआ था। कई लोग तो शब्दकोश को खोलकर अवाक् बैठे रह गये, अपनी आँखों पर विश्वास नहीं कर पाये। किन्तु कोई क्या विश्वास कर सकेगा कि अब भी शब्दकोश में उस शब्द का अर्थ बदला नहीं है?

2. पुरुष शब्द को मैं एक नकारात्मक शब्द मानती हूँ। पुरुष नियन्त्रित समाज व्यवस्था यदि नकारात्मक हो तो पुरुष क्यों नकारात्मक नहीं होगा। पुरुषतान्त्रिक व्यवस्था हज़ारों साल से टिकी हुई है। इस व्यवस्था को तोड़ने की चेष्टा पुरुषों ने तो कभी की नहीं। पुरुष यदि चाहते तो पुरुषतन्त्र को जड़ से मिटा सकते थे। बराबरी के लिए, समता के लिए वे इसे निर्मूल कर सकते थे, किन्तु किया नहीं। पुरुष—इस शब्द का प्रयोग मैं करना चाहती हूँ अविवेकी, अनुदार, अकृतज्ञ, स्वार्थी, लोभी, लोलुप, कमीना—नीच और हिंसक के पर्यायवाची शब्द के रूप में। उन्हें मैं पुरुष बोलकर गाली देना चाहती हूँ। उन लड़कों और उन लड़कियों को भी गाली देना चाहती हूँ जिनका चरित्र इस प्रकार का है। मैं यह कहकर गाली देना चाहती हूँ, 'छिः छिः छिः तुम इतने कुत्सित, इतने कृपण, इतने सड़े हुए और इतने पुरुष कैसे बन पाये'!

3. कोलकाता की शिक्षित और आत्मनिर्भर स्त्रियों के स्वामी आज भी पुरुष ही हैं। ये स्त्रियाँ पार्टी में आती हैं, शराब पीती हैं, नाचती हैं और बोलती हैं, 'मेरे पति ने मुझे काफ़ी स्वाधीनता दे रखी है। इतनी स्वाधीनता ज़्यादा स्त्रियों को नहीं मिलती।' पति के प्रति कृतज्ञता के भाव से इन आत्मनिर्भर महिलाओं का मुँह चमकने लगता है। मैं मन ही मन कहती हूँ, 'स्वाधीनता तो तुम्हारा जन्मसिद्ध अधिकार है, तुम्हारी चीज़ तो तुम्हारे पास रहेगी ही। पुरुष कौन होता है उसे देने वाला?'

पुरुष नारी के सिर पर चढ़ बैठा है। नारी ने भी पुरुषों को तेल लगाकर और प्रोत्साहन देकर उन्हें अपने सिर पर चढ़ाने में सहायता की है। नारी के सिर पर बैठकर पुरुष उसका सिर खाता है। काट-काटकर कीड़े की तरह खाता है, फिर

कीड़ा बनकर सिर के अन्दर घुस जाता है और मस्तिष्क का सर्वनाश कर देता है। नारी ज़ोर से झटका देकर पुरुष को अपने सिर से क्यों नहीं उतार फेंकती? उससे कह सकती है 'मेरी बगल में रहो, पीछे रहो, लेकिन मेरे सिर पर मत चढ़ो' मगर बोलती है क्या?

4. मुझसे काफ़ी लोग यहाँ तक कि स्त्रियाँ भी पूछती हैं, आपको लोग नारीवादी बोलते हैं तो आप इसका प्रतिवाद क्यों नहीं करतीं।

अवाक् होकर मैं उत्तर देती हूँ क्यों करूँगी प्रतिवाद? मैं तो नारीवाद में विश्वास करती हूँ। मेरा जवाब सुनकर बहुतों को बुरा लगता है। उनसे मैं कहती हूँ, 'मैं मानववाद में विश्वास करती हूँ और इसीलिए नारीवाद में भी मेरी आस्था है। बिना नारीवादी हुए मानववादी नहीं हुआ जा सकता। कैसे होगा भला, मनुष्य के ऊपर अत्याचार होता देखकर चुप बैठे रहने से तो मानववादी होना सम्भव नहीं है।'

एक नारीवादी ने कहा था, 'नारियाँ फेमिनिस्ट होती हैं, नहीं-नहीं वे मैसोकिस्ट हैं—स्वयं को कष्ट देकर आनन्द महसूस करती हैं, किसी भी तरह का कष्ट। मेरा भी यही विश्वास है। यदि तुम मैसोकिस्ट, यानी आत्मपीड़क नहीं होना चाहती हो तभी तुम फेमिनिस्ट हो सकती हो। यही होता है। मैं पुरुष एवं पुरुषशासित समाज के द्वारा स्वयं को उत्पीड़ित होने, दमित होने, उसके द्वारा पीसकर और जलाकर मरने के लिए राज़ी नहीं हूँ। यही कारण है कि मैं नारीवादी हूँ।

वही व्यक्ति नारीवादी है जो नारी और पुरुष दोनों को ही सम्पूर्ण मनुष्य समझता है एवं नारी और पुरुष की समता और समानाधिकार पर विश्वास करता है।

नारीवाद जैसे सहज, सरल और साधारण विषय के बारे में अधिकतर लोग कुछ नहीं जानते।

नारी पुरुष की राजनैतिक, आर्थिक और सामाजिक समता का पक्षधर होना ही तो नारीवाद है। इसे समझना क्या बहुत मुश्किल है? नारीवाद या फेमिनिस्ट शब्द से बहुत-से लोग नाराज़ हैं, केवल दक्षिणी गोलार्द्ध के देश ही नहीं, उत्तर के देश भी। उन सब देशों में फेमिनिस्ट शब्द के बदले किसी अन्य शब्द, एक साफ-सुथरे शब्द के व्यवहार करने का प्रस्ताव आया था कुछ लोगों की तरफ़ से। उनका ख़याल था कि कोई नया नाम देने से ही सब समस्याओं का समाधान हो जायेगा। मगर वैसा तो हरगिज़ नहीं होगा। दरअसल नारीवाद शब्द को लेकर लोग नहीं डरते, वे नारीवाद के एक्शन से डरते हैं। एक स्त्री जो स्वयं को नारीवादी कहे या न कहे, लेकिन यदि अपने अधिकार को प्राप्त करने के लिए दृढ़ता के साथ खड़ी होती है तो यही डरने वाली बात है।

रेबेका वेस्ट, एक ब्रिटिश लेखक ने कहा था, नारीवाद क्या है हम सही अर्थ में उसे नहीं जानते। मैं तो केवल इतना जानती हूँ कि जब भी मैं अपने भीतर के 'मैं' को अभिव्यक्त करती हूँ और वह मुझे पैर पोंछने की चटाई या वेश्या से अलग

करता है। तभी लोग मुझे नारीवादी कहकर पुकारने लगते हैं।

लेखक डेल स्पेंडर ने लिखा था, नारीवाद कोई युद्ध नहीं करता, विरोधी पक्ष का ख़ून नहीं करता, किसी कन्सेन्ट्रेशन कैम्प का निर्माण नहीं करता, शत्रु को भूखा नहीं मारता और किसी के साथ क्रूरता से पेश नहीं आता। नारीवादियों की माँग है शिक्षा के लिए, वोट देने के अधिकार के लिए, काम करने के बेहतर परिवेश के लिए, बाहर और सड़क पर सुरक्षा के लिए, सोशल वेलफेयर के लिए, नारी शरणार्थियों के लिए नारीविरोधी क़ानून के संशोधन के लिए...। कोई यदि कहता है 'मैं नारीवादी नहीं हूँ तो मैं पूछती हूँ वाट इज योर प्रॉब्लम' (तुम्हारी समस्या क्या है?)। असल मुद्दा यह है कि अगर विचारों में कोई गफ़लत नहीं है तो सभी स्त्रियाँ ही नारीवादी होनी चाहिए।

नारीवाद की परिभाषा यहीं ख़त्म नहीं हो जाती। नारीवाद एक राजनैतिक थ्योरी एवं प्रैक्टिस है जो समस्त नारीजाति की मुक्ति के संग्राम में संलग्न हैं। समस्त नारीजाति? हाँ काली, साँवली, पीली, हर रंग की नारी, कड़ी मेहनत से रोटी कमाने वाली नारी, ग़रीब नारी, अपंग नारी, समलिंगी नारी, बूढ़ी नारी; और वे ही नहीं, सब गोरी, धनी और विपरीत लिंगी नारियाँ भी इनमें शामिल हैं।

नारीवाद की एक और सरल परिभाषा है नारियाँ इन्सान हैं, यह बात ज़ोर देकर कहना। फेमिनिज़्म इज़ अ रेडिकल नोशन दैट विमेन आर ह्यूमन बीइंग्स (नारीवाद एक प्रगतिशील धारणा है कि नारियाँ मानव हैं)। यह सरल परिभाषा उन लोगों को कठिन लगती है जो नारी को इंसानियत का सम्मान देने को राज़ी नहीं है।

5. अत्याचार से पीड़ित इन्सानों में नारियाँ ही एकमात्र समुदाय है जो बहुत घनिष्ठ भाव से अपने अत्याचारियों के साथ रहता है। हर दौर में नारीवादी बहुत कुछ कहते आये हैं जिसका इतिहास में बहुत कम उल्लेख है। पूरब और पश्चिम, उत्तर और दक्षिण—सब अंचलों के पुरुष अपनी प्रवृत्ति से एक जैसे हैं। दुनिया के किसी भी हिस्से से नारीवादी जो कहते हैं वह समस्त स्त्रीजाति की अभिज्ञता की आवाज़ होती है।

पुरुष उनकी दुर्बलता के लिए क्षमा चाहते हैं और नारियाँ चाहती है अपने लिए सबलता। पश्चिमी दुनिया की नारियों ने यह स्पष्ट माँग की है। पूरब की नारियों को क्या यह मालूम नहीं है?

सामान्य धारणा है कि पुरुष के लिए सबल होना स्वाभाविक है। नारी के लिए इसका उल्टा ही समझा जाता है। नारी को दुर्बल होना ही शोभा देता है। नारी अगर सबल हुई तो यह उसका गुण नहीं बल्कि दोष समझा जायेगा। यही है वह समाज जिसमें हम रहते हैं। नारी को कहते हैं पीसफुल और पैसिव। ये क्या नारी के जन्मजात लक्षण हैं? नहीं जन्मजात हरगिज़ नहीं। नारी तो सम्पूर्ण मनुष्य है, केवल यही नारी का जन्मजात गुण है, इसके अलावा कुछ भी नहीं। मानसिक रूप से मैं

खूब सबल, आर्थिक रूप से आत्मनिर्भर और नैतिकता के धरातल पर स्वाधीन मनुष्य हूँ। यह स्थिति पुरुषों को किसी भी कीमत पर स्वीकार नहीं है। पुरुष चाहता है नारी को दुर्बल रूप में देखना। पुरुष नारी को हाथ की मुट्ठी में दबाकर, पैरों तले कुचलकर जो आनन्द पाता है वह आनन्द उसे अन्यत्र कहीं से भी नहीं मिलता।

व्यक्तिगत जीवन में मैं पुरुष के आधिपत्य को बर्दाश्त नहीं करना चाहती। इसीलिए अकेली रहती हूँ। नारी यदि स्वयं को कष्ट न देना चाहे तभी वह नारीवादी है। और नारीवादी होने पर स्वयं के लिए घर बहुत आवश्यक है। इसीलिए काफ़ी समय पहले सन् 1928 में वर्जिनिया वुल्फ ने एक बहुत महत्त्वपूर्ण पुस्तक लिखी थी 'ए रूम ऑफ वन्स ओन', (अपने लिए एक कमरा)। सभी स्त्रियों को अपने लिए एक कमरे या घर की ज़रूरत है। पश्चिमी दुनिया की नारियों ने अपने लिए घर की व्यवस्था कर ली है। समाज अब उन्हें हौआ जैसा डरावना या भयानक नहीं लगता। किन्तु समाज की क्रोधभरी लाल आँखें इस भारतवर्ष की स्त्रियों को इस तरफ़ देखती हैं कि वे भय से सिमट जाती हैं। इतना भय कि सताने वाले, शोषण करने वाले, असभ्य, निर्लज्ज, कठोर पुरुषों के ख़िलाफ़ मुँह भी नहीं खोल सकतीं। उन्हें न केवल अपनी चहारदीवारी से बाहर नहीं निकाल पाती बल्कि प्रेम से और खुशी से सिर पर चढ़ाकर रखती हैं, और ज़िन्दगीभर उनकी देखभाल करती हैं।

जिस दिन से मैं अकेली रहने लगी हूँ उस दिन से मैंने अपने जीवन का विराट मूल्य महसूस किया है। पुरुष के साथ रहने से इतना सब कुछ नहीं मिल पाता। तब तो पुरुष का जीवन ही प्रमुख हो उठता है। इस समाज में नारी का जीवन पुरुष के जीवन की तुलना में मूल्यहीन है, अर्थहीन। अत्याचारी के साथ रहने से नारी को अपने जीवन के मूल्य को प्राप्त करने का अवसर कभी नहीं मिलता। नारी को तो दिनभर पुरुष की सेवा में, पुरुष की शरीरिक भूख को सन्तुष्ट करने में—और पुरुष के मनोरंजन में व्यस्त रहना पड़ता है।

मैं क्यों अकेली रहती हूँ? इसके उत्तर में मैं कहूँगी, इसका कारण यह है कि मैं मैसोकिस्ट या आत्मपीड़क नहीं हूँ। मैं वह सब कष्ट नहीं भोगना चाहती जो समाज की सामान्य नारी को भोगना पड़ता है। मैं नहीं चाहती कि पुरुष के पैरों तले कुचली जाऊँ। बाहर वे कुचली जा रही हैं, और कुचले जाना चाहती हैं। मेरे घर में वैसा न हो। किसी भी सम्पर्क की छूत न लगे, पुरुष के साथ रहने जैसे तथाकथित रोमांटिक जीवन की छूत न लगे। उत्तर अमेरिका की एक महिला लिज़ विन्स्टेड ने कहा था कि, 'आई थिंक, देयरफोर आई एम सिंगल' (मैं चिन्तनशील हूँ इसीलिए मैं अकेली हूँ)। इसके बाद क्या और भी समझाकर बोलने की ज़रूरत है? स्त्रियों को अकेले रहने की ज़रूरत क्यों है? खोपड़ी में बोध और बुद्धि होने पर नारी क्या पुरुष के साथ रहती है? गंजा क्या बेल के पेड़ के नीचे जाता है?

चुम्बन

चुम्बन के समान आश्चर्यजनक चीज़ और कुछ भी नहीं होती। दिन-दोपहर में चुम्बन लूँ, सबको दिखाकर लूँ, सौ लोगों को दिखाकर लूँ—'अपना चुम्बन मैं करूँगी और जहाँ खुशी वहाँ करूँगी' इस तरह का एक आन्दोलन इस समय भारत में चल रहा है। विश्वविद्यालय के छात्र-छात्रागण नारा लगा रहे हैं 'चुम्बन, चुम्बन, चुम्बन चाहूँ, चुम्बन लेकर जीना चाहूँ', 'मेरा शरीर मेरा मन, दूर हटो राज शासन।' केरल में, सड़क पर चुम्बन किया था इस वजह से एक युवक-युवती को पुलिस पकड़ ले गयी, मिनी स्कर्ट पहने हुए थी इस वजह से कलकत्ता के स्टार थियेटर में एक लड़की को घुसने नहीं दिया। मूल रूप से आचार पुलिस के विरोध में ही लड़के-लड़कियाँ चुम्बन कर रहे हैं। प्रत्येक राज्य में प्रायः इस तरह की घटना हो रही है। सड़क पर—नदी के किनारे, लेक के किनारे और पार्क में युवक और युवतियों को घनिष्ठ होते देखकर पुलिस आकर झमेला करने लगती है, जैसे कि प्रेम करना कोई अपराध हो। लोगों के सामने एक-दूसरे का हाथ पकड़कर चलना, आलिंगन करना, चूमना—मानो कि ये सारी क्रियाएँ अश्लील हैं, जैसे कि यौन भावना ही अश्लील हो! वायलेंस, यानी हिंसा क्या अश्लील नहीं है? मुझे तो नहीं लगता कि कोई सीरियसली विश्वास करता है कि हिंसा अश्लील है!

सड़क पर, खुले में किसी व्यक्ति का अपमान करो, अनुचित भाषा में गाली दो। सेक्स के धरातल पर किसी को परेशान करो, मारो, ग़रीब पॉकेटमार को सब मिलकर पीट-पीटकर मार डालो, इनमें से कोई भी क्रिया, कोई भी दृश्य किसी को अश्लील नहीं लगता। सड़क पर लोग पान की पीक थूक देते हैं, खाँसकर कफ थूक देते हैं, मल-मूत्र से गन्दा कर देते हैं—इस पर कोई आपत्ति नहीं करता। कोई व्यक्ति भूख से या चिकित्सा के अभाव में सड़क पर मरकर पड़ा रहे—इस तरह का दृश्य किसी को आपत्तिजनक नहीं लगता। लेकिन जब तुम किसी से प्रेम करो और उसका हाथ स्पर्श कर लो, प्रेम से किसी के होंठ चूम लो तो ऐसा दृश्य आपत्तिजनक समझा जाता है। प्रेम करना अपराध है। प्रेम करना अपराध है इसीलिए शायद चारों तरफ़ आज घृणा का जय-जयकार है।

याद है क्या कि कैसे बीटल्स के जॉन लेलन ने वीयतनाम के युद्ध का विरोध

किया था। अपनी पत्नी योको ओनो को लेकर सम्पूर्ण रूप से नंगे होकर पूरी दुनिया को दिखाकर यह घोषणा की थी : मेक लव नो वार (प्रेम करो, युद्ध नहीं)। हिंसा और घृणा की राजनीति में जो लोग विश्वास करते हैं वे स्त्री-पुरुष के सेक्स सम्बन्ध की तुलना में युद्ध को खूब पसन्द करते हैं। यह सोचकर आश्चर्य होता है कि बंगाल के लेखक और साहित्यकार इस इक्कीसवीं शताब्दी में विश्वास करते हैं कि घर के बाहर चुम्बन लेना उचित नहीं है। शीर्षेन्दु मुखोपाध्याय ने कहा है, 'यह (चुम्बन लेना) कोई प्रतिरोध की भाषा नहीं हो सकती, यह कुरुचि के परिचय के अलावा कुछ भी नहीं है। केरल में चुम्बन के पक्ष में प्रदर्शन हुआ है इसलिए कलकत्ते में भी करना होगा—इसका कोई अर्थ नहीं है....।' पश्चिम बंगाल के विशेष मन्त्री, नाटक जगत् के व्रात्य वसु ने कहा है, 'उनके अभिभावकगण चुम्बन लेना चाहें तो छात्र-छात्रा क्या राज़ी होंगे?' आचार पुलिस तो सब जगह है, यहाँ तक कि बुद्धिजीवियों के जगत् में भी।

मैं तो अक्सर कहती हूँ कि पुरुष-स्त्री का यौन सम्बन्ध केवल बन्द कमरे की चारदीवारों के अन्दर ही क्यों करना होगा! प्रकृति के पास जाओ, पूर्णिमा की रातों में निर्जन वन में चले जाओ, नदी और समुद्र के शान्त रेतीले किनारे पर चले जाओ, प्रेम से चुम्बन करो, शरीर से शरीर को मिलाओ। हम तो प्रकृति की सन्तान हैं। सारी दुनिया देखे कि हम प्रेम करते हैं, आकाश देखे, जूही के फूल देखें। हमारे पश्चिम के दोस्त इन सब के अभ्यस्त है लेकिन पूर्वी जगत् के नहीं। उनके नज़दीक अब भी शरीर—खासतौर पर नारी का शरीर—अश्लील है,अब भी सेक्स अश्लील है। मैं जब पहली बार यूरोप गयी तो मैं यह देखकर अवाक् रह गयी कि पूरी तरह या लगभग नंगे नारी-पुरुष समुद्र के किनारे लेटे हुए धूप स्नान कर रहे हैं। शरीर सुन्दर है, शरीर अश्लील नहीं है, सम्भवतः तभी मुझे समझ में आया। जब देखती हूँ कि दो इन्सान गम्भीर चुम्बन में मग्न हैं तो समझ जाती हूँ कि चुम्बन के लिए चार दीवारों के घेरे की ज़रूरत नहीं है। चुम्बन तो खुले आकाश के नीचे भी बहुत सुन्दर और बहुत आनन्ददायक होता है। चुम्बन का स्वाद तो घर हो या बाहर, दरअसल एक जैसा ही है। जब चूमने की इच्छा हो, और लोग क्या कहेंगे यह सोचकर चुम्बन नहीं ले पाती तो इस भावनाओं के दमन से घोर कष्ट होता है। मेरे जीवन में ज़्यादा प्रेमी तो नहीं थे, फिर भी पेरिस के शहर में, बगीचों में, सड़क पर, गाड़ी में, सिनेमाहॉल में, कैफे में—जब मन आया तो मैंने अपने एक प्रेमी का चुम्बन लिया। केवल गाल पर सूखे चुम्बन की बात नहीं कह रही, मैं बता रही हूँ होंठों पर जीभ और मुँह में गम्भीर गहरे लम्बे चुम्बन की बात। चुम्बन के बिना मुझे जीवन बहुत सूखा-सूखा लगता।

बहुत अच्छा लगता है जब देखती हूँ कि एक इन्सान दूसरे इन्सान से प्रेम करता है। ईर्ष्या करने वाले दूसरे के प्रेम को बर्दाश्त नहीं कर पाते। ईर्ष्यालु लोग इन्सानों के बीच घृणा का व्यवहार देखकर बड़ी तसल्ली महसूस करते हैं। जो खुले में चुम्बन लेने के विरोधी हैं एवं जो उसके पक्षपाती हैं, मैंने गौर किया है कि दोनों

ही पुरुषतन्त्र को दोषी ठहराते हैं। खुले में चूमने का अर्थ उनकी नज़र में है स्त्री को एक खरीद की वस्तु बना देना। इसलिए यह पुरुषप्रधान समाज की कारसाजी है। दूसरी तरफ़ बाहर सबके सामने चुम्बन लेने के विरोध का उद्देश्य है नारी को घर में बन्दी बनाकर रखना, नारी की स्वाधीनता का विरोध करना—ये भी पुरुषतन्त्र की कारसाजी है। मैं पुरुषतन्त्र की आलोचना अभी नहीं करना चाहती। मैं पूरे तौर पर शरीर के पक्ष में बोल रही हूँ, प्रेम की पक्षधरता में खड़ी हूँ। नारी-पुरुष का प्रेम, नारी का नारी से प्रेम या पुरुष का पुरुष से प्रेम—सब प्रकार के प्रेम की अभिव्यक्ति का मैं अभिनन्दन करती हूँ। मैं रास्ताघाट पर किसी को मरा हुआ पड़ा नहीं देखना चाहती; कोई मार खा रहा है, कोई किसी को मार रहा है, अपमान कर रहा है, नीचा दिखा रहा है या बलात्कार कर रहा है—यह सब मैं नहीं देखना चाहती। मैं देखना चाहती हूँ कि इन्सान, इन्सान से प्रेम करे। एक-दूसरे को चूमे। यह देखकर भी खुशी होगी कि मनुष्य प्रेम के आवेश में अपने शरीर का संगम कर रहा है। प्रेम से शरीरों का संगम युद्ध की अपेक्षा, दुर्भिक्ष की अपेक्षा, मृत्यु की अपेक्षा, एक अत्यन्त सुन्दर और पवित्र दृश्य होता है।

उसके बाद क्या हुआ?

उस दिन, इस महीने की नौ तारीख को मुझे एक पुरस्कार मिला। स्वीडन की मानवतावादी संस्था से हेडेन्यूस पुरस्कार। यह पुरस्कार स्वीडन के दार्शनिक इंग्मार हेडेन्यूस के नाम पर दिया जाता है। हेडेन्यूस स्वीडन के प्रख्यात उपसाला विश्वविद्यालय के दर्शनशास्त्र के अध्यापक थे। ईसाई धर्म के विरुद्ध उन्होंने लड़ाई की। धर्म और विज्ञान के बीच कोई सही तर्क सम्भव नहीं है, इस विषय पर उन्होंने एक किताब भी लिखी है। हेडेन्यूस पुरस्कार उन्हें दिया जाता है जो धर्मान्धता और कुसंस्कारों के विरुद्ध खुलकर संघर्ष करते हैं। यूरोप और अमेरिका से मुझे कई मानवाधिकार पुरस्कार मिले हैं। लम्बे समय से मानववाद और मानवाधिकार के पक्ष में मैं लेखन करती आयी हूँ। उसकी स्वीकृति जो इस तरह पुरस्कार के रूप में मिलती है वह मेरे निर्वासन के कष्ट को काफ़ी कुछ दूर कर देती है। कभी-कभी सोचती हूँ कि ये जो इतने पुरस्कार जमा हो रहे हैं ये कहाँ रहेंगे मेरे मर जाने के बाद!मेरा तो कोई घर नहीं है, कोई देश नहीं है! सब खो जायेगा सम्भवतः; इस बीच भी बहुत कुछ खो चुकी हूँ। आज बीस वर्ष से यायावर जीवन जीने के लिए विवश हूँ। बचपन से ही मेरी इच्छा रही है कि मेरा एक घर हो जिसे मैं सजाकर, सँभालकर रखूँ। वह कहाँ हो पाया! अब पहले की तरह मैं कहीं भी स्थायी रूप में रहने का स्वप्न नहीं देखती। उम्र जितनी बढ़ती रहती है उतना ही कम होता जाता है अपने घर, साथी-सहायक और सम्पत्ति का स्वप्न। सब छोड़कर जल्दी चले जाना होगा यही विचार आता है। जीवन का सब कुछ, यहाँ तक कि स्वयं जीवन ही क्षणिक है यह बात भी बार-बार और शिद्दत से ध्यान में आती है।

हेडेन्यूस पुरस्कार केवल स्वीडनवासियों को ही मिलता है। मैं स्वीडिश नागरिक हूँ इसलिए मुझे इसे प्राप्त करने में कोई असुविधा नहीं हुई। एक काले बाल और बादामी रंगवाली स्त्री स्वीडिश है। इस पर मैं खुद भी विश्वास नहीं कर पाती। स्वीडिश बोलने से ही हमारे मन में छवि बनती है ऐसे व्यक्ति की जो सुनहरे बाल और लम्बे-चौड़े गोरे शरीर वाली कोई नारी या कोई पुरुष हो। मैं तो सिर से पैर तक बंगाली हूँ। किन्तु बांग्लादेश की नागरिक होने के बावजूद वहाँ की सरकार मेरे पासपोर्ट का नवीनीकरण नहीं करती। इसीलिए बाध्य होकर मुझे स्वीडिश पासपोर्ट

लेना पड़ा। पासपोर्ट आने के साथ नागरिकता भी मिलती है और नागरिकता मिलने पर ही हेडेन्यूस पुरस्कार आया। कभी-कभी सोचती हूँ कि बांग्ला भाषा में न लिखकर यदि मैं अंग्रेजी या फ्रेंच भाषा में लिख पाती तो मैं बहुत-से पाठकों के पास सीधी पहुँच पाती। वह क्या इस पचास से अधिक की उम्र में और सम्भव है! यह सब तो अब सपने से भी परे है।

स्वीडन के साथ मेरा एक लव एण्ड हेट (प्रेम और घृणा) का मिला-जुला सम्बन्ध है। इस देश से मैं प्रेम करती हूँ, और नहीं भी करती। बहुत कुछ जैसे बांग्लादेश, जैसे फ्रांस; उन्हें प्रेम करती हूँ और नहीं भी करती हूँ।

उसके बाद क्या हुआ। उस रात एक अन्य मानववादी और हेडेन्यूस पुरस्कार प्राप्त व्यक्ति से मुलाकात हुई जिनका नाम है बियोर्न उल्वास, स्वीडन के विख्यात गायक दल 'अब्बा' के चार सदस्यों में एक। 1972 से 1982 तक केवल दस साल तक ही अब्बा का नाम था। पूरी दुनिया में उसे व्यापक लोकप्रियता मिली थी। अब्बा दल के टूट जाने के बाद बियोर्न उल्वास और बेनी एंडरसन, उस दल के एक और अन्य सदस्य मिलकर गायन करते थे। अच्छा ही गाते थे लेकिन लोकप्रियता की दृष्टि से कुछ खास नहीं। आजकल अब्बा दुबारा नये रूप में जाग उठा है। म्यूरियल्स वेडिंग, एडवेंचर ऑफ प्रिसिला—द क्वीन ऑफ डेज़र्ट एवं मामा मिया—इन सब फ़िल्मों के बनने के बाद। इन सब में अब लोगों ने उन गीतों को नये सिरे से सुना। उस रात बियोर्न के साथ जापानी खाना खाया। हमारे साथ थीं अमेरिका की मानववादी लेखक रेबेका गोल्डस्टाइन; और भी दो-तीन जन थे स्वीडिश और ब्रिटिश मानववादी। डिनर करते-करते बियोर्न के साथ काफ़ी बातचीत हुई। अब्बा के बारे में तो कुछ भी नहीं कहा, जो भी बात हुई सब मानववाद से ही सम्बन्धित थी। वह स्वाधीन चिन्तन के पक्षधर हैं, धर्म में उनकी आस्था नहीं है। फ्रितांके नामक उनकी एक स्वाधीन विचारों के प्रकाशन की संस्था है। वहाँ से इस बीच स्वीडिश भाषा में स्वाधीन विचारकों की बहुत-सी पुस्तकें प्रकाशित हुई हैं। मैं नहीं कहती कि यह प्रकाशन लाभजनक है। नास्तिकता, मानववाद और विज्ञान जैसे विषयों का लेखन ज़्यादा लोग नहीं पढ़ते। एक देश में यदि 85 प्रतिशत लोग नास्तिक हों तो विज्ञान की पुस्तकों के पाठकों की संख्या कम होने पर भी बहुत कम नहीं होती। बियोर्न के साथ जब मैं बातचीत कर रही थी तो मैंने सोचा कि इन व्यापक लोकप्रियता वाले मनुष्य को यह बताने में कोई दुविधा नहीं हुई कि वे नास्तिक हैं। साधारणतया लोकप्रिय और ऊँचे दर्जे के नामी-गिरामी लोग समाज की संरचना को लेकर कुछ ज़्यादा करना नहीं चाहते। वे लोग धर्म और पितृप्रधान व्यवस्था के अनुरागी सेवक बनकर ही जीवनभर पहचाने जाना चाहते हैं। तर्क-वितर्क से वे बचकर ही चलना चाहते हैं। सभी क्या जॉन लेनन हो सकते हैं? या मोन्टी पाइथन? और सब क्या बियोर्न उल्वास हो सकते हैं?

मानवाधिकार और नारी के अधिकार के लिए दुनिया का सर्वोत्तम देश है स्वीडन। इस देश में चाहे नारी हो, नास्तिक हो, समकामी हो, लिंग परिवर्तित करने वाला हो, काला हो, बादामी हो—किसी के लिए भी देश के सर्वोच्च पद तक पहुँचने में कोई बाधा नहीं है। दूसरे अनेक देशों में जितनी छुआछूत है उतनी स्वीडन में नहीं है। ठीक है कि मैं स्वीडन में रहती नहीं, लेकिन तब भी स्वीडन को लेकर मैं गौरव महसूस करती हूँ। मेरा देश क्या कभी स्वीडन की तरह हो पायेगा? शायद, तब भी जानती हूँ कि मेरे और आपके जीवनकाल में नहीं होगा। हज़ार वर्ष के बाद भी मेरा देश सभ्य हो गया है—मैं यह स्वप्न अक्सर देखती हूँ।

देश अब देश नहीं रहा

बीस बरस से मैं बांग्लादेश में नहीं हूँ। इन बीस बरसों में देश बहुत बदल गया है। वी.टी.वी. नाम का एक ही चैनल था उन दिनों। सुनती हूँ कि अब बहुत-से चैनल हैं। उस समय कोई ग़ैरसरकारी विश्वविद्यालय या ग़ैरसरकारी मेडिकल कॉलेज नहीं था। सुना है कि अब कुकुरमुत्ते की तरह वे सब पैदा हो गये हैं। सड़क पर टैक्सी जैसा कुछ नहीं था। तीन चक्के की बेबी टैक्सी थी। अब तो हज़ारों टैक्सियाँ हैं। सड़कों पर भीड़ भी बहुत है। सभी कुछ बढ़ गया है। रुपया-पैसा, जनसंख्या, अज्ञान, मूर्खता, हिंसक प्रवृत्ति, संघर्ष, धन, दौलत, नौकरी-चाकरी, व्यवसाय, ग़रीबी, ग़रीब, बुरा शासन, दुर्व्यवहार, हड़ताल, धरना, नास्तिकता, धर्मान्धता, हिजाब, बलात्कार—सब बेतहाशा बढ़ गये हैं; और खूब बढ़ा है हत्याकांड।

बांग्लादेश में चुनाव हुआ। निर्वाचन जिस तरह से होता है वैसे ही हुआ। अथवा यूँ कहें कि निर्वाचन के नाम पर वह सब हुआ जो प्रहसन के अलावा कुछ नहीं है—दोनों तरह की ख़बर सुनती हूँ। प्रतिदिन एक दल के लोग दूसरे दल के लोगों की हत्या कर देते हैं। प्रभुता के लोभ ने राजनीतिज्ञों को पागल कर दिया है। ख़ालिदा ज़िया की पार्टी के साथ जमायती आतंकवादियों की साठ-गाँठ बहुत पुरानी है। जमायते इस्लामी के समर्थक बेरोक-टोक ख़ून-ख़राबा कर रहे हैं, देश को पूरी तरह एक तालिबानी अफगानिस्तान बनाने के लिए जो कुछ किया जा सकता है वह सब कर रहे हैं। यह सब जानने के बावजूद ख़ालिदा ज़िया को जमायतियों के साथ बैठने और सोने में कोई दुविधा नहीं है। शेख हसीना का दो नावों पर पैर रखने का अभ्यास भी नया नहीं है। वे उस गणजागरण मंच की समर्थक थीं जिन्होंने युद्ध के अपराधियों को दण्ड देने की माँग को लेकर शाहबाग आन्दोलन किया था। इधर वह हिफ़ाजते-इस्लाम नाम के एक कट्टरवादी संगठन की माँग पर शाहबाग आन्दोलन के नेताओं के विरुद्ध भी चली गयी थीं। शाहबाग के गणजागरण मंच को भंग कर दिया था और नास्तिकों को गिरफ़्तार कर जेल में भी डाल दिया था। बाद में इस हिफ़ाज़त संस्था ने हसीना को जब माना नहीं तो हिफ़ाज़त को भी एक हाथ में लिया था। उसके बाद शाहबाग आन्दोलनकारियों के समर्थन में लौटकर कादर मुल्ला को फाँसी पर चढ़ा दिया। यह सब देश के कल्याण के लिए नहीं था। इन

दोनों नेत्रियों ने शुरू से लेकर आखिर तक जो किया है वह अपने फायदे के लिए ही; इससे साधारण जनगण को कोई फ़ायदा नहीं हुआ। राजगद्दी के लिए पुरुष राजनैतिक नेताओं को जितना लोभ है उससे कम लोभ नहीं है हसीना और ख़ालिदा को। राजनैतिक प्रभुसत्ता हासिल करने के लिए देश को हत्याकांड की भूमि बनाने, देश की सम्पत्ति का सर्वनाश करने, जनता के घरों को जला डालने, और इन्सानों का गला काटने से उन्हें कोई आपत्ति नहीं है।

निर्वाचन के समय ख़ालिदा एक अस्थाई-कामचलाऊ सरकार चाहती थीं। हसीना को वह मंजूर नहीं था। प्रधानमन्त्री हसीना पद छोड़ेंगी नहीं और गद्दी न छोड़ने पर विरोधी दल की नेता खा़लिदा ज़िया चुनाव में भाग नहीं लेंगी। दोनों अपनी-अपनी ज़िद पर अड़ी हैं। और उनके अनुयायी–उनके पीछे चलने वाले बेरोक-टोक लोगों की हत्या कर डालते हैं। इन्सान का जीवन अब इतना मूल्यहीन हो गया है कि उसके मरने पर किसी का कुछ खास आता-जाता नहीं। निर्वाचन के समय प्रधानमन्त्री द्वारा पद त्याग और अस्थाई कामचलाऊ सरकार की माँग एक अर्थहीन माँग थी। उसी तरह जिस निर्वाचन में अधिकांश राजनैतिक दल भाग नहीं ले रहे हैं वह चुनाव कराना भी अर्थहीन है। अर्थहीन कार्यकलाप ही चल रहा है देश में। जब सरकार बनाने के लिए आपस में मारपीट चल रही हो तब लुटेरे लूट-खसोट करते हैं, धनी वर्ग के लोग आराम करते हैं, ग़रीब इन्सान मरते हैं, कट्टरपन्थी जनतन्त्र की ज़ंजीरें तोड़कर, धर्मतन्त्र के बीज बोते हैं–बांग्लादेश का यह दृश्य मैं एक जमाने से पहचानती हूँ। बांग्लादेश में जब मैं बड़ी हो रही थी तो बराबर उस दिन का इन्तजार कर रही थी कि कब मेरी आयु 18 साल की होगी और कब बड़ों की तरह मैं भी वोट देने जाऊँगी। एक दिन मैं भी 18 साल की हो गयी। शायद एक बार ही वोट दिया था मैंने। मैमन सिंह शहर के कमिश्नर के पद के उम्मीदवार आलोकमय नाहा को। उसके बाद कभी वोट दिया नहीं। देने की इच्छा भी नहीं हुई। राजनीति तो केवल सरकार पर कब्ज़ा करने की राजनीति है–जिस दिन से मैंने यह बात समझी, राजनीति–निर्वाचन–वोट, इन सबके प्रति मेरा उत्साह ही ख़त्म हो गया। स्वीडन का नागरिक होने के बाद, मैंने स्वीडन में वोट दिया है। एक वास्तविक गणतान्त्रिक राष्ट्र और एक नाम-के-वास्ते गणतान्त्रिक राष्ट्र के निर्वाचन के बीच आकाश-पाताल का अन्तर होता है। तमाम देशों को हम गणतन्त्र नाम से पुकारते हैं। लेकिन गणतन्त्र की बहुत-सी शर्तें ही जो देश पालन नहीं करते, उन देशों को गणतन्त्र का नाम देने का कोई अर्थ नहीं होता। नारी और पुरुष के समानाधिकार का क़ानून जिस देश में नहीं है उसमें और चाहे जो कुछ रहे, गणतन्त्र नहीं होता, ऐसा कहने में बहुत-से लोगों को दुविधा होती है, मुझे नहीं होती।

बांग्लादेश में बड़ी संख्या में ऐसे लोग हैं जो भय के कारण बांग्लादेश के चुनाव में वोट देने नहीं जाते। जमायते इस्लामी दल के आतंकवादियों ने बहुत-से कॉकटेल

बम छोड़े। इधर वोटरों को वोट देने से जिस किसी ने रोका उन पर पुलिस ने गोली चला दी। काफ़ी लोग मारे गये। एक तरफ़ है पुलिस का आतंक, टियर गैस, गोली, और दूसरी तरफ़ जमायते इस्लामी के आतंकवादियों के कॉकटेल बम, शरीर की रग काटकर मारना और ज़िबह करना। जमायते इस्लामी और बी.एन.पी आतंकवादियों ने हिन्दुओं के ऊपर हमला भी किया है। हज़ारों घर-मकान जला डाले हैं और उनके काम—व्यापार आदि को नष्ट कर डाला है। हज़ारों हिन्दू बेघर हो गये हैं और हज़ारों हिन्दुओं ने बांग्लादेश छोड़ने का फैसला किया है। कितना निर्मम है यह अत्याचार? अल्पसंख्यक मुसलमानों को भारतवर्ष में जो सुरक्षा मिलती है उसका हज़ारवाँ हिस्सा भी यदि बांग्लादेश के अल्पसंख्यक हिन्दुओं को मिल पाता तो किसी हिन्दू का आज घर न जलता, किसी हिन्दू को देश नहीं छोड़ना पड़ता। बांग्लादेश की कोई भी सरकार आज तक अल्पसंख्यकों को सुरक्षा नहीं दे पाई। सभी सरकारों के शासन के समय ग़ैरमुस्लिम जनता का ख़ून हुआ, उनका बलात्कार हुआ, और उनका सब कुछ नष्ट हुआ इसलिए कि उनका एकमात्र अपराध था ग़ैरमुस्लिम होना। यह जो इतना ढिंढोरा पीटा जा रहा है कि अवामी लीग हिन्दुओं को सुरक्षा देती है! खाक देती है सुरक्षा! अगर देती तो निर्वाचन के समय इतने हिन्दुओं का जीवन विपत्ति में नहीं पड़ता। अवामी लीग के भीतर भी कट्टरपन्थियों की कमी नहीं है, अवामी लीग के भीतर भी कम हिन्दू विरोध नहीं है। हिन्दुओं के प्रति अन्याय और अत्याचार बराबर बढ़ रहा है। इक्कीस साल पहले मैंने 'लज्जा' उपन्यास लिखा था। यह उपन्यास तथ्यों पर आधारित है। मैंने दिखाया था कि सरकार यदि हिन्दुओं को सुरक्षा नहीं देती तो पूरे देश में क्या तांडव होगा, मैंने कहा था कि सुरक्षा के अभाव में हिन्दू देश छोड़कर चले जायेंगे। इक्कीस वर्ष में भी समस्या का कोई समाधान हुआ नहीं, बल्कि आज भी उसने विकराल स्वरूप धारण कर लिया है। हिन्दू देश छोड़ रहे हैं पहले की अपेक्षा और भी अधिक संख्या में। ग़ैरमुस्लिमों के आक्रान्त होने का अर्थ है देश का इस्लामी कट्टरपन्थी राष्ट्र में परिणत होना। जब इरशाद ने सरकार का राष्ट्र धर्म इस्लाम घोषित किया था तभी क्या हम समझ नहीं पाये कि ग़ैरमुस्लिमों को द्वितीय श्रेणी का नागरिक बनाया जा रहा है, एवं इसी कारण से जो मुसलमान नहीं हैं वे न्यायोचित अधिकारों से वंचित हो जायेंगे। हसीना जिन्हें इतना सेकुलर बताया जा रहा है वह हसीना भी समाज को धर्मनिरपेक्ष नहीं कर पायीं, राष्ट्र को धर्म से अलग नहीं कर पायीं।

जान की बाजी लगाकर कुछ लोग वोट देने गये। इन्सान शान्ति चाहता है। इसी थोड़ी-सी शान्ति का भरोसा भी कोई सरकार नहीं दे पा रही है। ख़ालिदा और हसीना के सरकारों में कोई फर्क़ नहीं हैं। हसीना, ख़ालिदा के रास्ते पर चलती हैं, ख़ालिदा, हसीना के पीछे चलती हैं। प्रधानमन्त्री का पद छोड़ो, वैसा न होने पर मैं चुनाव करूँगी नहीं, यह धमकी हमें प्रत्येक चुनाव से पहले दोनों दलों की तरफ़ से

ही प्रायः सुनाई पड़ती है। हसीना और ख़ालिदा के एक-दूसरे के बाल खींचने का फायदा जमायते इस्लामी खूब ले रही है। देश को एक इस्लामी, मौलवादी देश बनाने का स्वप्न लगभग जमायते इस्लामी ने सफल कर दिया है। अब दोनों नेत्रियों का झगड़ा देख-देखकर उन पर आस्था छोड़कर यहाँ की जनता कट्टरपन्थी दल की तरफ़ झुकेगी कि नहीं किसे मालूम? वैसे भी समाज में बहुत गहरे में चली गयी हैं रूढ़िवाद की शाखाएँ और प्रशाखाएँ। देश विनाश के रास्ते पर चला जाये तो इन दोनों नेत्रियों को कुछ फ़िक्र होगी ऐसा नहीं लगता! लेकिन हम जो स्वस्थ, सुन्दर और सभ्य दुनिया का सपना देखते हैं, बहुत हताश होंगे। लेकिन हमारे हताश होने से किसी का क्या नफ़ा-नुक़सान है!

शादी की उम्र

मनुष्य जितना सभ्य होता है स्त्रियों के विरुद्ध बर्बरता उतनी ही कम कर देता है। जिस देश में लड़कियाँ बाल विवाह की शिकार हैं उस देश में उनके विवाह की उम्र बढ़ाना, उस देश के सभ्य होने का लक्षण है। बांग्लादेश में भी वही किया गया था किन्तु अब दुबारा उस उम्र को कम किया जा रहा है। 18 साल से नीचे लाकर 16 पर नियत किया जा रहा है। ऐसी व्यवस्था की जा रही है कि पुरुष किसी क़ानून के झमेले में पड़े बिना कच्ची, कुँवारी लड़की का भोग कर पायें या उसके साथ बलात्कार कर सकें। सभ्य क़ानून में 18 वर्ष से कम उम्र की लड़कियों के साथ बिना अनुमति तो बलात्कार है ही लेकिन अनुमति लेकर भी यौन प्रसंग करना बलात्कार ही माना जाता है। बांग्लादेश का जन्म जब हुआ था तब वह सभ्य था। लेकिन दिनों दिन वह असभ्य होता जा रहा है, बर्बर होता जा रहा है।

दुनिया में सबसे अधिक बाल विवाह जिन देशों में होते हैं, जो देश पिछड़े हुए और बर्बर हैं, बांग्लादेश उन्हीं में से एक है। बांग्लादेश में औसतन तीन विवाहों में से एक विवाह बाल विवाह होता है। 68 प्रतिशत लड़कियाँ बाल विवाह का शिकार होती हैं। केवल तीन देशों में बांग्लादेश की तुलना में अधिक बाल विवाह होते हैं। वे हैं अफ्रीका के नाइज़र (75%), चाद (72%) और माली (71%)। संयुक्त राष्ट्र के अनुसार 18 साल से कम उम्र के लड़के और लड़कियाँ वयस्क नहीं बल्कि बालक माने जाते हैं। दुनिया में सभ्य क़ानून के अनुसार बांग्लादेश का क़ानून भी सम्भवतः 18 वर्ष से कम उम्र के लड़के-लड़कियों को वयस्क नहीं मानता। यदि ऐसा है तो बांग्लादेश क्यों सभ्यता की दिशा में अपमान की उँगली उठाकर बच्चों के विवाह को वैध करने के लिए व्याकुल है। किसकी विकृत यौन लिप्सा को मिटाने के लिए किया जा रहा है यह सब?

कौन नहीं जानता कि वयस्क होने से पहले लड़कियों की शादी होने पर उनका कोई सामाजिक या आर्थिक उपकार तो होता नहीं, बस नुक़सान ही होता है। कम उम्र की स्त्रियों का शारीरिक शोषण करना पुरुषों को सुविधाजनक लगता है। उनका स्कूल जाना बन्द कर देना आसान है। सेक्स के रोगों से उनको संक्रमित कर देना भी मुश्किल नहीं है। उनका शरीर और मन गर्भवती होने के योग्य नहीं होता, लेकिन

उससे पहले ही उन्हें गर्भवती होना पड़ता है। छोटी उम्र में गर्भवती होने एवं सन्तान के प्रसव के कारण हर साल हज़ारों लड़कियाँ मर जाती हैं। सच तो यह है कि किसी भी लड़की के बाल विवाह होने का अर्थ है उसे मृत्युदण्ड देना। मुझे विश्वास नहीं होता कि बांग्लादेश की सरकार ये सब तथ्य नहीं जानती। प्रसव के कारण होने वाली समस्याओं और परेशानियों के कारण बीस साल या उससे अधिक की उम्र की लड़कियों से ज़्यादा मृत्यु होती है दस और बीस की उम्र के बीच की लड़कियों की। सरकार क्या यह नहीं जानती? इसी तरह बीस के ऊपर की स्त्रियों की सन्तान से ज़्यादा मृत्यु होती है उनकी सन्तान की जिनकी उम्र दस और बीस के बीच की होती है। क्या यह भी सरकार को नहीं मालूम? समाज को हज़ार साल पीछे धकेल देने के लिए क्या सरकार को किसी प्रकार का अनुदान मिला है कहीं से?

बांग्लादेश में लड़कों की उम्र भी कम की जा रही है, 21 से 18 साल। मुझे बताइये कि लड़कों और लड़कियों की विवाह की उम्र अलग-अलग क्यों है। सभ्य देशों में तो दोनों की विवाह की उम्र एक ही है। 18 साल की उम्र में तो बहुत कम लड़के शादी करेंगे। आत्मनिर्भर होने में जितना समय लगेगा वे लेंगे। लड़कियों के लिए यह नियम होगा नहीं; यह समाज होने ही नहीं देगा। कम अवस्था में विवाह की वय कम कर देने का दुष्परिणाम लड़कियाँ ही भोगेंगी, निश्चय ही सबको यह मालूम है। सोलह साल की आयु में लड़कियों को गर्दन पकड़कर विवाह के पीढ़े पर बिठाया जायेगा। ग़रीब माता-पिता के ऊपर दबाव पड़ेगा। बच्चों के साथ बलात्कार करने वाले लोगों के चंगुल से लड़कियों की रिहाई नहीं है। बच्चों की हत्या करने वाले हाथों से भी उनकी मुक्ति नहीं है। इस क़ानून के माध्यम से सरकार वास्तव में बलात्कार को क़ानूनी बनाने की व्यवस्था कर रही है।

धनी और शिक्षित परिवार की युवतियाँ सोलहसाल की उम्र में विवाह नहीं करेंगी। वे कॉलेज और विश्वविद्यालय में पढ़ेंगी, आत्मनिर्भर बनेंगी और समाज का मस्तक ऊँचाकर चलेंगी। कम से कम यह सुयोग तो उन्हें मिलेगा। किन्तु ग़रीबों के हाथ से बांग्लादेश की सरकार यह सुविधा छीन रही है। ग़रीब लड़कियाँ वैसे भी विभिन्न प्रकार के उत्पीड़न की शिकार होती हैं, वे इन्सान को मिलने वाले लगभग सभी अधिकारों से वंचित हैं। उनके उत्पीड़न को अब क़ानूनी वैधता देने की व्यवस्था हो रही है। जिस उम्र में एक लड़की बहुत असहाय होती है उसी उम्र में उसके विवाह को क़ानूनी बनाया जा रहा है। पुरुषशासित समाज में स्त्री का अर्थ ही है घर की दासी, स्त्री का अर्थ ही है खाना पकाओ, कपड़े धोओ, घर साफ करो, स्वामी की सेवा करो, ससुर और सास, देवर और जेठ की फरमाइश पूरी करने के लिए खटती रहो, सन्तान को जन्म दो; उसका लालन-पालन करो। इसमें जरा भी चूक होने से ही शारीरिक यन्त्रणा अथवा तलाक। स्त्रियों के लिए विवाह का अर्थ ही है अपने जीवन के सर्वनाश को न्योता देना। उनकी नियति है केवल दो वक़्त के भात और

कपड़े के लिए अपने जीवन की बिक्री कर देना। इस परिस्थिति से किसी भी स्त्री की मुक्ति नहीं है। यह तो बहुत कुछ आजीवन कारावास की तरह है। निश्चय ही हम यह तो नहीं कह सकते कि इस नारकीय जीवन के लिए उनका कोई अपराध नहीं। एक अपराध है उनका, एकमात्र अपराध, और वह है स्त्री का जन्म लेना। वेश्याओं के अड्डे से जिस तरह असहाय स्त्रियाँ निकल नहीं पातीं; उसी तरह वे नारी-पुरुष की ग़ैर बराबरी के संसार से भी नहीं निकल पातीं। इसी कारण एक स्त्री के लिए शिक्षित और आत्मनिर्भर होना बहुत ज़रूरी है। शिक्षित और आत्मनिर्भर नारियों की अशिक्षित और दूसरों पर निर्भर स्त्रियों की तुलना में सामाजिक, आर्थिक, मानसिक और शारीरिक दृष्टि से काफ़ी अच्छी अवस्था हैं। यह यथार्थ बांग्लादेश की सरकार क्या अस्वीकार कर सकेगी? किसी लड़की की वयस्क होने से पहले शादी होने का अर्थ होता है उसके स्वास्थ्य, उसकी शिक्षा, और उसकी सम्भावनायें—सभी को नष्ट कर देना। बांग्लादेश की सरकार जान-बूझकर किसके स्वार्थ के लिए इस क़ानून को बनाना चाहती है?

बांग्लादेश में लड़कियों के विवाह के लिए न्यूनतम आयु थी अठारह वर्ष। उसके बावजूद भी असभ्य लोग इस क़ानून को न मानकर अपनी 15-16 साल की लड़कियों की शादी कर देते थे। इस समस्या का समाधान तो विवाह की आयु अठारह से सोलह बरस कर देने से तो नहीं होगा। इसका समाधान तो उन असभ्य लोगों को सभ्य बनाने से ही होगा। इसका समाधान होगा लड़कियों की शिक्षा और स्वास्थ्य के प्रति समाज को सचेतन करना। जब समाज को सचेतन करने का काम बहुत कठिन लगता है तभी दुष्ट सरकार, दुष्ट लोगों को सन्तुष्ट करने के लिए यह ग़लत काम करती है।

कोई समाज कितना सभ्य है यह निर्भर करता है इस बात पर कि उस समाज में स्त्रियों की अवस्था कैसी है। निःसन्देह उस दृष्टिकोण से बांग्लादेश एक असभ्य देश है। वह असभ्य देश है क्योंकि बांग्लादेश में नारी के विरुद्ध बहुत-से क़ानून बने हैं। बांग्लादेश का समाज नारी से नफ़रत करने वाला समाज है। यह समाज स्त्रियों को पुरुषों के यौन उपभोग की वस्तु, उसकी दासी, और सन्तान पैदा करने की मशीन के अलावा और कुछ नहीं समझता। इस नारीविरोधी मानसिकता को जब परिवर्तित करने की आवश्यकता है, जब नारी और पुरुष के बीच की विषमता को दूर करने का प्रयत्न करना उचित है उसी समय सरकार लकड़बग्घे के मुँह में हिरन घुसा देने की तरह बच्चों के साथ बलात्कार करने वाले लोगों की विकृत यौनलालसा को मिटाने के लिए बच्चों के विवाह को क़ानूनी बना रहा है। मासिक धर्म शुरू हो जाने से या शरीर के बढ़ने और स्वस्थ होने से ही लड़कियाँ मानसिक और शारीरिक नज़रिये से विवाह के लिए तैयार नहीं हो जातीं। आजकल भोजन में हार्मोन की मात्रा बढ़ जाने से छोटी बालिकाएँ और किशोरियाँ समय से पहले जवान होने की

दहलीज पर पहुँच जाती हैं। इसका अर्थ यह तो नहीं है कि वे बालिका या किशोरी नहीं है। उसी तरह जैसे कि लड़के दाढ़ी, मूँछ निकल आने से ही विवाह करने योग्य नहीं हो जाते। विवाह केवल पुरुष और स्त्री का यौन सम्बन्ध ही नहीं है, विवाह उससे कहीं अधिक एक सर्वांगीण प्रक्रिया है।

प्रत्येक बच्चे का अधिकार है कि बचपन को बचपन की तरह जीना। लड़कियों के बचपन और उनकी किशोरावस्था को छीनकर जबर्दस्ती उन्हें जवान किया जा रहा है। इसी तरह ज़्यादा समय नहीं लगता जब स्त्रियाँ बुढ़ापे को स्वीकार करने के लिए बाध्य होती हैं। किसी सरकार को स्त्रियों के जीवन को इस तरह से नष्ट करने का कोई अधिकार नहीं है।

मैं अपनी माँ के बारे जानती हूँ। मेरी माँ स्कूल में अत्यन्त प्रतिभाशाली छात्रा थीं। माँ की उम्र जब दस साल थी तभी जबर्दस्ती उनका विवाह कर दिया गया। माँ बहुत चाहती थीं कि वह लिखें-पढ़ें। विवाह के बाद स्कूल भी गयीं किन्तु बच्चा होने के बाद वह सम्भव नहीं हो सका। बच्चा कुछ बड़ा होने के बाद उन्होंने दुबारा स्कूल जाना शुरू किया; तब उनके घर के लोगों ने उन्हें ऐसा करने से रोका। माँ की आयु कम थी, वे दूसरे पर निर्भर थीं। माँ के लिए सम्भव नहीं था अपने निर्णय का मूल्य चुकाना। लिखने-पढ़ने और आत्मनिर्भर होने के अवसर से वंचित होने के कारण माँ को मैंने सारा जीवन दुख उठाते देखा।

माँ के बाल विवाह से उनके जीवन की समस्त आशाओं और आकांक्षाओं की मृत्यु हो गयी। उसने माँ की सभी सम्भावनाओं का सर्वनाश कर डाला। माँ को दूसरों पर निर्भर होने की यन्त्रणा जीवनभर सहनी पड़ी। संसार में—परिवार में कोई सुख नहीं था माँ को। किन्तु सुखी होने का कोई उपाय भी तो नहीं था उनके पास। जीवनभर वे अपने ऊपर तरह-तरह की अवहेलना, अत्याचार, दुर्व्यवहार और अपमान को बर्दाश्त करने के लिए बाध्य हुईं। सम्मानपूर्वक जीने का उनका अधिकार तो उसी दिन छीन लिया गया था जिस दिन दस साल की उम्र में उनका विवाह हुआ था।

मैं नहीं चाहती कि मेरी माँ की तरह और किसी स्त्री को ऐसा जीवनव्यापी दुख भोगना पड़े। बाल विवाह लड़कियों के लिए चरम अभिशाप है। मैं चाहती हूँ कि स्वयं नारी हैं इसलिए शेख हसीना बांग्लादेश की असहाय, निरीह नारियों का इतना बड़ा सर्वनाश न करें। उन्हें जिस तरह कॉलेज और विश्वविद्यालय में पढ़ने का सुयोग मिला है, देश की नारियाँ भी वैसा ही सुयोग पायें। मैं चाहती हूँ कि वे स्त्रियों को इस सुयोग से वंचित न करें।

क्यों असमर्थ हूँ

मेरे लिए आदि से अन्त तक अर्थहीन है यह जीवन।
कैसे जिऊँ यही तय करते-करते ही ख़त्म हो जायेगा किसी दिन।
मानव जीवन के ब्रह्मांड के इतिहास में एक ग्रह,
एक पल की चमक के अलावा और कुछ नहीं।
उस पार हैं स्वर्ग-नरक के विश्वास में खोये,
धर्म-कर्म में मन लगाने वाले—क्या होगा न जाने—
हर क्षण इसी संशय से कम्पमान।
उनकी बात छोड़ ही दूँ, सच कह डालूँ।
म्यान खोलकर आज बाहर न कर लूँ शौक की तलवार!
इन्सान अपने ही बम से मिट जायेगा आज नहीं तो कल।
एक ख़तरनाक बेचैनी में है सारा जगत्।
कितने दिन बाद फुकुशीमा की गैस बहने से मरकर दिखा देगा खेल।
और पूर्ण होगा मेला।
जानते हुए भी कूद पड़ता है, फाड़ता है, काटता है
किसी तुच्छ वस्तु पाने का लोभ।
एक भीषण ईर्ष्या का क्षोभ।
कहाँ जायेगा इन्सान का दुर्भोग।
अरण्य तू कैसे इतने बरस से दाँत गड़ाये है
डेढ़-दो कट्ठा ज़मीन में छोड़ो सब बेकार की बातें
चलो समुद्र पर चलें!
ताकत लगती है भविष्यत् की आशा छोड़कर करने में
किसी के महानन्द के मुहूर्त्त का भोग।
प्रेम में भी शक्ति लगती है, मन करता
सब कुछ समान भाग करना
कितने जन जान पाते हैं रंगीन इच्छाओं का यथार्थ?
भूल जा, एक मिनट का भी भरोसा नहीं

तेरी तो सीलन भरे सपनों में लिपटी
कुएँ के मेढक की दशा है
देखकर खूब दुख होता है
रोज़-ब-रोज़ बढ़ता है तब भी
दिन-रात तेरा कीचड़ में लोटना
....

यह कविता, याद आता है, लिखने के बाद बहुत अच्छी लगी थी। अच्छे लगने का मुख्य कारण था कविता में प्रेम और विरह के विषय से बाहर निकल आना। एक तरह का मुक्ति का आनन्द मिला था मुझे। प्रेम कविता का एक बड़ा विषय है, फिर भी एक तरह की ज़ंजीर भी है। यह कविता के लिखने के बाद आनन्द का एक अन्य कारण भी था, छन्द। मात्रिक छन्द मुझे बहुत आनन्दित करता है। अक्षर का छन्द यदि जीवनयापन है, स्वर का छन्द यदि खेलने का मैदान है तो मात्रा का छन्द प्रेम है। और छन्द से बाहर निकल आना? वह तो उत्ताल हवा की तरह है।

कुछ भी लिखने के एक-दो वर्ष बाद मेरे साथ अक्सर होता है, चाहे वह पद्य हो या गद्य कि वह अच्छा नहीं लगता। शायद विषय अच्छा हो, विषय लेकर हमेशा मुझे ज़्यादा आपत्ति नहीं रहती। केवल अभिव्यक्ति के बारे में लगता है कुछ कमी रह गयी। अभिव्यक्ति स्पष्ट नहीं है। मन को छूती नहीं, जैसे बाढ़ की लहरों में जल न हो, तुमुल तूफान न हो, इसीलिए मैं दूर करती जा रही हूँ पुराना, प्राचीन जो कुछ है उस सबको। नवीन की तरफ़ जाना चाहती हूँ प्रतिदिन। पिछले कई वर्षों से मैं सोच रही हूँ कि कविता और छोटे निबन्ध एवं गद्य, कुछ भी हो सकता है। मैं लिख पाती हूँ विभिन्न विषयों पर, अपनी अभिज्ञता, जीवन दर्शन और उपलब्ध इत्यादि के आधार पर। लेकिन विविध और असामान्य विषयों को लेकर मैं उपन्यास क्यों नहीं लिखती? इसका कारण शायद यह है कि असामान्य आश्चर्यजनक विषयों की मुझे जानकारी नहीं है। एक बार एक महाशय ने कहा था, गाँव के जीवन को लेकर लिखो। मैंने उत्तर दिया कि लिखूँगी कैसे? गाँव तो कभी गयी ही नहीं, वहाँ कभी रही नहीं। गाँव तो देखे हैं मैंने बुनियादी तौर पर ट्रेन से या मोटरगाड़ी से; और शहर से सटे हुए जो गाँव हैं वहाँ कुल मिलाकर चार-पाँच बार ही जाना हुआ है और वह भी कुछ क्षणों के लिए ही। बहुत नज़दीक से मैंने गाँव के निवासियों का जीवन-यापन नहीं देखा है। जहाँ तक ग़रीबों की मलिन बस्तियों के जीवन की बात है—वह भी मैंने नहीं देखा है। चोर, बदमाश, भिखारी, नशाखोर, मज़दूर, राजनीति का जगत्, बिज़नेस का क्षेत्र, वेश्याओं के घर—कुछ भी नहीं, पास से इनमें से किसी भी जगह को देखना नहीं हो पाया।

बचपन से ही जगत् को भली प्रकार जानना चाहती थी। बहुत चाहती थी देखना, किन्तु मुझे देखने नहीं दिया गया। मामा, काका, और दादा लोग किशोर

अवस्था से ही बराबर शहर में घूमते थे। कहाँ नहीं जाते थे वे, दोस्तों के घर, इस पार्क में, उस मैदान में, सर्कस, घुड़दौड़, बाज़ार, दुकानों वाले इलाके, सिनेमा, थियेटर, बाग-बगीचे, मलिन बस्तियाँ, तालाब, नदी, यह मेला और वह मेला—कितने भिन्न-भिन्न प्रकार के लोगों से भी मिलते, उनसे बातचीत करते, दोस्ती करते—उन्हें इस सबकी अबाध स्वाधीनता थी, लड़कों की स्वाधीनता। हम लड़कियों को वह आज़ादी नहीं थी। केवल स्कूल और घर, इससे बाहर कहीं भी जाने की मनाही थी। बाबा पर बहुत गुस्सा आता इसलिए कि वह घर से बाहर का जगत् हमें देखने ही नहीं देते थे। किन्तु अब वैसा गुस्सा नहीं आता। इसका कारण है कि वास्तव में लड़कियों के लिए बाहर का वातावरण बहुत ख़राब था। मैं भी यदि भाइयों की तरह घूमती फिरती तो मुझे दो दिन में ही चीरकर खा जाते लोग, अथवा मेरी भीषण बदनामी होता। तब बाबा मेरी टाँग तोड़कर हमेशा के लिए घर में ही बिठाकर रखते। घर पर पिता, मामा या भाइयों के मित्रों के आने पर मुझे घर के भीतर चले जाना पड़ता। लड़कियों को पुरुषों की बातचीत के समय उपस्थित रहना उचित नहीं था। घर के भीतर का जीवन अच्छी तरह जानती थी, इसलिए बाहर के अनपहचाने को जानने की बड़ी इच्छा थी। लड़कियों के स्कूल और कॉलेज में पढ़ी हूँ। लड़कियों के साथ ही मिली-जुली। लड़के मेरे लिए एक बड़े रहस्य की तरह थे। मेडिकल कॉलेज में हमारे साथ लड़के भी पढ़ते थे, मगर बचपन और किशोरावस्था में एक दूरी बन जाने से जो होता है वह दूरी बड़े होने पर भी बनी रहती है। समाज यदि लड़कों की तरह लड़कियों के स्वच्छन्दतापूर्वक घूमने फिरने को भी सहज मान लेता तो लड़कियाँ दुनिया को देखने के सुअवसर से इतने भयंकर तरीके से वंचित नहीं होतीं। और जगत् को व्यापक रूप से न देखने से गद्य या पद्य हो सकता है जगत् के बारे में लिखी जा सके, किन्तु उपन्यास नहीं लिखा जाता। उपन्यास में तो सब बातों का विविधता और बारीक़ी से वर्णन करना होता है—जीवन के सूक्ष्म से सूक्ष्म तथ्यों और अनुभवों का। इसलिए मैंने ग़ौर किया है कि मेरे उपन्यासों में विविधता नहीं है। मध्यवर्ग की स्त्री के घर का जीवन और उसके सुख-दुख ही मेरे उपन्यास के विषय बन पाते हैं। झूठ-मूठ काल्पनिक बनाकर युद्ध क्षेत्र, खेत-खलिहान, कल-कारखाना, जहाजघाट अथवा किसी अन्य विशाल पृष्ठभूमि को लेकर मैं उपन्यास लिख सकती थी। लेकिन मेरी मुश्किल यह है कि लेखन में मैं उस तरह की धोखाधड़ी नहीं कर सकती। अभिज्ञता का भंडार यदि समृद्ध हो तो केवल उपन्यास ही नहीं अन्य लेखन में भी विविधता आती है। मालूम है कि कुछ लोग कहेंगे कि यदि घर का जीवन जानती हूँ तो घर के जीवन को ही विस्तारपूर्वक अपने लेखन में क्यों नहीं अभिव्यक्त करती। वह चेष्टा मैं करती हूँ, लेकिन दुख तो बना रहता है—चार दीवारों के घेरे में जीवन का अधिकांश समय काट देने का दुख। एक नारी विद्वेषी समाज में जन्म होने पर जीवन का कितना कुछ है जिससे लड़कियाँ वंचित रहती हैं। घर

का जीवन तो मेरे भाइयों ने भी देखा था, किन्तु उन्होंने बाहर का जीवन भी देखा। इधर मैंने और मेरी बहन ने लड़की का जन्म लेने के कारण शैशव, किशोरावस्था और युवावस्था सबको मिलाकर केवल घर का ही जीवन देखा। हमारा तो अधिकार है सब कुछ देखने का जो इस पृथिवी पर है! कहिये नहीं है क्या?

जन्म के समय शरीर में केवल एक छोटा पुरुषों का अंग नहीं था इसलिए मैं कितने अधिकारों से वंचित हुई! मेरे भाइयों ने जिनका जन्म एक विशिष्ट अंग के साथ हुआ इसलिए सारी दुनिया देखी। लेकिन लिखने की क्षमता नहीं थी इसलिए कुछ भी लिख नहीं पाये। शायद उनकी अभिज्ञता किसी और क्षेत्र में प्रयुक्त हुई। लेखन की क्षमता के बावजूद अभिज्ञता के अभाव में अक्सर मैं दुखी होकर बैठी रहती हूँ। एक दिन खूब मन कर रहा था कि कंस्ट्रक्शन वर्कर्स और ट्रेड यूनियनिस्टों को लेकर एक बड़ा उपन्यास लिखूँ। किन्तु उनका जीवन पुरुष होकर विचरण के द्वारा जितना देखना सम्भव है स्त्री होकर उतना सम्भव नहीं है। बाहर की दुनिया में प्रायः सब जगह ही स्त्रियाँ उपेक्षित हैं, उन्हें कोई चाहता नहीं।

पुरुष के अंग विशेष के साथ मेरा जन्म नहीं हुआ इससे मुझे ख़ास दुख नहीं है। दरअसल मैं इससे चैन की साँस लेती हूँ। इसकी वजह यह है कि पुरुषशासित समाज में उस छोटे से अंग की उपस्थिति बहुत भयंकर है। अमूमन वह दिमाग़ ख़राब कर देता है। उसके कारण सही आचार-विचार का बोध प्रायः कुछ भी नहीं रहता। भावना और चिन्तन की शक्ति विलुप्त हो जाती है। आदमी खुद को ईश्वर के समान महान् समझने लगता है। मूर्खता और बुद्धिहीनता का मुकुट पहनकर बैठा रहता है केवल। पुरुष होकर यदि मेरा जन्म होता तो मैं और दर्जनों पुरुषों जैसी नहीं होती यह बात मैं निश्चयपूर्वक कैसे कह सकती हूँ! उनकी तरह न भी होती तब भी मेरी जाति तो पुरुषजाति होती, जिस जाति के अधिकांश विवेकहीन और कुपमण्डूक हैं। हो सकता है कि लोग कहें कि अधिकांश पुरुष हैं यही अच्छा है, वे समानाधिकार में विश्वास करते हैं, कुछ गिने-चुने लोग ही नहीं करते। वही यदि हो और अधिकांश पुरुष यदि समानाधिकार में विश्वास करते हैं तो समाज में आज भी समानाधिकार नज़र क्यों नहीं आता? कौन रोकता है? यदि अधिकांश पुरुष ही पुरुषतन्त्र के विरोधी हैं तो आज भी इतने मज़े से, इतना जड़ जमाकर, पूरे समाज में, विषमता का मूल बड़ा कारण—पुरुषों का शासन चल क्यों रहा है?

वाक्-स्वाधीनता का अर्थ क्या इतना कठिन है?

11 और 12 अक्टूबर को लन्दन में अन्तरराष्ट्रीय सेकुलरिज़्म कॉन्फ्रेंस (धर्मनिरपेक्षता सम्मेलन) सम्पन्न हुई। पिछले 20 वर्ष से पाश्चात्य जगत् के कई देशों में सेकुलरिज़्म के ऊपर कई प्रोग्रामों में मैं भाग ले रही हूँ। अधिकतर कार्यक्रमों में भाग लेने वालों में मैं ही एकमात्र एशियन हूँ। अन्य धर्मों के सम्बन्ध में बोलने वाले लोग बहुत हैं। लेकिन इस्लाम के सम्बन्ध में बोलने या मुस्लिम समाज की अभिज्ञता का वर्णन करने के लिए मैं एकमात्र प्रवक्ता हूँ। इन दिनों स्थिति कुछ बदल रही है। फिर भी कितनी बदलेगी आख़िरकार! दो महीने पहले जब मैंने ऑक्सफोर्ड की वर्ल्ड ह्यूमनिस्ट कॉन्फ्रेंस में भाग लिया था वहाँ मेरे अतिरिक्त कई लोग थे मुस्लिम समस्या पर बोलने के लिए। इस बार का कार्यक्रम कुछ भिन्न है। मुस्लिम ज्ञान, अध्ययन और अनुभव पर भाषण देने के लिए वक्ताओं की कमी महसूस नहीं हुई। एशिया से, ख़ासतौर पर मुस्लिम देशों से कई वक्ताओं ने भाग लिया। मुस्लिम नारी प्रतिनिधियों ने तमाम मुस्लिम देशों में शरिया क़ानून के अधीन जीवन बिताने के भयावह अनुभव का वर्णन किया। इस बार की सेकुलरिज़्म कॉन्फ्रेंस का आह्वान करने वाले दो व्यक्तियों का जन्म दो मुस्लिम देशों में हुआ था, एक का ईरान में, और दूसरे का अलजीरिया में। दोनों व्यक्ति ही साहसी योद्धा हैं। उनमें से एक 'सबके लिए एक क़ानून' आन्दोलन चला रहे हैं। दूसरे फ्रांस में रहते हैं और उनके संगठन का नाम है 'मुस्लिम क़ानून के अधीन मुस्लिम नारी।'

इस बार की कॉन्फ्रेंस में जिनका वक्तव्य सुनने का मेरा गम्भीर आग्रह था वे थे पाकिस्तान के भौतिकशास्त्री परवेज़ हुदभाई। परवेज़ हुदभाई के साथ मेरी पहली मुलाकात इसी कार्यक्रम में हुई। लम्बे समय से मैं उनकी अनुरागी पाठक हूँ। परिचय देते ही उन्होंने मुझे गले से लगा लिया। डिनर के समय मैं किसी दूसरी टेबल पर थी। उन्होंने बुलाकर मुझे पास बिठाया, उन्हीं के साथ बैठकर मैंने डिनर किया। समान विचार वाले लोगों का सान्निध्य अधिक मिल नहीं पाता। इसलिए कुछ समय मैंने उनसे बातचीत की। पाकिस्तान के सम्बन्ध में बातचीत हुई, और पाकिस्तान सम्बन्धी वार्तालाप का अर्थ है बहुत निराशा का विषय। जहाँ मैं बांग्लादेश को लेकर निराश हूँ, वहीं वे बांग्लादेश के बारे में आशावान हैं। दो साल पहले वह बांग्लादेश

गये थे और उसे देखकर बहुत मुग्ध हुए। कहने लगे हिजाब और नक़ाब छोड़कर स्त्रियाँ सड़कों पर आती-जाती हैं, इस तरह का दृश्य पाकिस्तान में तो नज़र नहीं आता। कट्टरवाद की पुण्यभूमि पाकिस्तान से बांग्लादेश आने पर तुलनात्मक रूप से वह देश सेकुलर लगेगा शायद यह स्वाभाविक है। और इधर हम लोग जिन्होंने बांग्लादेश को '60 और '70 के दशक में देखा है वे आज के बांग्लादेश में रूढ़िवाद के उत्कर्ष को लेकर आशंका के अतिरिक्त और कुछ नहीं कर पाते। परवेज़ हुदभाई ने इस कार्यक्रम में उत्कृष्ट और प्रभावशाली भाषण दिया। कई महत्त्वपूर्ण विषयों पर बोले। पाकिस्तान में किस तरह ग़ैरमुस्लिम लोगों की जनसंख्या कम हो रही है, ईसाई और हिन्दू वर्गों की संख्या तो कम हो ही रही है, लेकिन किस तरह सुन्नी मुसलमान अहमदिया और शिया मुसलमानों को मार रहे हैं। मुसलमानों के लिए इस्लामिक स्टेट के धर्मान्ध ख़ूनी जिस पाक, पवित्र इस्लामी राज्य या राष्ट्र बनाने का स्वप्न देख रहे हैं, वह राज्य या राष्ट्र मुसलमानों के लिए एक नरक हो जायेगा; इस विषय में उन्हें सन्देह नहीं है। इस विषय में हमे भी कोई सन्देह नहीं है।

किन्तु एक विषय में मेरे मन में सन्देह उत्पन्न हुआ, परवेज़ हुदभाई क्या बोलने की आज़ादी के बारे में भली प्रकार जानते हैं या नहीं। आश्चर्य नहीं हुआ जब उन्होंने अपने भाषण के अन्त में कहा, 'आप लोग मेहरबानी करके कार्टून न बनाइयेगा, आप यदि कार्टून बनायेंगे तो हमारी जीवन की सुरक्षा पूरी तरह नष्ट हो जायेगी। कट्टरपन्थी हमें मार डालेंगे, इसलिए कार्टून बनाना बन्द करिये।' सीधे-सादे शब्दों में, परवेज़ हुदभाई ने इस दुनिया के निवासियों से अनुरोध किया कि इस्लाम की बिल्कुल आलोचना न करें। इस्लाम की आलोचना करने पर धर्मान्ध लोग, वे चाहे जिस देश में रहते हों, उस देश के प्रगतिशील इन्सानों का ख़ून कर देते हैं। डेनमार्क में एक व्यक्ति ने कार्टून बनाया, उसके विरोध में सब देशों में ही चरमपन्थियों ने आतंक फैलाया। डेनमार्क की घटना डेनमार्क तक ही सीमित नहीं रही। पाकिस्तान के प्रगतिशील वर्ग में परवेज़ हुदभाई एक विलक्षण व्यक्ति हैं। इसलिए उन्हें भी भय है कि कहीं भी किसी भयंकर कार्टून के बनाये जाने से उनका भी ख़ून हो सकता है। इसलिए उन्होंने सबसे अनुरोध किया कि कार्टून वगैरह बनाना बन्द किया जाये। जिस समय वह मंच से भाषण समाप्त होने के बाद उतरे तो एक स्वाधीन चिन्तक ने उन्हें जोंक की तरह पकड़ लिया और कहने लगे बहुत से असभ्य बर्बर लोग क्या करेंगे उसका दोष कार्टूनिस्ट को क्यों लगेगा? तो क्या आप अभिव्यक्ति की स्वाधीनता पर विश्वास नहीं करते, मिस्टर प्रोफ़ेसर? प्रोफ़ेसर का मुँह पीला पड़ गया। उन्होंने भी चिल्लाकर कहा कि पाकिस्तान की हालत जानने पर कोई भी उनसे असहमत नहीं होगा। मेरी तरफ़ देखकर भी उन्होंने मेरा समर्थन पाने की कोशिश की। किन्तु उन पर श्रद्धा करने के बावजूद मैं उनसे सहमत नहीं हो पाई।

पाकिस्तान में बर्बर कट्टरपन्थी हत्याकांड चला रहे हैं, उस वजह से मैं अपनी

बात कहना बन्द क्यों करूँगी? मैं चित्र बनाना बन्द क्यों करूँगी? परवेज़ ने मुझसे कहा कि वे कट्टरपन्थियों से डरते हैं। उनसे कौन नहीं डरता? किसी की भी कभी भी वे गोली मारकर हत्या कर सकते हैं। बम फेंककर उड़ा सकते हैं सब कुछ, यहाँ तक कि खुद को भी। ये लोग अल्लाह के नाम पर किसी का भी गला काट सकते हैं। कोई वजह नहीं है कि उनसे न डरा जाये। उनके हाथों मारा जाना कोई नहीं चाहता। किन्तु मैंने परवेज़ से कहा उनके दमन का उपाय यह नहीं है कि मुँह बन्द करके रहो। कार्टून बनाने पर वे ताण्डव करते हैं, लेकिन न बनाने पर भी वैसा ही करते हैं। तुम भले ही मुँह बन्द करके रहो, वे अपना मुँह बन्द नहीं करेंगे। तुम हाथ बाँधे रहो लेकिन वे नहीं बाँधेंगे। मैंने परवेज़ से कहा कि बेहतर होगा कि सब लोग मिलकर उनके ख़िलाफ़ अपना प्रतिरोध ज़ाहिर करें। हज़ारों स्वाधीन विचारों वाले लोगों में से वे कितनों को निशाना बनायेंगे। एक वक़्त आयेगा जब उन्हें हथियार डालने पड़ेंगे। वे अपने हथियार छोड़ें या न छोड़ें, हमें हथियार नहीं डालना चाहिए। मूर्ख खूनियों के हाथों में समाज को छोड़ देने का अर्थ है, समाज को जान-बूझकर नष्ट होने देना।

मैं परवेज़ से कहती हूँ, एक व्यक्ति ने कार्टून बनाया था इस कारण कट्टरपन्थी आतंकवादियों ने सारी दुनिया में तहलका मचा दिया। इस समय तो कार्टून बनाने का एक कार्टून दिवस ही मनाया जा रहा है। उस दिवस पर लाखों लोग इंटरनेट पर कार्टून बना रहे हैं। विरोध करना हो तो इसी तरह से करना पड़ेगा। अब तो वे भी काफ़ी कुछ कार्टूनों के अभ्यस्त हो गये हैं। अभिव्यक्ति की स्वाधीनता के समर्थन का अर्थ है कि ठीक ऐसा ही करो। एक ज़माने में ईसाई धर्म की आलोचना करने पर मार डाला जाता था। आज की दुनिया में उस धर्म की आलोचना करना ठीक ऐसा ही है जैसा ईंट-काठ और पत्थर के बारे में बातचीत करना। आलोचना करते रहने से ही कालान्तर में लोग आलोचना को सहन करने लगते हैं। मेरी किताबों में इस्लाम के बारे में सामान्य प्रश्न उठाये गये थे। लेकिन उन्हीं पर '90 के दशक के प्रारम्भ में पूरे बांग्लादेश में कट्टरपन्थियों ने आतंक फैलाया था। वे तो हमेशा बहाना खोजते रहते हैं अपनी विनाशकारी ताकत का प्रदर्शन करने के लिए। उस समय सरकार ने उनसे तो एक शब्द नहीं कहा बल्कि उल्टे मुझे दण्ड दिया। मेरे ख़िलाफ़ मुक़दमा दायर किया था और मुझे देश से निर्वासित कर दिया। सरकार ने मुझे दण्ड देकर आतंकवादियों को सम्मानित किया और उनकी अपशक्ति का तेज़ सौ गुना बढ़ा दिया। उस समय यदि लोग विरोध करते, उस समय यदि मेरे साथ कई सौ लोग समर्थन में खड़े होते तो मुझे देश से बाहर निकल देने का और देश को रूढ़िवादियों के हाथ में समर्पित करने का साहस सरकार को नहीं होता। इसी तरह से तो देश गर्त में गिरता है। प्रगतिशील लोगों की स्वार्थपरता, उनका भय, उनकी समझौतावादी प्रवृत्ति और अन्याय का विरोध न करने के कारण ही देश रसातल में

जा रहा है। आज कट्टरपन्थियों की संख्या बहुत बढ़ गयी है। वे देश का विनाश पहले की अपेक्षा कहीं ज़्यादा कर रहे हैं। आज उनकी क्षमता पहले की तुलना में सौ गुनी बढ़ गयी है। यह नहीं होता यदि देश के प्रगतिशील लोग मेरी ही तरह मुँह खोलते और प्रतिवाद करते। यह नहीं होता अगर आरिफ़ की तरह देश में सभी लोगों ने कार्टून बनाये होते। अकेले आरिफ़ ने कार्टून बनाया था इसलिए उसे जेल काटनी पड़ी, मैं अकेली बोली थी इसलिए मेरे सिर की क़ीमत की घोषणा की गयी। मुझे बीस बरस से निर्वासित का जीवन बिताना पड़ रहा है। दूसरे लोग यदि मुँह बन्द किये न बैठे होते तो रूढ़िवादी निश्चय ही पीछे हटते। वे समझ जाते कि एक व्यक्ति के ख़िलाफ़ सफल हो जायें लेकिन अनेक व्यक्तियों से वे नहीं लड़ सकते। तमाम लोगों को जेल में नहीं डाला जा सकता। तमाम लोगों को मारा-काटा नहीं जा सकता, और सबको निर्वासित नहीं किया जा सकता।

जब सभी लोगों को मुँह खोलने की, बिना डरे आवाज़ उठाने की ज़रूरत है, तब परवेज़ हुदभाई सबसे कहते हैं कि मुँह बन्द रखो। अभिव्यक्ति की स्वाधीनता का अर्थ क्या है वे शायद अब भी नहीं जानते। इस बार की कॉन्फ्रेंस में जिनके साहसपूर्ण वाक्यों को सुनने के लिए मैं बैठी थी उन्हीं परवेज़ हुदभाई ने मुझे बहुत निराश किया।

वोट का खेल

जनतन्त्र बड़ी सभ्य चीज है। लेकिन असभ्य और गँवार लोग भी इस व्यवस्था में जिस तरह बेरोक-टोक घुस सकते हैं उसे देखकर कभी-कभी ऐसा लगता है कि जनतन्त्र ही समाज का अन्तिम रूप हो यह उचित नहीं। इससे भी बेहतर कुछ होना बहुत ज़रूरी है। बचपन में देखा है भीतर के गाँवों के कुछ लोग, नौका के चुनाव चिह्न पर वोट देते हैं। उनकी पक्की धारणा है कि नौका को वोट देने से उन्हें एक नाव मुफ्त में मिल जायेगी। धान की बाली पर वोट नहीं देने से टाँग तोड़ देंगे ऐसी धमकी भी देखी-सुनी है। मेरा वोट का ज्ञान कुछ ज़्यादा नहीं है। कुल मिलाकर दो बार वोट दिया है। देश में एक बार और स्वीडन में दूसरी बार। और वही मेरा आखिरी वोट था। स्वीडन में वोट देने के समय बाहर किसी भी तरह की चिल्लाहट और शोरगुल, जुलूस एवं मीटिंग की आवाज़ मैंने नहीं सुनी। किसको वोट देंगे या किसको नहीं देंगे, टेलीविज़न पर देखकर या रेडियो पर सुनकर लोग तय कर लेते हैं। वैसे भी यह देश तो निर्जन है। लेकिन उस पर भी वोट पड़ने के दिन की निर्जनता तो देखने काबिल होती है। उसी नितान्त निर्जनता पर पैर रखती हुई मैं वोट देने गयी थीं। सोशल डेमोक्रेटिक दल को वोट दिया था मैंने। यह पार्टी लम्बे समय तक शासन करती रही। प्रभुसत्ता में रहने के समय में उसने समाज का स्वरूप ही बदल दिया। धनी और निर्धन जनता के बीच का अन्तर तो काफ़ी कम कर ही दिया, धनियों की सम्पत्ति से टैक्स की बड़ी रकम काटकर ग़रीबों को भत्ता देने का नियम भी बनाया। सबके लिए मुफ़्त स्वास्थ्य और शिक्षा की व्यवस्था की, तथा नारी और पुरुष की असमानता को मिटा दिया। आज स्वीडन दुनिया का अद्वितीय श्रेष्ठ देश है। वह समता और समानाधिकार की राजधानी है। सोशल डेमोक्रेट पार्टी के अलावा किसी अन्य राजनैतिक संगठन द्वारा यह सब सम्पन्न करना सम्भव नहीं होता।

स्वीडन के बारे में अपनी जानकारी के साथ जब मैं भारतीय उपमहाद्वीप की तरफ़ नज़र डालती हूँ तो कोई एक राजनैतिक दल भी इससे तुलना करने की काबिल नज़र नहीं आता। सभी पार्टियाँ दनादन आश्वासन देती हैं। ग़रीबी से शुरू करके जितनी भी समस्याएँ हैं, सबको दूर कर देंगे। समाज को असामान्य रूप से संगठित और सम्पन्न कर देंगे। लेकिन मुश्किल यह है कि सरकार हाथ से निकल जाने पर

अधिकतर कोई भी दल अपने अन्त के अलावा और कुछ नहीं कर पाता। भारत में इस समय निर्वाचन की हवा बड़ी गरम है। केन्द्र में बीजेपी और कांग्रेस की लड़ाई चल रही है। आम आदमी पार्टी होकर भी नहीं के बराबर है। अरविन्द केजरीवाल ने आम आदमी नामक एक राजनैतिक दल बनाकर प्रचुर लोकप्रियता प्राप्त की थी। दिल्ली की विधानसभा के निर्वाचन में उन्हें बहुत-से वोट भी मिले थे, यहाँ तक कि कांग्रेस का समर्थन पाकर मुख्यमन्त्री भी बने थे किन्तु कुछ दिन बाद ही पलटा खा गये। बहुत-से लोग केजरीवाल को 'एके-49' नाम से बुलाते हैं क्योंकि दिल्ली के मुख्यमन्त्री पद से 49 दिन के बाद पता नहीं किसलिए इस्तीफा दे दिया था। राजनीति के मंच पर ग़लत शासन और भ्रष्टाचार दूर करने के लिए राजनीति के मंच पर आये थे। लेकिन घर नहीं लूँगा, गाड़ी नहीं लूँगा, बात नहीं सुनूँगा, क़ानून नहीं मानूँगा, यह सब तो उन्होंने कहा और किया भी; लेकिन एक महत्त्वपूर्ण पद पर रहकर कुछ उपयोगी काम नहीं किया बल्कि बार-बार धरने पर बैठ गये। और उसके बाद इस नये धन्धे में इस्तीफे जैसा बचकाना कांड भी कर बैठे। यह देखकर उनके दल के कई सदस्य दुखी हुए, परेशान हुए। पिछले एक महीने में दो बार जनता के सामने ज़ोरदार तमाचा भी खाया। मैंने गौर किया है कि केजरीवाल को तमाचा और थप्पड़ न लगने पर राष्ट्रीय प्रचार माध्यम यानी मीडिया आजकल उसकी और कुछ ख़बर देता नहीं। अब तो वह नरेन्द्र मोदी और राहुल गाँधी को लेकर व्यस्त हैं। दलगत राजनीति के साथ जुड़कर ही मीडिया की राजनीति चलती है।

चारों तरफ़ जो ख़बर मिलती है उससे लगता है कि मोदी की तरफ़ ही समर्थन का पलड़ा अधिक भारी है। यह सही है कि शहर का शिक्षित मध्यवर्ग ही मोदी का ज़्यादा समर्थन कर रहा है। कहा जा सकता है कि पूरे भारतवर्ष में तो केवल इसी वर्ग के लोग तो नहीं रहते। वह तो ठीक है; किन्तु सच कहा जाये तो दिल्ली विधानसभा के निर्वाचन से ही समझ में आ गया कि जनता को कांग्रेस के ऊपर भरोसा नहीं रहा। कांग्रेस के शासन के समय होने वाले बड़े-बड़े घोटाले और भ्रष्टाचार भी इसका मूल कारण हैं। इसी कारण बीजेपी तो है ही, नयी पैदा हुई आम आदमी पार्टी भी इतनी बड़ी पार्टी कांग्रेस को हराने में समर्थ हुई। लोकसभा के निर्वाचन में मोदी यदि जीत जायें तो यह बात निस्संकोच काफ़ी लोग बोलेंगे कि जनता ने मोदी को उनके प्रेम में जितने वोट दिये हैं उससे कहीं अधिक वोट उन्हें कांग्रेस से नफ़रत करने के कारण दिये हैं। कांग्रेस पर जनता को नाराज़गी है और मन में दुख भी है। ठीक उसी तरह जैसे पश्चिम बंगाल में तृणमूल कांग्रेस को वोट मिले थे। तृणमूल कांग्रेस से मोहब्बत करके बहुत कम लोगों ने वोट दिये थे। दरअसल वामफ्रंट के शासन और उसके क्रियाकलाप से नाराज़ और दुखी होकर ही तृणमूल कांग्रेस को ज़्यादा वोट दिये थे जनता ने।

इस बार के लोकसभा निर्वाचन में दोनों ही बड़े दलों ने घोषणा की है कि वे

नारी को सशक्त बनाना चाहते हैं। कांग्रेस दिन-रात वही मन्त्र जप रही है। बीजेपी ने अपने इश्तिहारों में लिखा है कि समान दीवानी संहिता यानी 'यूनिफार्म सिविल कोड' चाहिए। इसका अर्थ है के सब धर्मों और सब जातियों के लोगों के लिए समान अधिकार की भित्ति पर एक और समान क़ानून चाहती है बीजेपी। धार्मिक क़ानून का सबसे बड़ा शिकार तो नारी है। इसलिए क़ानून से धर्म को निकाल देने पर ही सबसे अधिक नारी की रक्षा हो सकेगी। भारत एक धर्मनिरपेक्ष जनतान्त्रिक राष्ट्र है। यहाँ एक जैसा दीवानी क़ानून होना अत्यन्त आवश्यक होने के बावजूद वह क़ानून है तो नहीं। इस क़ानून के न होने की वजह केवल एक है; मुसलमान यह क़ानून नहीं चाहते, वे अपने धर्म के मुताबिक क़ानून चाहते हैं। धार्मिक क़ानून में विषमता, ग़ैर बराबरी है, यह जानकर भी चाहते हैं। किन्तु जो बीजेपी नारी के लिए समान अधिकार चाहती है और ऐसा दावा कर रही है, उसी बीजेपी ने चुनाव में केवल 35 स्त्रियों को उम्मीदवार के तौर पर खड़ा किया है, जबकि उम्मीदवारों की संख्या 400 से भी अधिक है। तुम यदि समान अधिकार में विश्वास करते हो तो अपने घर से ही वह काम क्यों नहीं शुरू करते हो भाई! कहाँ तो 100 में 50 नारियाँ उम्मीदवार बनाने की बात कही थी। वही 100 का आठवाँ भाग या दसवाँ भाग ही देकर काम चला रही है भारत की यह ताबड़-तोड़ पार्टी। जो देश वास्तव में सभ्य हैं उनके राजनैतिक दलों में एक अलिखित तर्क रहता है; और वह यह है कि मोटेतौर पर चुनाव के उम्मीदवारों में आधी स्त्रियाँ होंगी। कुछ लोग कह रहे हैं, 'नारी के समान अधिकार में और जो कोई विश्वास करे, हिन्दुत्ववादी बीजेपी तो करती नहीं। उसके नेता समान दीवानी क़ानून की बात ऊपर-ऊपर से भले बोलते रहें किन्तु वे तो उसके विपरीत नारीविरोधी मनुस्मृति पर ही भीतर ही भीतर विश्वास करते हैं।' कांग्रेस की भूमिका को लेकर भी कई लोग सवाल उठाते हैं, 'यदि नारी को सशक्त बनाने में कांग्रेस इतना ही विश्वास करती है तो बताये कि उसने पिछले 10 सालों में उसे कितना सशक्त किया है। लोकसभा चुनवा के उम्मीदवारों में नारियों की संख्या इतनी कम क्यों है। 417 चुनाव प्रार्थियों में मात्र 53 नारी हैं बाकी सब पुरुष हैं।' इनमें सबसे अच्छी है आम आदमी पार्टी -छोटा-मोटा दल ही सही लेकिन उम्मीदवारों में पन्द्रह प्रतिशत स्त्रियाँ हैं। इसके अलावा उल्टे-सीधे लोगों की तुलना में सभ्य, शालीन और मानवाधिकार के बारे में जानकारी रखने वाले प्रार्थियों की संख्या अधिक है। कुछ अन्य दलों ने सिनेमा के नायक-नायिकाओं को चुनाव में खड़ा किया है। इन सबसे दस क़दम आगे हैं ममता बेनर्जी। सिनेमा के लोग तो हैं ही, नाटक के लोग, गायक, चित्रजगत् के लोग, और साहित्य के लोग, किसी को भी नहीं छोड़ा उन्होंने। लोकसभा निर्वाचन में जिन्हें राजनीति का 'रा' तक नहीं आता ऐसे विकट मूर्खों का चेहरा और सूरत दिखाकर जनता का वोट लेंगी। जनता को धोखा देने का यह चालाकी का कुचक्र है। लेकिन भविष्य के लिए तो ख़तरनाक

है। दिल्ली में ज्योति सिंह के नृशंस सामूहिक बलात्कार के बाद पूरे देश में विरोध प्रदर्शन की जो तीव्र आँधी उठी, उसकी ज़रा-सी भी आँच ममता बेनर्जी के शरीर पर नहीं लगी। उन्होंने पश्चिम बंगाल में बलात्कारियों के लिए, खासतौर पर यदि वे उनके दल के कार्यकर्त्ता हों तो बड़ी ज़बर्दस्त बात कही। 'अरे वह कुछ नहीं है कुछ शरारती लड़कों की शरारत भर है।' बलात्कार होने का दोष शुरू से वे उस लड़की को देती हैं जो बलात्कार का शिकार हुईं। और एक दिन तो उन्होंने ग़ैरक़ानूनी तरीके से बन्द ही कर दिया नारी के अधिकारों के समर्थन में लिखा गया, टीवी का मेगा सीरियल 'दुःसहवास'। इसके विरुद्ध कोलकाता के मीडिया में किसी ने चूं की आवाज़ तक नहीं की। दुनिया भाड़ में जाये। दीदी को खुश करके रहना ही सबका मुख्य काम है इस समय। मुस्लिम कट्टरपन्थियों को सन्तुष्ट करने के लिए ममता बेनर्जी ने सभी राजनीतिज्ञों को पीछे छोड़ दिया। हिन्दू या मुस्लिम कट्टरपन्थियों को सिर पर चढ़ाकर नाचने से शायद कुछ अधिक वोट मिल जायें। और एक दफा सरकार में आ जाने का बन्दोबस्त पक्का हो जाये। देश में चाहे सर्वनाश हो। देश का सर्वनाश तो वैसे भी बहुत दिन पहले से हो रहा है। साधू, संन्यासी, बाबा, माता, मुल्ला, और कट्टरपन्थियों से वोट की भीख माँगने का चलन कुछ नया नहीं है।

भारत के इस चुनाव में पूरी तरह एक निष्पक्ष दर्शक हूँ मैं। मैं चाहती हूँ कि जो भी सत्ता में आयें वे नारी को ऊपर उठाने और उसे सशक्त करने के लिए वास्तव में कुछ करें। कोई भी दल जीते तो दूसरी बार जीतने के लिए नाना प्रकार की चालबाज़ी के बदले समाज को बदलने की, देश को और सभ्य करने की और इन्सान को और भी प्रकाशवान करने की कोशिश करें। बलात्कार, बच्चों की हत्या, बाल विवाह, वेश्यावृत्ति, नारी पर अत्याचार, बहुओं की हत्या, वासनापूर्ति के लिए दास बनाना, और हज़ारों तरह की पुरुषतान्त्रिक ज़ंजीरों से नारी को आज़ाद करे। अन्याय, ग़रीबी इत्यादि को दूर करने की बात तो सब कहते हैं लेकिन उन्हें दूर करने की कोशिश यदि हो सके तो की जाये। परन्तु नारी के समान अधिकार की बात बहुत कम लोग ही करेंगे। वास्तविक परिवर्तन के लिए बहुत कम लोग ही कार्य करेंगे। जिस समाज में बहुत भीतर तक गुथा हुआ है पुरुष का शासन और जहाँ नारी के प्रति अवज्ञा और घृणा है, उस समाज में सक्रिय राजनीतिक लोगों में अधिकांश ही नारी को छोड़कर पुरुष ही सत्ता के स्वामी और वहन करने वाले हैं। वे सब समाज को बदलने के बजाय वह जैसा है वैसा ही बनाये रखेंगे, यह अनुमान मैं कर सकती हूँ। आज प्रगति का अर्थ अधिकांश लोग समझते हैं आर्थिक उन्नति। लेकिन किसी भी समाज की उन्नति देश की आधी आबादी को दबाकर रखने से नहीं होती। कभी भी नहीं हुई।

धर्म की राजनीति के कारण ही भारत के विभाजन की भयंकर दुर्घटना घटी थी। भारत के विभाजन के बाद आज 60 साल से भी अधिक गुजर गये। अब

भी जो राजनीति भारत में निर्लज्जता से विराजमान है वह है धर्म की राजनीति। राजनीतिकगण तो आज भी बुखारी से बरकती तक से दौड़ते-फिरते हैं। मुसलमानों के कितने वोट कौन पा सकेगा उसी की प्रतियोगिता देश में सर्वत्र चलती है। मुसलमान रूढ़िवादियों को खुश करने से मुसलमान जनता का वोट मिलता है। इस निहायत आसान समीकरण से ही चलता है भारतवर्ष का निर्वाचन। मुसलमानों को सभ्य और शिक्षित करना, उनमें नयी चेतना का संचार करना, उन्हें ज्ञान से आलोकित करना—जिस तरह मुसलमान रूढ़िवादी नहीं चाहते, उसी तरह मुसलमानों के वोट से लोभग्रस्त राजनीतिक नेता भी नहीं चाहते। मुसलमान मस्जिद और मदरसे चाहते हैं, कुरान का क़ानून चाहते हैं, स्त्रियों की योनि का ख़तना करना चाहते हैं, बाल विवाह चाहते हैं, बहुविवाह चाहते हैं, स्त्रियों की पराधीनता चाहते हैं—इस धर्मनिरपेक्ष गणतान्त्रिक देश में मुसलमानों की ये सब माँगें, ये अन्यायपूर्ण और ग़लत माँगें पूरी करने के लिए सारे राजनैतिक नेता और दल एक पैर पर खड़े हैं। सम्भवतः यही मुखौटों का शौक और छल एवं पाखण्ड इन्सान को इतना क्षुब्ध करता है कि वे इस्लाम के विरोध में हिन्दुत्ववाद को स्वीकार करते हैं। मोदी को ही एकमात्र सहायक समझते हैं। मैं तो नहीं सोचती कि चुनाव में जीतते ही नरेन्द्र मोदी हिन्दू-मुसलमानों के बीच दंगें करवा देंगे या राम मन्दिर बनाने में जुट जायेंगे। विरोधी दल में से एक दल के विरुद्ध अन्य दल को उकसाने के लिए लोग जो कहते या करते हैं सत्ता में आ जाने पर वे वैसा नहीं करते। पिछले कई दशकों के शासकों ने यह साबित किया है। इसलिए इस बार नरेन्द्र मोदी यदि सत्ता में आ ही जायें तो उसको लेकर घबराने की ज़रूरत नहीं है। मेरा तो विश्वास है कि देश को शान्तिपूर्ण रखने के लिए जो कुछ करना चाहिए, वे अवश्य ही करेंगे। 2002 की मानसिकता 2014 में आकर भी बदली नहीं, यह बात ज़्यादा ज़ोर देकर नहीं कही जा सकती। इस बीच बीजेपी में मुसलमान सदस्यों की संख्या बढ़ी है। मोदी ने खुद भी मुसलमानों के वोट हासिल करने के लिए काफ़ी प्रयत्न किया है। गुजरात के मुसलमान मोदी को वोट दे रहें हैं यह ख़बर भी सुनी है। इसके अलावा यह भी सुना है कि चुनाव में जीत जाने पर मुसलमानों की मार-काट करेंगे मोदी और मस्जिद गिराकर, मन्दिर बनाना शुरू करेंगे। यह सब जो लोग कह रहे हैं, मेरा ख़याल है कि वे सब बहुत आसान समीकरण बना रहे हैं। सत्ता में बने रहने के लिए राजनीति तो सभी करते हैं, मोदी भी करेंगे और यह बात सबको मालूम है कि दंगा और हंगामा करने से भारतवर्ष में सत्ता में ज़्यादा दिन टिकना मुमकिन नहीं है। पड़ोस के दोनों देशों में, बांग्लादेश और पाकिस्तान में अल्पसंख्यक हिन्दुओं के ऊपर मुसलमान कट्टरपन्थी निरन्तर अत्याचार का चक्र चला रहे हैं। बांग्लादेश और पाकिस्तान के हिन्दू भारत चले आते हैं। लेकिन मुसलमान भारत से पड़ोसी मुस्लिम देशों में भागकर नहीं जाते हैं। गुजरात और मुजफ्फरनगर के दंगों से पीड़ित और

नुक़सान उठाने वाला कोई भी मुसलमान भारत छोड़कर नहीं गया।

बहुत विशाल देश है भारत। लगभग 82 करोड़ लोग इस निर्वाचन में वोट दे रहे हैं। एक बार में नहीं बल्कि नौ बार पूरे देश में चुनाव सम्पन्न करना पड़ रहा है। फिर भी गड़बड़ी होने की कोई सम्भावना नहीं है। भारत का जनतन्त्र, पड़ोसी देशों के जनतन्त्र की तुलना में बहुत मज़बूत है। इसके बावजूद विहंगम दृष्टि से देश छोटा ही लगता है और गणतन्त्र लगता है नवीन। रेंगते-रेंगते, घिसटते हुए भारतवर्ष का जनतन्त्र एक दिन अपने घुटनों के बल खड़ा हो जायेगा और एक दिन सख़्त और पुख्ता हो जायेगा। धर्म और पुरुषतन्त्र का दबाव यदि दूर होगा राजनीति से तो वैसा तभी होगा। उस दिन मैं नहीं रहूँगी किन्तु हमारी सन्तान की सन्तान होगी। उन्हें यह कष्ट नहीं भोगना होगा, दंगा, यन्त्रणा और उत्पीड़न से होकर नहीं गुजरना होगा जो हमे आज बर्दाश्त करना पड़ रहा है।

यौनांग

राजशाही विश्वविद्यालय के एक अध्यापक को हमारे सोने के बांग्लादेश के सोने जैसे लड़कों ने कुल्हाड़ी से काटकर मार डाला। अध्यापक का दोष था कि उन्होंने अपने क्लास की लड़कियों से कहा था कि वे विश्वविद्यालय में बुर्का पहनकर न आयें क्योंकि बुर्का पहनने से मुँह दिखाई नहीं देता। इसलिए यह पहचाना नहीं जाता कि बुर्का पहनने वाला व्यक्ति असल में कौन है, वह एक छात्रा है या छात्रा के छद्‌मवेश में कोई और! कोई डकैत, कोई ख़ूनी! मेरे सोने के बांग्लादेश के सोने जैसे मुसलमान स्त्रियों को सिर के केशों से पैर के नाखून तक काले कपड़े से ढाँककर रखना चाहते हैं। उनके विचार से स्त्रियों का शरीर इस्लाम की बड़ी सम्पत्ति है, मानो स्त्रियों के यौनांग से ही पूरा इस्लाम लटक रहा है, हिलने-डुलने से जैसे इस्लाम टूटकर गिर पड़ेगा। अल्लाह और अल्लाह के प्यारे नबी ने इसी वजह से स्त्रियों से कहा है कि वे अपने यौनांग की हिफ़ाज़त करें। अर्थात् इस्लाम की हिफ़ाज़त करें। हम तो यह भी जानते हैं कि इस्लामी बहिश्त (स्वर्ग) होगा इस्लाम से भरपूर, यानी बहुत-सी हूर वेश्याओं के यौनांग से भरपूर।

जो अध्यापक स्त्रियों के यौनांग/इस्लाम के महत्त्व को नहीं समझेंगे वे सब मर जायें, उनके मरने से ही इस्लाम/यौनांग सुरक्षित रहे।

पासपोर्ट का नाम है स्वाधीनता

कुछ दिन हुए पेरिस के एक महत्त्वपूर्ण उत्सव में मैं शामिल हुई। इस आयोजन का विषय था सार्वजनिक नागरिकता। दुनिया के सभी नागरिकों के लिए इस विश्वव्यापी पासपोर्ट या अनुमतिपत्र का सपना हम देखते हैं। यह अनुमतिपत्र या पासपोर्ट दुनिया की किसी भी जगह भ्रमण करने, और जहाँ भी इच्छा हो वहाँ निवास करने की स्वाधीनता देता है। इस पासपोर्ट का दूसरा नाम है स्वाधीनता। इस पासपोर्ट पर पासपोर्ट का नम्बर, व्यक्ति का नाम, उसकी आयु, इत्यादि कुछ भी तथ्य नहीं हैं। व्यक्ति का जन्म किस देश में हुआ, कहाँ रहना है, किस धर्म में विश्वास करता है, बाप का नाम क्या है, शरीर और आँखों का रंग क्या है, इत्यादि किसी का भी उल्लेख नहीं है। यह एक प्रतीकात्मक पासपोर्ट है। इस पृथिवी के निवासी सभी इन्सान, धनी-दरिद्र, काले-गोरे, नारी-पुरुष, सभी का है यह प्रतीकात्मक पासपोर्ट। सम्पूर्ण विश्व में भ्रमण करने के लिए किसी भी मनुष्य का कोई भी पासपोर्ट जिस अर्थ में आज की दुनिया का पासपोर्ट होता है, वह उचित नहीं है। मुझे सार्वजनिक अनुमतिपत्र, यानी यूनिवर्सल पासपोर्ट पिछले साल मिला है। यूनेस्को के भवन में पासपोर्ट के वितरण का कार्यक्रम हुआ था। कई स्वप्नदर्शी स्वाधीनताप्राण व्यक्तियों को यह पासपोर्ट दिया गया है। इस असाधारण पासपोर्ट को पाकर मुझे सहज ही सम्मानित होने का बोध हुआ। मुझे लगा कि इतने समय से मैं मानवाधिकार की बात करती आ रही हूँ, जीवन की बाजी लगाकर बोलती आ रही हूँ, इतने काल से जो पृथिवी पर समता का स्वप्न देखती रही हूँ, और विभिन्न देशों में यह प्रतिवाद ज़ाहिर किया है कि जातीयतावाद इन्सान और इन्सान के बीच में विभेद, देशों को विभाजित करने वाली जो सीमा है, जो कँटीला तार है उससे बचे रहने की एक प्रकार की स्वीकृति मुझे जीवित रहते ही मिल गयी। स्वप्नदर्शी व्यक्तियों को जीवनकाल में गाली-गलौज़, अपशब्द और अश्लील सम्बोधन के अलावा ज़्यादातर कुछ और हासिल नहीं होता। मैं क्या कम लांछित हुई हूँ। ये जो दो बंगाल—पूर्वबंग और पश्चिमबंग के बीच धर्म और राजनीति का कँटीला तार लगा हुआ है, उसके विरुद्ध मैं किशोरावस्था से ही लिखती आ रही हूँ। लिखा है मैंने यूरोप की नारियों के समानाधिकार के पक्ष में। उसके कारण मुझे पाश्चात्य जगत् का दलाल ठहराया

गया। मुस्लिम रूढ़िवादिता और कट्टरपन्थी प्रवृत्ति का विरोध किया तो लोगों ने कहा कि मैं अमेरिका की एजेंट हूँ। पूरी दुनिया में समान नागरिकता, समान अधिकार, समता, समवेदना, ये सभी शब्द संकुचित विचारों वाले लोगों के शब्दकोश में नहीं हैं। जातिवाद मनुष्य को क्षुद्र कर देता है। अकारण, अहम्मन्यता मनुष्य को शुष्क बना देती है। देश-देश में फैला हुआ है इस संकुचित और संवेदनहीन मनुष्य के मुण्डहीन शरीर का विस्तार; और मेरे जैसे स्वप्नदर्शी लोग डाल दिये जाते हैं जेलखाने में, निर्वासित कर दिये जाते हैं या मार डाले जाते हैं।

पेरिस में इस बार हमारा प्रोग्राम हुआ पेरिस के टाउनहॉल में। फ्रेंच भाषा में हॉल को कहते हैं 'होटेल-दे-वील'। दुनिया के सभी टाउनहॉलों में पेरिस का टाउनहॉल सबसे सुन्दर है। यह बात मैं बिना दुविधा के कह सकती हूँ। इस टाउनहॉल में मैं इससे पहले भी गयी थी, पेरिस के मेयर ज़ाक शिराक के निमन्त्रण पर, लगभग 20 वर्ष पहले। उन्होंने मुझे वाल्तेयर की पाँच किताबें उपहार में दी थीं, वे थीं 17वीं सदी में प्रकाशित पुस्तकें जो आज की किताबों से बहुत छोटी थीं और रेक्सीन की जिल्द में बँधी थीं। वे किताबें मेरी मूल्यवान सम्पत्ति में अन्यतम हैं। दूसरी बार कई वर्ष पहले मैं टाउनहॉल गयी थीं जब पेरिस के मेयर ने टाउनहॉल में 180 सदस्यों का समर्थन लेकर मुझे पेरिस का सम्माननीय नागरिक घोषित किया था। इस बार उसी टाउनहॉल में सार्वजनिक नागरिकता का उत्सव हुआ। मैंने अपने हाथ से यह सार्वजनिक पासपोर्ट दिया जर्मन राजनीतिज्ञ डेनियल कॉन वेन्डिट को। टाउनहॉल के बाहर सामान्य जनगण को निमन्त्रित किया गया था जिससे कोई भी आकर मुफ़्त फ़ोटो लेकर प्रतीकात्मक पासपोर्ट को दीवार पर चिपका सके। सैकड़ों गोरे-काले, गेहुआँ, पीली चमड़ी वाले लोगों की भीड़ इस उत्सव में भाग लेने के लिए उमड़ पड़ी।

मैं अकेली नहीं, यूटोपिया (काल्पनिक आदर्श जगत्) में विश्वास रखने वाले कई स्वप्नदर्शी व्यक्तियों ने अपने उद्यम से कई संगठन बनाये हैं। वे भी किसी देश की सीमा या वीसा--पासपोर्ट पर विश्वास नहीं करते। वे विश्वास करते हैं कि दुनिया के हर इन्सान का अधिकार है कि वह निर्बाध जहाँ चाहे घूमे-फिरे, एक जगह से दूसरी जगह जाये और अपनी पसन्दीदा जगह निवास कर सके। किसी को कोई कैफ़ियत देनी नहीं होगी कि वह क्यों अपना स्थान बदलना चाहता है, क्यों वह जगह छोड़कर दूसरी जगह रहना चाहता है? मनुष्य तो प्रारम्भ से ही सैकड़ों, हज़ारों साल से अच्छे जीवनयापन की आशा में एक जगह से दूसरी जगह जाता रहा है, स्थान परिवर्तन करता रहा है। इसीलिए होमोसेपियन नामक यह मनुष्य की प्रजाति आज भी जीवित है, जबकि जीवधारियों की कितनी ही प्रजातियाँ विलुप्त हो गयीं। मैं यह तो नहीं कह रही कि आज यदि स्वच्छन्दतापूर्वक आने-जाने की हमारी स्वाधीनता में रुकावट डाली जाये तो हम विलुप्त हो जायेंगे। हम शायद इस कारण से तो विलुप्त नहीं

होंगे, हमारे विलुप्त होने के लिए और भी कारण हैं। हमने स्वयं को विलुप्त करने के लिए परमाणु अस्त्र बनाये हैं; और अधिक की ज़रूरत है क्या? हमने सभ्यता के नाम पर अपनी मौलिक स्वाधीनता का विसर्जन कर दिया है और अधिकारों को साँकलों में जकड़ रखा है। जितने सभ्य होते जा रहे हैं हम लोग और जितने बड़े हो रहे हैं तो ऐसा नहीं है कि हम अपने क्षुद्र दायरे से बाहर निकल आयें। बल्कि हम और छोटे, अत्यन्त छोटे घेरों में खुद को शारीरिक और मानसिक रूप से बाँध कर रख रहे हैं। इससे दिनों-दिन और भी संकुचित हो जाने की आशंका होती है और यह आशंका बार-बार सच साबित होती है।

शान्ति की आशा में भारत का विभाजन हुए एक युग बीत गया। शान्ति किन्तु आयी नहीं। भारत और पाकिस्तान की सीमा पर बराबर अशान्ति रहती है; वहाँ गोली चलती है, लोग मरते हैं, अशान्ति और भी बढ़ती है। पश्चिम बंगाल और बांग्लादेश की सीमा पर भी लोगों की हत्या होती है। बांग्लादेश के जो ग़रीब बेकार लोग हैं उन्होंने काम मिलेगा इस आशा से भारत में आश्रय लिया है। सोचते थे खाने, पहनने का इन्तजाम हो जायेगा, निराशा दूर होगी। उनको, लगता है गर्दन में धक्का देकर वापस भगा दिया जायेगा। इन्सानों के बीच ही पैदा किया गया है 'हम' और 'वह' का अन्तर। इस विभेद को क़ायम रखने के लिए वर्णवाद, जातिवाद, लिंगवाद, धनवाद, धनी-दरिद्र, नारी-पुरुष, काले-गोरे, की विषमता को पैदा किया गया। सुना है कि बांग्लादेश और म्यांमार की सीमा पर गोली चल रही है और लोग मर रहे हैं। दोनों देश ही नरहत्या में एक-दूसरे से पीछे नहीं हैं। जो मर रहे हैं वे निश्चित रूप से बाल-बच्चेदार निरपराध लोग हैं। म्यांमार के अधिकांश निवासी बौद्ध धर्म में आस्था रखते हैं। यह बौद्ध धर्म शान्ति का धर्म कहलाता है। किन्तु इसके विपरीत वे रोहिंगा मुसलमानों पर अत्याचार करते हैं, उनका ख़ून करते हैं। वे रोहिंगाओं को धकेल कर, धक्का देकर सीमा के उस पार भगा रहे हैं। संयुक्त राष्ट्र संघ के मानवाधिकार या शरणार्थियों के नीति नियमों की म्यांमार ज़रा भी परवाह नहीं करता। आश्चर्य होता है यह देखकर कि आंग सानसुकी भी तुच्छ राजनीतिक स्वार्थ के लिए मुँह बन्द किये बैठी हैं जब उनके देश में मानवाधिकार का उल्लंघन हो रहा है। यह सोचकर मैं अवाक् रह जाती हूँ कि आंग सानसुकी को शान्ति का नोबेल पुरस्कार मिला है। उनकी जीवनी के आधार पर बनी फ़िल्म 'द लेडी' देखकर मैं मुग्ध हुई थी। अब सन्देह होता है कि चलचित्र में जिस तरह आंग सानसुकी को महान बनाया गया है वास्तव में वे उतनी महान हैं भी या नहीं। उन्हीं की तरह हैं शेख हसीना। दक्षिण एशिया में मुझे पता नहीं कि कोई निर्लोभ, निर्भीक राजनैतिक नेता हैं कि नहीं, ऐसे नेता जो सचमुच जनता के सेवक हैं और ईमानदारी से देश की भलाई चाहते हैं।

राजनीति आजकल बहुत ख़राब चीज हो गयी है। वह केवल मनुष्य का शोषण

करने, पीड़ित करने, उसे बेवकूफ बनाकर रखने, झूठे अहंकार में बन्द कर रखने, इन्सान को जातिवाद की अफ़ीम खिलाने, और पड़ोसी देशों से दूसरे धर्म को मानने वाले लोगों से, दूसरी भाषा बोलने वाले लोगों से, भिन्न जाति के लोगों से घृणा करने की प्रेरणा देती है। ऐसी राजनीति इस दुनिया में कुछ भी अच्छा पैदा नहीं करेगी, समाज को बदलेगी नहीं और मनुष्य को अन्धकार से प्रकाश की तरफ़ नहीं ले जायेगी। हम पड़ोसी देश से भिन्न हैं, हम अच्छे हैं, वे ख़राब हैं–देश के अधिकांश लोग यही मन्त्र जपते रहते हैं। इससे शायद आत्मसन्तोष होता है, किन्तु मनुष्यता जिस अन्धकार में है उसी अन्धकार में रह जाती है। आत्मालोचन के बिना कोई भी मनुष्य के रूप में बड़ा नहीं हो सकता, लेकिन आत्मपरीक्षण इस समय मनुष्य समाज में मिलना दुर्लभ है। बहुत अकेला महसूस करती हूँ। हमारे यूटोपिया आन्दोलन के साथी भी कहते हैं बहुत अकेलापन महसूस होता है। दीर्घकाल से पृथिवी संकुचित विचारों वाले और संवेदनहीन लोगों के अधीन हैं जिनके सिर नहीं हैं, केवल मुण्डहीन शरीर है।

साड़ी ब्लाउज़

बांग्लादेश के लक्स चैनल आई सुपरस्टार प्रतियोगिता की एक क़िश्त में एक लड़की ने साड़ी के ऊपर ब्लाउज़ पहना है। साधारणतया आजकल औरतें ब्लाउज़ के ऊपर साड़ी पहनती हैं। साड़ी के ऊपर ब्लाउज़ पहनना मुझे बहुत अच्छा लगा। आइडिया एकदम नया है। यह आइडिया उस लड़की का अपना है या फ़ैशन डिजायनर का यह जानने की मेरी इच्छा है। साड़ी के ऊपर पेटीकोट पहनने से भी शायद ख़ूबसूरत दिखाई दे। अथवा पेटीकोट को सीने के ऊपर बाँधकर! साड़ी को स्कर्ट की तरह पहनकर! ब्लाउज़ को बाजूबन्द बनाकर! कपड़ा तो कितने तरह से ही पहना जा सकता है। पेटीकोट पहनने का चलन तो नया है और चुन्नी डालकर साड़ी पहनना भी अपेक्षाकृत नया है।

इस अंचल में साड़ी भी तो आखिर कितने दिन पहले आयी है! एक ज़माना था कि नारी और पुरुष दोनों ही धोती पहनते थे। दक्षिण भारत में नारियाँ पुरुष की तरह लुंगी भी पहनती थीं। प्राचीन भारत की नारियाँ छाती पर कुछ भी नहीं पहनती थीं, और अगर पहनती भी थीं तो ओढ़नी या सीने पर बँधनी पहनती थीं। कपड़ों में कोई सिलाई नहीं रहती थी। हिन्दुओं में सिलाईविहीन कपड़े पहनने का चलन था। सिले हुए कपड़े को मैं ठीक जानती नहीं कि किस कारण अपवित्र समझा जाता था। धोती से धीरे-धीरे साड़ी आयी। साड़ी का नाम तब साड़ी नहीं था, सात्तिका था। संस्कृत शब्द सात्तिका से निकला साती, साती से साडी और साडी से साड़ी। उड़ीसा में मछली की पूँछ का स्टाइल सत्रहवीं सदी में आया। मछली की पूँछ का स्टाइल इस तरह है : दोनों पैरों को आधी धोती से लपेटकर बाकी को मछली की पूँछ की तरह कन्धे पर लटका देना। यह पूँछ ही आँचल है। स्त्रियों की धोती ही धीरे-धीरे इस प्रकार उनकी साड़ी में रूपान्तरित हो गयी।

अंग्रेजों के आने के बाद ब्लाउज़ और पेटीकोट पहनना शुरू हुआ। मुसलमान घाघरा लेकर आये थे। उस घाघरे को देखकर ही पेटीकोट की सिलाई शुरू हुई। भारतवर्ष का साड़ी का इतिहास ही हमारी साड़ी का इतिहास है। हिन्दू ही तो हमारे पूर्व पुरुष थे और पूर्व नारी। बांग्लादेश में, हमने तो बंगाली जाति के नाम से सन् उन्नीस सौ इकहत्तर में तो जन्म नहीं लिया। बंगाली जाति तो हज़ारों वर्ष पुरानी

है। साड़ी के विकास का इतिहास जिन्हें मालूम है उन्हें साड़ी के किसी भी स्वरूप को स्वीकार करने में आपत्ति होने की सम्भावना नहीं है।

हमारी प्राचीनकाल की नारियों से पहले की नारियाँ तो नंगी रहती थीं, पेड़ की छाल पहनती थीं, जानवरों का चमड़ा पहनती थीं। उसके बाद शुरू हुआ कपड़ा पहनना। हम, इस युग की नारियाँ ब्लाउज़ के ऊपर आँचल डालकर रहती हैं। आज का स्टाइल बाकी जीवन के लिए भी स्थिर हो गया है यह नहीं कहा जा सकता। यह स्टाइल भी एक दिन विदा होगा, और कोई नया स्टाइल आयेगा। मनुष्यजाति तो लम्बे समय से नये-नये स्टाइल का आइडिया देती आ रही है। साड़ी के ऊपर ब्लाउज़ पहना है एक लड़की ने, तो पहने। तुम्हें अगर पसन्द नहीं है तो मत पहनो। जैसे कि मैं तो नहीं पहनूँगी। अगर खूब स्लिम होती तो शायद पहनती। मैं कभी भी किसी चालू फैशन को मानकर नहीं चलती। मेरे फैशन का नाम है, 'जब जो जी चाहे।' कैजुअल ही मुझे सबसे ज़्यादा पसन्द है। कपड़ों पर मैं इस्त्री नहीं करती, यही चलता है। हाथ में जो पड़ गया वही पहन लेती हूँ। शर्ट-पैंट, टीशर्ट अथवा साड़ी। बुनियादी तौर पर मैं सूती साड़ी ही पहनती हूँ। आजकल मैं सलवार कमीज, स्कर्ट-फिस्कर्ट नहीं पहनती। लड़कियों जैसी पोशाक पहनना मुझे अच्छा नहीं लगता। जिस अर्थ में किसी पोशाक को लोग लड़कियों की पोशाक कहते हैं मैं उसी अर्थ में इस शब्द का प्रयोग कर रही हूँ। साड़ी मुझे बिल्कुल ही स्त्रियों वाली पोशाक नहीं लगती। साड़ी मेरे पैदल चलने की रफ़्तार को धीमा नहीं करती। शर्ट-पैंट और जूते पहनकर जिस तरह तेज़ चलती हूँ, साड़ी पहनकर भी वैसे ही। साड़ी स्त्री की पोशाक? धोती पहने हुए पुरुष क्या देखने में स्त्रियों जैसे लगते है? पुरुषोचित और स्त्रियोचित यह धारणा बुरे लोगों की बनाई हुई है। साड़ी जैसी पोशाक धारण किये हुए, प्राचीन ग्रीस के वे प्रभावशाली व्यक्तित्व वाले राजा क्या वास्तव में स्त्रियों जैसे लगते हैं? आज से पुरुष यदि साड़ी पहनना शुरू कर दें और स्त्रियाँ शर्ट-पैंट तो ज़्यादा दिन नहीं लगेंगे जब लोग यह कहना शुरू करेंगे कि साड़ी तो एकदम पुरुषोचित पोशाक है, और शर्ट-पैंट स्त्रियों को शोभा देते हैं। पुरुष जैसी हो या स्त्रियों जैसी, कोई आपत्ति नहीं होनी चाहिए कि कोई क्या पहनता है। ऐतराज का सवाल तभी उठता है कि जब कुछ पुरुषोचित चीजों को स्त्रियोचित चीजों से सुपीरियर समझा जाता है।

कोई भी पोशाक अश्लील नहीं होती। यहाँ तक कि पोशाकहीनता भी अश्लील नहीं है। अमेजन के जंगलों में, या अंडमान के द्वीप पर आदिवासी लोग जब नंगे घूमते-फिरते हैं, तो क्या वे अश्लील दिखाई देते हैं। अश्लीलता की परिभाषा हमने बनाई है। यह परिभाषा अश्लील है। मनुष्य का कुत्सित मन ही अश्लील है। जो दिमाग़ यह सोचता है कि स्त्रियाँ यौन उपभोग की वस्तु हैं और पुरुष नहीं हैं इसलिए स्त्रियाँ क्या पहनेगी या क्या नहीं पहनेगी यह निर्णय पुरुष लेगा। जो स्त्रियाँ पुरुष की पसन्द के मुताबिक पोशाक नहीं पहनतीं वे स्त्रियाँ चरित्रहीन हैं—यह सोचने

वाला मन ही अश्लील है। जो मन यह सोचता है कि छोटी पोशाक पहनने का अर्थ है कि वह स्त्री बलात्कार के लिए प्रस्तुत है—वह मन अश्लील है। जो मन यह सोचता है कि पुरुष जो चाहे पहने लेकिन स्त्रियाँ जो चाहें न पहनें—तो वह मन अश्लील है।

कपड़े पहने हुए कई व्यक्तियों के बीच एक व्यक्ति यदि कपड़े उतारकर खड़ा हो तो वह बहुत अश्लील दिखाई देगा, यह बात सभी जानते हैं। मगर कपड़े भी कभी-कभी बड़ी अश्लीलता का कारण बन जाते हैं। कई साल पहले एक गर्मी का मौसम मैंने बर्लिन में बिताया था। किसी एक शाम घर के नज़दीक ही एक झील में तैरने के उद्देश्य से पैदल चलकर जब झील के किनारे पर पहुँची तो उससे मिले हुए खुले मैदान में जाकर अचम्भे में पड़ गयी। सड़क के किनारे ही उस खुले मैदान में सैकड़ों पूरी तरह से नंगे नारी-पुरुष—किशोर-किशोरी और बच्चे बैठे हुए हैं। सभी धूप सेक रहे हैं और थोड़ी-थोड़ी देर में उठकर झील के पानी में तैरने के लिए आते हैं। पूरे दिन का भोजन और पानी वगैरह साथ लेकर आये हैं। वहीं सपरिवार खा रहे हैं। उन सबके बीच में मैं अकेली शरीर पर बहुत-से कपड़े पहने हुए; मेरी तरफ़ सभी विस्मित नज़रों से देखने लगे। बहुतों की दृष्टि में कौतुक का भाव था लेकिन आँखों के भीतर छिपा था उनका नाखुशी का भाव। सच कहूँ तो मैंने खुद भी महसूस किया कि उन लोगों के बीच मैं ही अश्लील लग रही हूँ। शरीर पर कपड़े होने के कारण मैंने लज्जा से अपना सिर नीचे झुका लिया। नंगी लड़कियाँ जिस तरह से लज्जा से दोनों हाथों से अपना सीना ढँक लेती है उसी तरह मैं भी कपड़े होने की लज्जा दोनों हाथों से छुपाना चाहती थी।

कोई विकल्प नहीं था इसलिए मैंने एक-एक कर अपने सभी कपड़े उतार डाले। परन्तु लोगों के सामने अंडरवियर को कई बार ख़ोलने की कोशिश करने के बावजूद खोल नहीं पायीं। पता नहीं कैसी भयभरी बेबसी ने मुझे घोंघे की तरह निश्चेष्ट कर दिया था। उस खुले मैदान में मेरा कोई परिचित था, ऐसी बात भी नहीं थी। वहाँ अपरिचित नंगे लोगों के सामने भी मैं नंगी नहीं हो पायीं। सोचा था मैं भी धूप सेंकूँगी और तैरूँगी लेकिन पूरी तरह से नग्न न होने हो पाने की शर्मिन्दगी के कारण अन्त में मुझे वहाँ से चले जाने पर बाध्य होना पड़ा। सैकड़ों नंगे पुरुष और नारियों को देखकर मुझे ज़रा भी अश्लील नहीं लगा। बल्कि स्वयं को ही लगा अश्लील। वास्तव में अश्लीलता का बोध मानसिक है। उसके साथ पोशाक का कोई सम्बन्ध नहीं है। शरीर पर पोशाक रहने के बावजूद भी अश्लील लग सकता है, न रहने पर भी वैसी अनुभूति हो सकती है।

किसी भी पोशाक को मैं अश्लील नहीं समझती। फिर भी तथाकथित अश्लीलता को दूर करने के लिए जो पोशाकें बनाई गयी हैं एवं स्त्रियों के शरीर पर लपेट दी गयी हैं उनसे स्त्रियों की स्वाधीनता और स्वतःस्फूर्तता को दफ़्न कर दिया गया है। और इस तरह की पोशाकें मुझे वाकई अश्लील लगती हैं। जैसे हिजाब, जैसे बुर्क़ा।

मेरी समझ में नहीं आता कि स्त्रियों को तरह-तरह के कपड़ों से अपने सीने को क्यों ढाँकना पड़ता है। ब्रा पहनो, उसके ऊपर ब्लाउज़ पहनो, उसके ऊपर साड़ी पहनो, यह नहीं तो एक लम्बा जामानुमा वस्त्र पहनो, उसके ऊपर ओढ़नी पहनो, या उसके ऊपर चादर लपेटो और उसके ऊपर भी बुर्क़ा पहनो। इसका उद्देश्य यह लगता है कि लोगों को यह न मालूम हो स्त्रियों के शरीर में स्तन जैसी कोई चीज़ है। अगर बाहर से पता लग जाये कि स्तन जैसा कुछ है तो उससे क्या सर्वनाश हो जायेगा? स्त्रियों में आसक्ति रखने वाले पुरुषों की यौनवासना जाग्रत होगी! तो जाग्रत होती रहे। वैसा होना तो स्वाभाविक है। ठीक उसी तरह स्वाभाविक है जैसे पुरुषों को देखकर नारी की यौनवासना जाग्रत होना।

लेकिन यह बात नहीं भूलनी चाहिए कि सभ्य होने के लिए हमने कुछ नियम बनाये हैं। जैसे—तुम्हारी यौनकामना जाग्रत होती है तो तुम किसी के ऊपर झपट नहीं सकते। यौन सम्बन्ध क़ायम करने के लिए तुम्हें पहले उसकी स्वीकृति लेनी होगी। क्या स्त्रियों को बुर्क़ा इसलिए पहनाया गया है कि इस नियम का पालन नहीं होगा। स्त्रियों को इस तरह समाज से ब्लैकआउट किया जा रहा है। जीवित इन्सानों को एक दमघोंटू कारागार में बन्द किया जाता है। जिस पुरुष में यौनवासना जागती है तो बुर्क़ा पहनने वाली स्त्रियों को देखकर भी जाग सकती है। और जिसमें यह वासना नहीं जागती उसके मन में नंगी स्त्री को देखकर भी नहीं जागेगी।

सभ्य मनुष्य तो जानते हैं कि वासना पर कैसे नियन्त्रण किया जाता है। जो असभ्य हैं वे नहीं जानते, उन्हें सभ्य बनाने की व्यवस्था होनी चाहिए। स्त्रियों के शरीर पर बुर्क़ा लपेटकर असभ्य लोगों को सभ्य करने की ज़रूरत को अस्वीकार किया जाना चाहिए।

बांग्लादेश का समाज अब भी अन्धकार में है। बड़ी-बड़ी अट्टालिकाएँ, क़ीमती गाड़ियाँ, विशाल शॉपिंग सेंटर—किसी का भी अभाव नहीं है यहाँ, अभाव है तो केवल स्वस्थ मानसिकता का। इसलिए किसी स्त्री के द्वारा साड़ी के ऊपर ब्लाउज़ पहनने पर बड़ा तर्क-वितर्क शुरू हो जाता है। अनेक स्कूल, कॉलेज और विश्वविद्यालय हैं बांग्लादेश में किन्तु यहाँ बहुत कम मनुष्य ऐसे हैं जिन्हें शिक्षित कहा जा सकता है। कॉलेज और विश्वविद्यालय में पढ़कर आजकल लोग डिग्रीधारी अशिक्षित बनते हैं और नहीं तो कट्टरपन्थी और आतंकवादी बनते हैं। कॉलेज और विश्वविद्यालय किसी को हक़ीक़त में शिक्षित नहीं करते। शिक्षित होना होता है अपने प्रयत्न से, अपनी बुद्धि से, मानवाधिकार और समानाधिकार पर विश्वास करने से और अपने जीवन में, अपने विश्वासों को व्यावहारिक रूप में लाने से।

हमने इस ब्रह्मांड के महाशून्य में विद्यमान करोड़ों ग्रहों में से एक बहुत छोटे ग्रह पृथिवी पर जन्म लिया है। करोड़ों वर्षों तक एककोशीय प्राणी में परिवर्तन और विकास होते-होते मनुष्य नामक प्राणी के होने की घटना घटी है। किसी दिन हम

भी करोड़ों प्राणियों के समान विलुप्त हो जायेंगे। हमे और हमारी पोशाक को लेकर विश्व ब्रह्मांड में किसी के सिर में दर्द नहीं होगा। यह परेशानी तो केवल नारी से नफ़रत करने वाले कुछ निकृष्ट लोगों की है। स्त्रियों के शरीर पर केवल अश्लील लोग ही अश्लीलता खोजते हैं। स्त्रियों की हँसी, उनकी दृष्टि, उनके वार्तालाप, उनके चलने-फिरने, और उनके व्यवहार में अश्लीलता खोजने वाले लोग समाज में कीड़ों की तरह कुलबुलाते हैं। अश्लीलता पर रोक लगे मैं चाहती हूँ। मैं चाहती हूँ कि अश्लील लोगों के अश्लील मन और उनकी मानसिकता का निषेध हो। गन्दगी दूर हो मैं चाहती हूँ। स्त्रियों की स्वाधीनता और अधिकारों के विरुद्ध जो दीर्घकाल से कुत्सित षड्‌यन्त्र चला आ रहा है, मैं चाहती हूँ उसे दूर किया जाये।

नारी-विद्वेष का कारण मानसिक विकार नहीं कारण है पुरुषतन्त्र

कुछ दिन पहले की ही घटना है जब सान्ता बारबरा में 22 वर्ष के एक युवक ने 6 व्यक्तियों को मार डाला, और खुद को भी। कमरे के अन्दर तीन जन रूममेट को काटकर मार दिया, और बाकी को मारा कमरे से बाहर गोली चलाकर। ख़ूनी का नाम है एलियट रोज़र। एलियट रोज़र काफ़ी दिन से लोगों को मारने की योजना बना रहा था, खासतौर पर लड़कियों को। 140 पृष्ठ के एक आत्मकथात्मक दस्तावेज़ में काफ़ी समय से वह लिखता आ रहा था। अपनी ख़ून करने की साध और उससे प्राप्त होने वाले आनन्द का वर्णन करते हुए उसने यू-ट्यूब पर एक वीडियो भी पोस्ट किया था। उसका कहना है 22 बरस की उम्र है उसकी लेकिन अब तक किसी स्त्री के साथ उसका सेक्स सम्बन्ध नहीं हुआ। लड़कियाँ उससे प्रेम नहीं करती, उसके साथ सोती नहीं। लेकिन अन्य पुरुषों के साथ वे मज़े से यह सब करती हैं। उसकी निःसंगता, उसका एकाकीपन और प्रेम एवं यौनसम्बन्ध न हो पाने का सारा दोष उसने स्त्रियों को ही दिया। इसलिए तय किया कि वह सब युवतियों का ख़ून कर देगा। पुरुषों को भी मार डालेगा क्योंकि उन्होंने ही छीन लिया है उन सब लड़कियों को जिन्हें पाने का अधिकार उसका था। पुरुष के रूप में वह इतना आकर्षक है उसके बावजूद लड़कियाँ उसे आकर्षक नहीं समझती। इसका प्रतिशोध तो वह ज़रूर लेगा।

एलियट को अगर मौक़ा मिलता तो वह कुछ और लोगों की भी हत्या करता। लेकिन स्थिति विपरीत देखकर उसने अपने ऊपर ही गोली चला ली। परिणामस्वरूप वह कुछ और लोगों नहीं मार पाया। ख़ूनी के बारे में साधारणतया यह जानने की कोशिश की जाती है कि वह मानसिक रूप से विकारग्रस्त है कि नहीं। एलियट के सन्दर्भ में भी मानसिक रोगग्रस्तता की बात कही जा रही है। लेकिन मानसिक रूप से अस्वस्थ रोगी किस तरह तीन-तीन बन्दूकें और सैकड़ों गोलियाँ खरीद सका, जबकि कैलिफोर्निया में बन्दूक का लाइसेंस पाना इतना आसान नहीं है। पुलिस ने भी कई महीने पहले देखा था कि ये लड़का सामान्य रूप से भला, सभ्य और, ज़्यादा

क्या कहना, मानसिक रूप से भी बहुत स्वस्थ था। ख़ून करने के बाद ही यह चर्चा शुरू हुई कि उसका दिमाग़ ठीक है कि नहीं। दिमाग़ अगर ख़राब हो—पागलपन हो तो सात ख़ून माफ। एलियट ने खुद को मिलाकर सात ख़ून ही किये। और उसके सात ख़ून माफ करने के उद्‌देश्य से उसके मानसिक असन्तुलन को कारण के रूप में सामने लाया गया। तात्पर्य यह है कि लड़के का कोई दोष नहीं है, दोष उसकी दिमाग़ी ख़राबी का है, और उसी वजह से उसने लोगों को मार डाला। लोग यही कहना चाहते हैं। किन्तु मानसिक अस्वस्थता के कारण उसने ख़ून नहीं किया। मानसिक रोगी सामान्यतया ख़ून नहीं करते और यदि वे ख़ून करते भी हैं तो जितने ख़ून वे करते हैं उससे हज़ारगुना अधिक ख़ून वे लोग करते हैं जो मानसिक रूप से स्वस्थ हैं। इन स्वस्थ मानसिकता वाले लोगों से ही ज़्यादा डर लगता है।

एलियट के ख़ून करने के पीछे है उसकी नारी से घृणा, उसका नारी-विद्वेष, और नारी के प्रति इस नफ़रत का उद्‌गम होता है पुरुषतन्त्र से—पुरुषों द्वारा नियंत्रित समाज व्यवस्था से। जिस समाज में एलियट ने जन्म लिया, जहाँ बड़ा हुआ वह समाज पुरुषप्रधान—पुरुषशासित समाज है। पुरुषशासित समाज में स्त्रियों का स्थान पुरुषों से नीचे है। इस समाज में नारी और पुरुष की समता के लिए कोई जगह नहीं है। इस समाज में नारियाँ पुरुष की भोग की वस्तु के अलावा और कुछ नहीं हैं। इस समाज का गठन जिन्होंने किया है और जो इसे आज तक क़ायम रखे हुए हैं वे लोग नारी के समान अधिकार में विश्वास नहीं करते। जो नारी के समान अधिकार में विश्वास नहीं करते वे नारी से घृणा करने वाले ही होते हैं, वे नारी को इन्सान नहीं समझते। एलियट ने नारी को उपभोग की वस्तु समझा। उसने कहा कि वह स्त्रियों से सुपीरियर है। यह तो नितान्त पुरुषतान्त्रिक विश्वास है। दुनिया में प्रायः सभी पुरुषों की धारणा या विश्वास यही है। एलियट इसका कोई अपवाद नहीं है। उसने ख़ून किया तो नारी से विद्वेष—उसके अहितचिन्तन के कारण। इसी कारण से तो कोई भी—चाहे उसका नाम राम हो, श्याम हो, जदु हो, मधु हो—सभी नारी की हत्या करते हैं, उसे यन्त्रणा देते हैं, घर या बाहर उसके साथ बलात्कार करते हैं, उसे मार डालते हैं। वे वेश्यालय में नारी को बेच देते हैं, उसके ऊपर पत्थर फेंककर उसकी हत्या करते हैं, परिवार में बहुओं को मार डालते हैं, लड़कियों को पैदा होते ही जीवित ज़मीन में गाड़ देते हैं और किशोरियों के मुँह पर एसिड फेंककर जला डालते हैं। पुरुषतान्त्रिक समाज में ये सभी बड़ी स्वाभाविक घटनाएँ हैं और इन घटनाओं के पीछे जो कारण या उद्‌देश्य है, वह है नारी से नफ़रत, उसका विरोध और अपने पौरुष को साबित करने का माध्यम। इस पुरुषत्व प्रदर्शन के साथ अविभाज्य रूप से जुड़ा हुआ है पुरुष होने का दम्भ।

सम्भव है कि शायद एलियट को कुछ मानसिक बीमारी थी। लेकिन मैं नहीं समझती कि वह मानसिक अवस्था उसके नारी-विद्वेष या नारी की हत्या करने के

फ़ैसले के लिए जिम्मेदार थी। इससे पहले भी तमाम पुरुषों ने ऐसे ही काम किये हैं। नारी की हत्या की है। नहीं तो एक के बाद एक नारियों के साथ बलात्कार किया है। उनको तो मानसिक रोगी नहीं समझा गया। अब भी जो पुरुष घर-घर में नारी को यातना देते हैं, उनको भी तो मानसिक रोग से पीड़ित नहीं समझा जाता। हाँ दो एक जन उन्हें बुरा आदमी कहते हैं। किन्तु ऐसे भी समाज हैं जिसमें ऐसे पुरुषों को वास्तविक पुरुष समझकर वाह-वाह भी की जाती है। कहा जाता है 'पुरुष तो शासन करेगा ही'।

एलियट ने स्त्रियों की तुलना में पुरुष ज़्यादा मारे इसलिए बहुत से लोग यह भी कहते हैं कि वह स्त्रियों से नफ़रत नहीं करता था। जो इस तरह की बात करते हैं उन्होंने निश्चित रूप से एलियट का पोस्ट किया हुआ वीडियो नहीं देखा है या उसका 140 पृष्ठ का आत्मकथात्मक लेख नहीं पढ़ा है। उस सब में तो ऊपर उठकर आती है नारी के प्रति तीव्र घृणा। उसने साफ कहा है कि वह जो स्त्रियों का ख़ून करेगा तो उसकी वजह है कि स्त्रियों ने उससे प्रेम नहीं किया। और उन लड़कों का ख़ून करेगा क्योंकि लड़कियों ने उनके साथ प्रेम किया। कितना भंयकर है यह नारी-विद्वेष!

दो-तीन साल पहले की घटना है जिसका कोई ज़िक्र नहीं है। एलियट रोज़र ने एक-दूसरे को चूमते हुए दम्पति के ऊपर गरम कॉफी फेंककर मारी थी। स्त्रियाँ उसके साथ न सोकर किसी दूसरे के साथ सोती हैं यह वह सहन नहीं कर पाता था। नारी के अधिकार पर एलियट कभी विश्वास नहीं करता था। अगर वह यह समझता कि नारी को उसे पसन्द न करने का अधिकार है तो वह ऐसा नहीं करता। ढाई बरसे से वह कॉलेज आता-जाता था किन्तु फिर भी वह स्त्री नामक भोग की वस्तु नहीं जुटा पाया। इसका गुस्सा जाकर पड़ा उस भोग की वस्तु पर। घर-घर में पतियों का भी तो एक ही राग है—मैं स्वामी हूँ, मैं ही तो सेक्स के लिए तुम्हारे शरीर का इस्तेमाल करूँगा वह क्या दूसरा करेगा, मेरा ही तो अधिकार है, जब चाहूँ तब तुम्हारा भोग करूँ, वैसा अगर न हो तो मैं स्वामी कैसा! उधर वेश्यालय में भी पुरुष का ही अधिकार है—खरीददार का अधिकार, 'तुम लोग तो वेश्या हो हम जैसा चाहें वैसा तुमसे भोग करने का अधिकार हमारा है, तुम लोग मुँह बन्द रखकर सब कुछ सहोगी इसीलिए तो तुम वेश्या हो।' घर से बाहर भी सड़क पर रास्ते में, घाट पर—कहीं भी—स्त्रियों के यौन शोषण करने का अधिकार सौ प्रतिशत पुरुषों का है, ऐसा ही समझा जाता है। स्त्रियाँ दुनिया में कहीं भी सुरक्षित नहीं हैं। मान लें कि एलियट को वास्तव में ही मानसिक रोग था; अगर था तो ठण्डे दिमाग़ से योजना बनाकर वह और भी ख़ून, और भी यन्त्रणा, और भी अत्याचार नहीं कर पाया। अगर मानसिक रोग नहीं होता तो वह 6 लोगों को मारकर ही आत्मसमर्पण नहीं कर देता, और भी लोगों को मारता, या किसी और तरीके से मारता, और मारने

का कोई सबूत भी नहीं छोड़ता। मानसिक रुग्णता नहीं होती तो वह यू टीवी पर नारी-विद्वेषी वीडियो नहीं भेजता, नारीविरोधी परिपत्र भी नहीं लिखता, बल्कि वह नारी के समान अधिकार पर विश्वास करता है यह सब कहता हुआ इधर-उधर घूमता रहता।

मानसिक रूप से अस्वस्थ होने के कारण एलियट दरअसल कुछ कम भंयकर था। हक़ीक़त यह है कि एलियट रोज़र हमारे चारों तरफ़ रहते हैं, उन्हीं के साथ ही हम उठते-बैठते हैं, प्रतिदिन उन्हीं को देखते हैं, उनसे ही बातचीत करते हैं, वे ही हमारे बन्धु हैं, वे ही हमारे आत्मीय हैं। पुरुषतान्त्रिक समाज के सभी पुरुष एलियट रोज़र का प्रतिरूप हैं। दिमाग़ ख़राब था इसी वजह से उसकी अकाल मृत्यु हुई। दिमाग़ अगर सही होता तो जो कांड उसने किया है वही, बल्कि उससे बड़ा ऐसा ही काम, वह होशियारी से कर पाता। तब तो उसे कोई पकड़ भी नहीं पाता।

लतीफ सिद्दीक़ी एवं मनुष्य की धर्मानुभूति

बांग्लादेश के डाक और दूरसंचार मन्त्री अब्दुल लतीफ सिद्दीक़ी ने कहा है : 'मैं हज और तबलीग जमात का घोर विरोधी हूँ। मैं जमायते इस्लामी का भी विरोधी हूँ किन्तु उससे भी अधिक विरोधी मैं हज और तबलीग जमात का हूँ। इस हज में कितनी जनशक्ति नष्ट होती है। हज के लिए आज बीस लाख लोग सऊदी अरब गये हैं। उनका कोई काम नहीं है। उनका कोई प्रोडक्शन (उत्पादन) नहीं है। केवल घाटा ही दे रहे हैं वे लोग। केवल खाते-पीते हैं और देश का धन दे आते हैं। अब्दुल्ला के पुत्र मोहम्मद बहुत बुद्धिमान थे। उन्होंने सोचा कि अरब प्रायद्वीप के लोग कैसे गुजर करेंगे, वे तो डकैत थे। तो उन्होंने एक व्यवस्था की कि मेरे अनुयायी हर साल एक बार, एक साथ इकट्ठे हों। इसी बीच एक क़ानूनी व्यवस्था भी होगी। तो अगर बांग्लादेश से एक लाख लोग हज जायें तो प्रत्येक के पाँच लाख टका से कुल मिलाकर 500 सौ करोड़ टका खर्च होते हैं। तबलीग जमात हर वर्ष 20 लाख लोगों की जमायत करती है। उनका खुद का तो कुछ काम है नहीं, सारे देश के गाड़ी-घोड़ा बन्द कर देते हैं।' यह सब कहने के कारण उनका मन्त्री पद चला गया। उनके ख़िलाफ़ कट्टरपन्थियों का जुलूस सड़क पर निकल पड़ा। उन्हें फाँसी देने की माँग उठ रही है। उनके सिर की कीमत 5 लाख टका का ऐलान हुआ है। विभिन्न जगहों से उन्हें धमकी दी जा रही है। राजनैतिक दल भी पीछे नहीं हैं। लतीफ सिद्दीक़ी को हो सकता है बांग्लादेश में घुसने ही न दिया जाये। मीडिया भी विभिन्न मुद्दों के आधार पर उन्हें अपदस्थ कर रहा है। किन्तु क्या अपराध किया है उन्होंने? उन्होंने प्यारीचाँद चटर्जी के बेटे को कृष्णचन्द्र दास का बेटा तो कहा नहीं। उन्होंने अब्दुल्ला के बेटे को अब्दुल्ला का बेटा ही कहा। यह तो सही है कि मोहम्मद का नाम लेने के बाद लतीफ सिद्दीक़ी ने 'उनके ऊपर शान्ति की वर्षा हो'–इस वाक्य का उच्चारण नहीं किया। शान्ति वर्षा का आशीर्वाद न करने के बावजूद उनके ऊपर शान्ति वर्षा नहीं होगी इसकी कोई वजह तो नहीं है। अल्लाह ताला हज़रत मोहम्मद पर निश्चित रूप से शान्ति वर्षण करेंगे। वे तो स्वयं ही अल्लाह ताला के परमबन्धु एवं 'प्रेरित पुरुष' हैं। इसके अलावा लतीफ सिद्दीक़ी ने हज के बारे में इस्लाम के इतिहास की पड़ताल कर मैं कह सकती हूँ, कि कुछ

मनगढ़न्त बात तो नहीं कही। मुश्किल यह है कि अधिकांश बंगाली मुसलमान क़ुरान और हदीस के बारे में बहुत कम जानते हैं, और इस्लाम का इतिहास भी उन्होंने नहीं पढ़ा है। पाकिस्तान में शेख यूनुस नाम के एक डॉक्टर थे। उन्होंने एक बार एक भाषण में कहा था : 'हमारे नबी मोहम्मद चालीस साल की उम्र तक मुस्लिम नहीं थे, और केवल वे ही नहीं उनके माता-पिता भी मुस्लिम नहीं थे। इसकी वजह यह है कि उनके माता-पिता इस्लाम धर्म के प्रचलित होने से पहले ही मर गये थे। नबी तो मुसलमान तब बने जब उन्होंने चालीस वर्ष की आयु में इस्लाम धर्म का प्रवर्तन किया।' इस सच्चे तथ्य का उल्लेख करने के कारण शेख यूनुस को फाँसी देने का आदेश हुआ था। शेख यूनुस की दुर्दशा साबित करती है कि साधारण मुसलमानों के बीच इस्लाम से ताल्लुक रखने वाला ज्ञान लगभग नहीं के बराबर है।

अजीब बात है, हमें सभ्य बनना होगा, हमें सुबोध बनना होगा, ज़रूरी है कि हमारे अन्दर अपनी सीमा की जानकारी रहे, जो कुछ भी करें वह तर्कसम्मत हो। लेकिन जो लोग धर्म में विश्वास करते हैं उनको बोध-शोध कुछ भी न हो तो भी चलेगा। वे तर्क शब्द का त भी ना जानें तो भी चलेगा। वे यदि उग्र हो जायें तो कोई नुक़सान नहीं। किसी भी सिर की कीमत घोषणा करने का अधिकार उनको है। बर्बर और ख़ूनी होना भी उनका अधिकार है। किन्तु वह अधिकार हमारा नहीं है, हमसे मेरा मतलब है वे लोग जो धर्म की धारणा से मुक्त हैं। ईश्वर पर विश्वास करने वाले लोग, ईश्वर पर विश्वास न करने वाले लोगों की तुलना में सभी समाजों में अधिक सुयोग और सुविधा प्राप्त करते हैं, यद्यपि वे आज तक, जिस ईश्वर पर उनका विश्वास है, उसके अस्तित्व का कोई प्रमाण नहीं दिखा पाये हैं।

बांग्लादेश के नब्बे या उससे भी अधिक प्रतिशत निवासी मुस्लिम हैं। अधिकांश इसलिए मुस्लिम हैं कि उनके माता-पिता मुस्लिम थे। कुछ लोग धर्म परिवर्तन के कारण मुसलमान बने हैं, चाहे उन्होंने अपनी इच्छा से इस्लाम धर्म स्वीकार किया हो अथवा मजबूर होकर। इन मुसलमानों में तमाम लोग ऐसे हैं जिनका दावा है कि उन्होंने मुसलमानों की धार्मिक भावना को चोट पहुँचायी है। जब मुस्लिम शब्द का इस्तेमाल होता है तो उससे यह समझाने की कोशिश की जाती है कि देश के सभी मुसलमान यानी समग्र मुस्लिम वर्ग। लेकिन भावना तो व्यक्तिगत होती है। समष्टि की कोई समग्र अनुभूति नहीं होती। किसी वर्ग या दल की अनुभूति भी नहीं होती, वह तो केवल व्यक्तिगत होती है। कहा जा सकता है कि लतीफ सिद्दीक़ी की बात से कुछ व्यक्तियों की अनुभूति को आघात लगा है। ग़ौर करने लायक बात है कि एक व्यक्ति की केवल धार्मिक भावना ही तो नहीं होती, तरह-तरह की भावनाएँ होती हैं। अन्य किसी अनुभूति पर आघात लगने से वे इतने हिंसक तो नहीं हो जाते, जितने कि धार्मिक भावना को आघात लगने से होते हैं। तब यह सवाल पूछा जा सकता है कि धार्मिक भावना क्या अन्य सब भावनाओं में सबसे अधिक

कमज़ोर और विपत्तिजनक अनुभूति है, जो आसानी से टूट जाती है। और यदि वह टूटती भी है तो वह किसी भी सभ्यता के स्तम्भ—गणतन्त्र, मानवाधिकार, बोलने की स्वाधीनता—इन सबको तोड़ डालने का अधिकार दे देती है क्या? जनता की सुरक्षा की व्यवस्था चाहे न भी रहे, किन्तु प्रत्येक देश में इस्लाम को सुरक्षित रखने का इन्तज़ाम होता है। मगर आज स्थिति यह है कि इस्लाम को लेकर अगर किसी ने भी कोई सवाल किया तो समझ लो कि ऐसे व्यक्ति को मृत्युदण्ड, फाँसी, सिर क़लम करने, और जीवनभर देश से निर्वासन और यन्त्रणा का दण्ड भोगना होगा।

मुस्लिम कट्टरपन्थी तो नारी को पत्थर फेंककर मार डालते हैं। एक वार में धड़ से सिर को काटकर फेंक देते हैं। ट्राउजर पहनने पर लड़कियों को चाबुक से पीटते हैं। गाड़ी चलाने पर बेंत से मारते हैं। सारी दुनिया के लोग इस तरह की बर्बरता देखते हैं। एक युग था जबकि सम्पूर्ण पृथिवी पर बर्बरता ही थी; किन्तु आज सभी देशों में बर्बरता को ग़ैरक़ानूनी करार दिया गया है। कोई स्वीकार करे या न करे लेकिन हक़ीक़त यह है कि पिछले दो दशक से मुस्लिम कट्टरपन्थियों की संख्या और उसी के साथ मुस्लिम आतंकवादियों की संख्या भयावह रूप से बढ़ी है। अल-क़ायदा, बोकोहराम, तालिबान, लश्कर-ए-तैबा, मुजाहिदीन, हिजबुल्ला, आईसिस, इत्यादि बहुत से छोटे-बड़े आतंकवादी दल संगठित हुए हैं। पूरी दुनिया को ही वे 'दारुल-इस्लाम' (इस्लाम का जगत्) बनाने का स्वप्न देख रहे हैं, जिस 'दारुल-इस्लाम' में केवल मुस्लिम ही निवास करेंगे, अन्य कोई नहीं। पियू रिसर्च की रिपोर्ट में कहा गया है कि दुनिया के अधिकांश मुसलमान शरिया क़ानून चाहते हैं। आज पूरे विश्व में इस्लाम के सम्बन्ध में एक भयंकर वितृष्णा की सृष्टि हुई है। और पैदा हुई है मुस्लिमों के ख़िलाफ़ नफ़रत। मुस्लिमों से दोस्ती करना, मुस्लिमों को नौकरी देना, मुस्लिमों के साथ व्यावसायिक और सामाजिक सम्बन्ध रखने के मामले में बहुत से देशों के ग़ैरमुस्लिम निवासी मुसलमानों के प्रति उदासीनता और विरक्ति ज़ाहिर करते हैं। मुसलमानों के प्रति एक भयंकर अविश्वास पैदा हुआ है। पाश्चात्य देशों में मानवाधिकार का क़ानून इतना सशक्त और दृढ़ है कि उन देशों में मुस्लिम अपनी पसन्द के मुताबिक जीवन-यापन कर पा रहे हैं। उन्हें मारने की या पकड़कर देश से बाहर कर देने की कोई भी योजना किसी भी देश में नहीं है। पश्चिमी देशों के वर्णवाद एवं जातिवाद को पश्चिम के लोग ही रोकते हैं।

गणतन्त्र अर्थहीन हो जाता है यदि मानव की बोलने की स्वाधीनता या मत प्रकट करने का अधिकार न रहे। समाज को बदलने के लिए नाना प्रकार के लोगों की नाना प्रकार की भावनाओं को ठेस पहुँचती है। अगर हम किसी भी भावना को आघात नहीं पहुँचाना चाहते तो समाज को बदला नहीं जा सकता। राष्ट्र से धर्म को अलग करने या नारी विरोधी क़ानून को दूर करने के कार्य से कुछ लोगों की धार्मिक भावना को चोट पहुँचती है। धर्म की भावना को चोट पहुँचाये बग़ैर आजतक

समाज में कोई अच्छा कार्य नहीं हुआ है। यूरोप से गिरजाघर के बुरे शासन को बन्द करने के समय भी असंख्य लोगों की धार्मिक भावनाओं को आघात लगा था। गैलिलियो के सिद्धान्त और उनकी बातों से तथा डार्विन के जीवधारियों के उद्गम के सिद्धान्त से भी उस ज़माने के समाज की धार्मिक आस्थाओं को धक्का लगा था। विज्ञान की प्रगति से कुरीतियों और अन्धविश्वासों के अँधेरे में घिरे हुए मनुष्यों की धार्मिक आस्थाओं को तो चोट पहुँचती ही है। किन्तु उन्हें बुरा लगेगा यह सोचकर अगर हम अपने विचारों को व्यक्त करना बन्द कर दें, यदि हम विज्ञान के आविष्कारों एवं विज्ञानसम्मत कार्यकलापों को निषिद्ध कर दें, सभ्यता के पहिये को आगे बढ़ने से रोक दें तो समाज को एक बन्द जलाशय की तरह ही गतिहीन रखना होगा। उसे एक स्वयं प्रवाहित स्रोतस्विनी बनाकर उसे प्रवाहित करना हमारे लिए सम्भव नहीं होगा। बहुत से लोग कहते हैं कि बांग्लादेश के निवासी अधिकांश मुसलमान हैं। इसलिए लतीफ सिद्दीक़ी को चाहिए था कि वह सोच-समझकर उचित बात कहें। जनसाधारण के मन के मुताबिक और उनको खुश करने की बात कहने से अपना मत प्रकट करने या बोलने की स्वाधीनता के अधिकार की न कोई ज़रूरत है और न कोई अर्थ। बोलने की स्वाधीनता तो केवल उन्हीं लोगों के लिए हैं जिनके विचारों के साथ अधिकांश लोगों के विचार मिलते नहीं। जो बात आप सुनना नहीं चाहते वही बात कहने का अधिकार ही वाक्-स्वाधीनता है। बोलने की स्वाधीनता की ज़रूरत उन्हें बिल्कुल ही नहीं है जिनके विचारों से किसी को चोट न पहुँचे। बोलने की आज़ादी की पक्षधरता के बजाय जब सरकार इस आज़ादी के विरोधियों का पक्ष लेती है तो अपने देश के विनाश को खुद ही आवाज़ देकर बुलाती है।

धर्म की भावना को लेकर आजकल धर्मबाज़ कट्टरपन्थी ज़बर्दस्त धन्धा चला रहे हैं। इस व्यवसाय से बांग्लादेश में उन्हें बराबर ही लाभ मिल रहा है। जितने बार वे सड़कों पर निकलकर चिल्ला-चिल्लाकर भिन्न मतावलम्बी किसी व्यक्ति को फाँसी देने की माँग करते हैं, जनता की सम्पत्ति को जलाकर राख कर देना शुरू करते हैं, उतने ही बार उनकी हिमायत में सरकार के द्वारा भिन्न मतावलम्बियों को यातना देना शुरू होता है। मेरे साथ भी सरकार ने यही कांड किया था। कट्टरपन्थी आतंकवादियों को सन्तुष्ट करने की सरकार की नीति ठीक पहले की तरह ही चल रही है। ख़ालिदा की सरकार फ़तवाबाज़ आतंकवादियों का पक्ष न लेकर अगर उस दिन उनको दण्ड देने की व्यवस्था करती तो उनकी शक्ति इतने समय में, इतने भयंकर रूप से न बढ़ जाती। मैं बांग्लादेश की बेटी हूँ; तब मैं देश में रह पाती, अपने विचारों को प्रकट करने का कुछ रास्ता बना रहता देश में। बांग्लादेश के केवल रूढ़िवादी ही नहीं, सरकार भी ओछे स्वार्थ की खातिर भिन्न विचारों और सिद्धान्तों का अनुसरण करने वाले लोगों के जनतान्त्रिक अधिकारों का बराबर उल्लंघन कर रही है। आज यदि प्रधानमन्त्री हसीना, लतीफ सिद्दीक़ी को उनके

मन्त्री पद से बर्खास्त न करतीं तो वे निश्चित रूप से देश वापस आ सकते थे। उनके ख़िलाफ़ विरोध का तांडव धीरे-धीरे शान्त हो जाता। होशियार धर्म के ठेकेदार तब समझ जाते कि इस सरकार के शासन काल में धार्मिक विश्वासों की राजनीति को प्रश्रय नहीं मिलेगा। लतीफ सिद्दीक़ी के बहिष्कार करने का अर्थ है कट्टरपन्थी आतंकवादियों की आग में कई मन घी डाल देना। उनकी अनिष्टकारी शक्ति इससे सौ गुनी बढ़ जायेगी। इससे देश एक बार फिर सौ गुना पिछड़ जायेगा।

लतीफ सिद्दीक़ी के बारे में आजकल अनेक प्रकार के तथ्य सामने आ रहे हैं। जैसे कि वह बहुत ख़राब आदमी था। अमूमन यही होता है कि जब सरकार किसी को विपत्ति में डाल देती है तो उसके मित्रों की संख्या कम होते-होते शून्य पर आकर ठहर जाती है। मेरी भी ठीक ऐसी ही दशा हुई थी। मुझे देश से निकाल देने के बाद मेरे जो दोस्त थे वे सब हवा हो गये। मेरे ख़िलाफ़ निरर्थक दुष्प्रचार भी शुरू हो गया। लतीफ सिद्दीक़ी ने सम्भवतः बड़ा ख़राब काम किया था। लेकिन मैं कहती हूँ कि वह तो बहुत अच्छे आदमी हैं। मैं तो केवल उनके अपने विचारों को प्रकट करने की स्वाधीनता के पक्ष में यह बात कह रही हूँ। मैं जितना लतीफ सिद्दीक़ी के अपने विचारों को प्रकट करने के अधिकार के पक्ष में हूँ उतना ही मैं उनके विरोधियों के अपने विचार प्रकट करने के अधिकार की पक्षधर भी हूँ। लतीफ सिद्दीक़ी के विचार, उनके सिद्धान्त, आपको पसन्द न आयें तो आप उनके विरुद्ध लिखिये, बोलिए, तर्क देकर उनके मत का खंडन कीजिए। किन्तु उनके सिर की क़ीमत का ऐलान करना, उनके ऊपर हमला करना, उनको फाँसी देंगे, मृत्युदण्ड देंगे, उन्हें मार डालेंगे, उन्हें काटकर फेंक देंगे, उनका सिर उड़ा देंगे—मैं इस तरह की बर्बर धमकियों के ख़िलाफ़ हूँ।

धर्म परिवर्तन

छल से, चतुराई से, ज़बर्दस्ती, धमकी देकर, और ख़ून-ख़राबी के माध्यम से पूरी दुनिया में ईसाई और इस्लाम धर्म फैला। अगर ऐसा न होता इन दो धर्मों में से एक भी मध्यपूर्व की सीमाओं से बाहर नहीं निकल पाता। मैं जानती थी कि यहूदी और हिन्दू धर्म में इस तरह का धर्मान्तरण नहीं चलता। लेकिन देखती हूँ कि पिछले समय का वह विवेक अब ग़ायब हो गया है। कोई चाहे तो यहूदी बन सकता है, कोई चाहे तो हिन्दू। हरेकृष्ण सम्प्रदाय के विदेशी माथे पर तिलक लगाकर और संस्कृत के श्लोक बोलते हुए हिन्दू का रूप धर लेते हैं। लेकिन धर्म परिवर्तन मुझे लगता है कि केवल कृष्णभक्तों तक ही सीमित नहीं है। अभी कुछ दिन पहले की बात है कि भारतवर्ष में बाक़ायदा सामूहिक धर्म परिवर्तन चल रहा है, मुसलमान दल बाँधकर हिन्दू हो रहे हैं। मुस्लिम क्या हिन्दू धर्म के प्रति आकृष्ट होकर हिन्दुत्व का वरण कर रहे हैं? यदि हिन्दू धर्म के प्रति आकर्षित होकर करते हैं तब तो कोई ऐतराज की बात नहीं है। किन्तु ज़ोर-ज़बर्दस्ती होने पर मुझे आपत्ति है। मैं हमेशा ही किसी को ज़ोर ज़बर्दस्ती कुछ भी कराने की विरोधी रही हूँ। सुना है कि हिन्दू रूढ़िवादी धर्म परिवर्तन कराने के लिए मुसलमानों पर ज़ोर डाल रहे हैं। उनके भय से बहुत से मुस्लिम अपना धर्म बदल रहे हैं। आख़िरकार धर्म से जीवन बड़ा है। इसलिए कोई इन्सान अपना जीवन बचाने का यत्न तो करेगा ही। शायद टका-पैसा भी दिया जा रहा है, इसका अर्थ है कि धर्म परिवर्तन के लिए लोभ भी दिखाया जा रहा है। धर्म परिवर्तन के इस खाते में हिन्दू कट्टरपन्थी दोनों हाथों से पैसा उंडेल रहे हैं। एक तरह का फंड भी तैयार किया गया है। यह तो बिल्कुल ईसाई मिशनरियों और सूफियों की खनका शरीफी पद्धति है। हिन्दुओं ने इस धर्म परिवर्तन का नाम रखा है 'घर वापसी'। इसका अर्थ है प्रत्यावर्तन—यानी वापस लौटना। समझाकर इस तरह कहा जायेगा—तुम तो मजबूर होकर हिन्दू से मुसलमान बने थे अब दुबारा भलाई से अपने धर्म में लौट आओ, अर्थात् घर लौट आओ। जब घर वापसी की बात चल रही है तो मैंने एक हिन्दू रूढ़िवादी से पूछा था—कितने समय बाद यह घर लौटने की घटना घट रही है। वह चुप रहे, कुछ उत्तर नहीं दिया। तब मैंने खुद ही कहा, आठ सौ साल के बाद, ठीक है ना?

भारतवर्ष के अधिकांश मुसलमान धर्म परिवर्तन द्वारा ही बने हैं। छोटी जाति, नीची जाति और ग़रीब वर्गों के हिन्दू चाहे मगजधुलाई के कारण, धन के लोभ में, सूफियों के आचरण से मुग्ध होकर, ब्राह्मणों की घृणा का पात्र बनने से या मुसलमानों की मार खाकर मुसलमान बने। आज भी वह सब कुछ हो रहा है। हिन्दू-मुसलमान का विवाह होने का अर्थ है कि हिन्दू को मुसलमान बनना होगा। इसका उलटा मुस्लिमों का हिन्दू बनना सामान्यतया होता नहीं है। सैकड़ों सालों से भारतीय उपमहाद्वीप के हिन्दुओं का धर्म परिवर्तन होता रहा है। आज हिन्दू रूढ़िवादी जब उसका प्रतिशोध लेना चाहते हैं या उसके विपरीत कुछ करना चाहते हैं तो दिल्ली की राजगद्दी तक काँप उठती है। हिन्दुओं को मुस्लिम या ईसाई तो बनाया जा सकता है लेकिन किसी को हिन्दू नहीं बनाया जायेगा, ऐसी सामान्य धारणा है। यह विषमता स्वीकार करना उचित नहीं है। हिन्दू तो बड़े उत्साह से मुसलमानों का धर्म परिवर्तन कर रहे हैं। किन्तु सोचने वाली बात है कि क्या 25 करोड़ मुसलमानों का धर्म बदलकर उन्हें हिन्दू बनाना सम्भव है? 25 लोगों को करने पर ही तो बावेला मच गया है। चारों तरफ़ इसकी निन्दा हो रही है।

सबको धर्म परिवर्तन का अधिकार हो यही उचित है। बालों का स्टाइल, पोशाक का फैशन, गाड़ी, घर, राजनैतिक दल, नीति और आदर्श, पति और पत्नी—सबको बदला जा सकता है। तो धर्म परिवर्तन न करने का क्या कारण हो सकता है। धर्म क्या इतना भारी पत्थर है कि उसे अपने जीवन से हटाया नहीं जा सकता? इन्सान जितना चाहे धर्म परिवर्तन करे, जब चाहे तब करे, और जो धर्म अच्छा लगे उस धर्म को अपनाये। हिन्दू से मुसलमान बने, मुसलमान से हिन्दू, ईसाई से यहूदी, यहूदी से मोर्मन, मोर्मन से जेहोवाज़ विटनेस, जेहावाज़ विटनेस से बौद्ध, बौद्ध से ज़ोरास्ट्रियन, ज़ोरास्ट्रियन से बहाई, बहाई से पैगन—जिसकी जो मर्ज़ी हो उस धार्मिक वर्ग का सदस्य बने। धर्म परिवर्तन तो मानवाधिकार का ही एक अंग है। इन्सान अपनी मर्ज़ी से धर्म परिवर्तन करता रहे और चाहे तो अपनी मर्ज़ी से ही नास्तिक हो जाये। वह धर्म की ज़ंजीरों से आज़ाद हो जाये। मैं तो धर्म की साँकल से बचपन में ही आज़ाद हो गयी थी। किसी भी शिशु को, दरअसल किसी धर्म की पहचान देना उचित नहीं है। कोई भी बच्चा किसी भी धर्म का, विश्वास लेकर तो जन्म नहीं लेता। बच्चे के ऊपर माता-पिता का धर्म थोप दिया जाता है। इसलिए सभी बालक-बालिकाएँ मजबूर होकर माता-पिता जिस धर्म में विश्वास करते हैं उसी धर्म को अपना धर्म मान लेते हैं। सबसे अच्छा हो अगर बच्चे को बड़ा होने के बाद, बुद्धि के उदय होने के बाद दुनिया के सभी धर्मों के सम्बन्ध में ज्ञान दिया जाये, और केवल धर्म ही नहीं नास्तिकता और मानववाद के सम्बन्ध में भी ज्ञान दिया जाये; उसके बाद वह अपने विश्वास के लिए जिसे चाहे उस धर्म को चुन लेगा, और यदि नास्तिकता उसे पसन्द आये तो उसे ग्रहण कर लेगा। आख़िरकार राजनैतिक

विश्वास को अपनाने के समय तो वयस्क होना ज़रूरी है। यदि ऐसा है तो धर्म में विश्वास ग्रहण करने के समय वयस्क होना आवश्यक क्यों नहीं है!

लगता है धार्मिक विश्वास अपनाने के वक़्त अन्धा होने की ज़रूरत है। अनभिज्ञ शिशु इसीलिए धर्म में विश्वास करने के लिए सबसे उपयुक्त पात्र हैं। ज्ञान की आँखें खुल जाने के बाद लोग धर्म की काल्पनिक परीकथाओं को आसानी से स्वीकार नहीं करते। अगर धर्म के द्वारा बच्चों के मस्तिष्क का प्रशिक्षण आज से बन्द हो जाये तो धर्म नाम की चीज़ को विलुप्त होने के लिए बहुत से दशकों की ज़रूरत नहीं होगी। धर्म का अस्तित्व रहे या न रहे, इस सम्बन्ध में जब मैं यह सोच रही हूँ, उस समय हिन्दू रूढ़िवादी मुसलमानों का अनुकरण करने में लगे हुए हैं। मैं यह बात जिम्मेदारी के साथ कह रही हूँ कि जो रूढ़िवादी हैं वे मुसलमान रूढ़िवादियों के पदचिह्नों पर उनका अनुकरण करते हुए चल रहे हैं। मुस्लिम वायोलेंस (हिंसा) करते हैं, इसलिए हिन्दू भी करेंगे। मुस्लिम दूसरे धर्मों के अनुयायियों का धर्म बदलकर उन्हें मुसलमान बनाते हैं इसलिए हिन्दुओं को भी वही करना होगा। दरहक़ीक़त रूढ़िवादियों के बीच कोई विशेष अन्तर नहीं है। सभी रूढ़िवादियों का एक ही धर्म है और एक ही मन्त्र : मनुष्य को भ्रम में डालो और समाज को वहीं स्थिर रहने दो जहाँ वह है।

सुनती हूँ कि धर्मान्तरण विरोधी एक क़ानून जारी होगा। यह तो ठीक नहीं है। जीवन के अन्य किसी विश्वास को परिवर्तित करने का अधिकार तो लोगों को रहेगा। केवल धर्म परिवर्तन का अधिकार उन्हें नहीं मिलेगा। इसका कोई अर्थ होता है क्या? किसी एक निश्चित धर्म के पिंजड़े में मनुष्य को क़ैदी बनाकर रखना तो घोर अन्याय है। संविधान में अगर जनतन्त्र और मानवाधिकार की बात स्पष्ट लिखी हो तो धर्मान्तरण विरोधी क़ानून नहीं बनाया जा सकता। मैं समझ नहीं पाती कि धर्म के विलुप्त होने को लेकर इतना डर क्यों हैं? धर्म को क्या किसी शक्ति के द्वारा पकड़कर रखा जा सकता है? कभी रखा गया है क्या? सुमेर, मेसोपोटामिया, मिस्र, ग्रीस, रोम, वाइकिंग, इत्यादि कितने ज़बर्दस्त धर्म मर कर राख हो गये हैं। आज का हिन्दू धर्म, बौद्ध धर्म, यहूदी धर्म, ईसाई धर्म, और इस्लाम भी एक दिन मरेगा। प्रकृति से प्रार्थना करती हूँ कि तब झूठाविज्ञान, कुरीतियों और अन्धविश्वासों पर आधारित कोई नया धर्म इस पृथिवी को जलाने के लिए न आ जाये।

मानवीय व्यवस्था सुरक्षित रहे। कोई भी धर्म मानव सभ्यता को सुरक्षित नहीं रख पायेगा। मनुष्य के प्रति मनुष्य का अपनत्व ही मानव सभ्यता की रक्षा करेगा। मानवजाति का स्वतन्त्र चिन्तन, कुरीतियों और अन्धविश्वास से मुक्ति, वैज्ञानिक मानसिकता, और तर्कशील बुद्धि ही मानवजाति की रक्षा कर सकेगी।

ममता से आशा थी, अब आज नहीं

ममता बन्द्योपाध्याय को लेकर पश्चिम बंगाल की जनता को आशा थी। मैं सामान्यतया राजनैतिक नेताओं से ज़्यादा आशा नहीं करती। लेकिन जब 2011 के निर्वाचन के समय आनन्दबाज़ार पत्रिका—बांग्ला समाचारपत्र—ममतापन्थी हो उठा तो मुझसे अनुरोध किया कि मैं ममता के बारे में कुछ अच्छा लिखूँ। मैंने लिखा भी, जो उन्होंने पहले पृष्ठ पर छापा। जो महत्त्व आनन्दबाज़ार ने उस समय ममता बन्द्योपाध्याय को दिया था वह अब वैसा महत्त्व उन्हें नहीं देता। उस समय आनन्दबाज़ार ने ममता का प्रचुर गुणगान किया था; अब निन्दा कर रहा है। पश्चिम बंगाल के गर्वनर गोपालकृष्ण गाँधी ने एक बार कहा था कि आनन्दबाज़ार जिस तरह किसी को सिर के ऊपर उठा सकता है, उसी तरह किसी भी समय गिरा भी सकता है। यह आनन्दबाज़ार का दोष नहीं है। ममता ही इस प्रकाशन के सम्मान की रक्षा नहीं कर पायीं। दरअसल अच्छा समझकर जितने लोगों ने वोट दिये उससे अधिक वोट उन्हें सीपीआईएम से नफ़रत करने के कारण दिये। सत्ता में आते ही उन्होंने मुस्लिम कट्टरपन्थियों को ख़ुश करना शुरू कर दिया। कलाकारों और साहित्यकारों को धन देकर खरीदने की चेष्टा की। शारदा घोटाले में फँसी; बलात्कार के लिए जिसके साथ बलात्कार हुआ उसे दोषी ठहराया। और भी कितना कुछ! मुस्लिम रूढ़िवादियों को प्रसन्न करने के लिए मुझे पश्चिम बंगाल में घुसने नहीं दिया, टेलीविज़न के लिए लिखा गया मेरा मेगासीरियल निषिद्ध कर दिया, पुस्तक मेले में मेरी पुस्तक का विमोचन भी बन्द कर दिया। मुस्लिम वोट पाने के लिए किस हद तक वह पागल हो गयी हैं। शायद बांग्लादेश के जमायते इस्लामी दल का भी समर्थन किया है। इस कालीभक्त महिला ने वोट की खातिर और भी उलटे-सीधे मूर्खतापूर्ण काम किये हैं, सिर पर हिजाब पहना है, रमजान के समय रोज़ा रखती हैं, और अल्लाह के सामने मुनज्ज़त में हाथ उठाती है।

2011 में ममता बन्द्योपाध्याय को लिखी अपनी एक पुरानी चिट्ठी यहाँ शामिल कर रही हूँ, ममता के ऊपर आशा और भरोसे की चिट्ठी। अब न आशा है और न भरोसा; केवल हताशा ही है।

''पश्चिम बंगाल में जो ऐतिहासिक 'परिवर्तन' आ रहा है उसका स्वाद राज्य के

बाहर से भी लेने के बावजूद राज्य में निवास करने वाली जनता के उत्साह से मेरा उत्साह कुछ कम नहीं है। हवा में जब वेग होता है तो वह हवा बहुत दूर तक पहुँचती है। राजनीति का अंकगणित मैं ज़्यादा नहीं जानती; तब भी चारों तरफ़ देखकर और सुनकर मेरे मन में यह विश्वास जन्मा है कि श्रीमती ममता बन्द्योपाध्याय, 35 साल से जो वामपन्थी शासन पश्चिम बंगाल में चल रहा है, उस विशाल वृक्ष को मज़बूत ज़ंजीर से उखाड़कर फेंक रही हैं। असीम क्षमतावान पुरुष नेता जो नहीं कर पाये वह एक सहज, सरल और साधारण नारी कर पा रही है। भारतीय उपमहाद्वीप में मैंने अन्य राजनैतिक नारियाँ भी देखी हैं, अपने देश में ही देखा है। उनमें से किसी की भी सफलता ने मुझे इस हद तक अभिभूत नहीं किया है। भूतपूर्व राष्ट्रपति, पिता, एवं अपने पति के परिचय के कारण बांग्लादेश की वे महिलाएँ राजनीति में आयी हैं और बहुत जल्द ही उन्होंने सत्ता भी प्राप्त की है। ममता बन्द्योपाध्याय किसी परिवार के सदस्य या सम्बन्धी का हाथ पकड़कर मैदान में नहीं उतरीं। दीर्घकाल से वह अकेली ही लड़ती आ रही हैं। विशाल पहाड़ को दोनों हाथों से अकेले ही ठेलकर उन्होंने ही हटाया है और विपत्ति की रात में अकेले ही समुद्र में कूद पड़ी हैं। दुर्गम अरण्य में वह अकेली ही पैदल चली हैं, पूरे आकाश को ही खींचकर धरती पर उतार लाई हैं। कोई और होता तो हिम्मत हार जाता, मगर उन्होंने नहीं हारी। वह एक अग्निशिखा हैं, असम्भव को सम्भव करने वाली जादूगर हैं। इस साहसी, तेजस्विनी, शक्तिमयी नारी का मैं अभिनन्दन करती हूँ। स्वयं वामपन्थ में विश्वास रखने के बावजूद मैं उनका स्वागत करती हूँ। सच कहूँ तो वामपन्थी नेताओं के साथ विरोध होने के बावजूद भारत की वामदलों की नीति के साथ ममता बन्द्योपाध्याय के आदर्श या उनकी नीति का बहुत बड़ा विरोध है, मैं ऐसा नहीं समझती। वे साधारण जनता के लिए अन्न, वस्त्र, शिक्षा, स्वास्थ्य–इन सबको लेकर जो सोचती हैं, प्रगति के पथ पर चलने वाले वामपन्थी जिस तरह चले थे, वे भी उसी रास्ते पर चलेंगी ऐसा वादा उन्होंने किया है। लेकिन निरन्तर जो दुर्लभ होता जा रहा है, एवं जनता जिसे प्राणपण से प्राप्त करना चाहती है–एक दुर्नीति और आतंकमुक्त समाज–उन्होंने वचन दिया है कि वे उसे लायेंगी। वामपन्थी नेताओं की कुछ ग़लतियों, कुछ अपराधों, और अकारण उनके घमण्ड ने जनता को आज दूसरी दिशा में मुख़ातिब होने को बाध्य किया है। बंगाल की जनता निरन्तर, कमोबेश, वामपन्थी विचारधारा वाली होने के बावजूद आज किसी अन्य व्यक्ति को सत्ता में देखना चाहती है। लेकिन इसका यह अर्थ नहीं है कि वह राजनैतिक व्यवस्था को उलटकर किसी दक्षिणपन्थी शासक या साम्प्रदायिक शासन को लाना चाहती है। मैं विश्वास करती हूँ कि बंगाल की अधिकांश जनता अब भी पहले की तरह धर्मनिरपेक्ष, समता और समानाधिकार में विश्वास रखने वाली है, तथा अन्याय एवं अत्याचार के विरुद्ध अब भी आवाज़ उठाती है। भारतीय राजनीति में यद्यपि दक्षिण और वामपन्थ को

अलग रखा जाता है, फिर भी नाम को छोड़कर यदि नीति की तरफ़ देखें तो सभी राजनैतिक दल मुझे एक प्रकार के 'दक्षिण नरमपन्थी' दल नज़र आते हैं।

माँ, धरती और मनुष्य–ये तीन मेरे बहुत प्रिय शब्द हैं। ये शब्द एक नारे की तरह प्रयुक्त होने से बहुत पहले से ही मेरी कविता में बार-बार आते हैं। मेरी माँ अब जीवित नहीं हैं। वह एक नितान्त असहाय और सताई हुई नारी थीं। मेरी माँ की तरह तमाम मातायें और स्त्रियाँ इस पुरुषशासित समाज में सताई जा रही हैं। बलात्कार और यौन यातना, वधू हत्या, स्त्रियों को दासी बनाना, और उन्हें मार डालना–ये सभी अन्याय समाज से दूर नहीं हुए हैं। जानती हूँ कि असहाय स्त्रियों की रक्षा करने का क़ानून देश में है, किन्तु इस क़ानून का प्रयोग क्या भली प्रकार होता है? क़ानून में स्त्रियों का सम्पत्ति पाने का अधिकार है किन्तु वास्तव में कितनी स्त्रियों को यह अधिकार मिल पाता है! स्त्रियाँ शिक्षित और आत्मनिर्भर होने के बावजूद पुराने नारीविरोधी संस्कार और अन्धविश्वासों के कारण अब भी स्वामी और समाज की सम्पत्ति मानी जाती हैं, आज भी वे भोग की सामग्री हैं, और सन्तान पैदा करने की मशीन होकर जीने को मजबूर हैं। कुछ उच्च मध्यवर्ग की शिक्षित समाज की महिलाएँ स्वाधीनता पाती ज़रूर हैं लेकिन अधिकांश स्त्रियाँ दरिद्र होने से स्वाधीनता किसे कहते हैं आज भी नहीं जानती। ऐसा नहीं है कि स्त्रियाँ इसके विपरीत कुछ नहीं कर सकतीं; नन्दीग्राम और सिंगूर की स्त्रियों ने दिखा दिया है कि वे भी अपने अधिकारों की खातिर लड़ना जानती हैं, वे भी विरोध करना जानती हैं। लेकिन जिन निरीह, दरिद्र और सताई हुई स्त्रियों को यौनदासी बनाया गया है, उनकी क्या स्थिति है? जो बच्चे और बालिकाएँ रोज वेश्यालयों में बिक्री हो रहे हैं, वे क्या कुछ कर सकते हैं? सैकड़ों प्रतिवाद करने के बावजूद वे अँधेरी गलियों की वीभत्सता से मुक्ति नहीं पाते। वे भी माँ हैं, वे भी इस धरती के इन्सान हैं, वे भी हमारी बहनें हैं, वे हमारी कन्या हैं। हमारी आशा और हमारा स्वप्न है कि महान् नारी ममता सत्ता में आने पर नारियों की यौन दासता को मिटा देंगी जिससे वे अपने बाकी जीवन में सिर ऊँचाकर सम्मानपूर्वक जी सकें। ऐसी पुनर्वास की व्यवस्था वे करेंगी। शरीर बेचने के लिए नहीं है, जीवन लांछित होने के लिए नहीं है। प्रतिदिन अपरिचित पुरुषों द्वारा प्रताड़ित, असम्मानित, यन्त्रणाग्रस्त होने और उनके चंगुल में पड़ने के लिए जीवन नहीं बना है। तमाम लोग वेश्यावृत्ति को यह कहकर क़ायम रखना चाहते हैं कि यह दुनिया का सबसे पुराना पेशा है। नहीं, मैं नहीं मानती; पेशा नहीं है बल्कि वेश्यावृत्ति दुनिया में नारी का प्राचीनतम उत्पीड़न है। पुराना हो चाहे नया, किसी भी तर्क के आधार पर नारी के ऊपर अत्याचार कोई भी सभ्य समाज स्वीकार नहीं कर सकता। खरीदकर दास बनाने की प्रथा और वेश्यावृत्ति–दोनों के मूल में ही शुद्ध दासता है। केवल दोनों की पहचान दो क्षेत्रों में होने के कारण भिन्न है। वेश्यावृत्ति के लिए ज़रूरी है स्त्री का यौन परिचय, और खरीदे दास की

प्रथा के लिए ज़रूरी है उसकी जाति, उसके वर्ण का परिचय। खरीदे दासों की प्रथा तो विलुप्त हो गयी है, तो कोई कारण नहीं है कि वेश्यावृत्ति भी ख़त्म न की जाये।

यह बात बहुत दुखजनक है फिर भी सही है कि समाज की अधिकांश स्त्रियाँ खुद ही अपने अधिकारों के प्रति सजग नहीं हैं। देश की जनगणना के तथ्यों से इस बार बड़े ख़तरनाक संकेत मिलते हैं, स्त्रियों की संख्या बराबर घट रही है। और यह भी नहीं सोचना चाहिए कि वह केवल गाँव-कस्बों में ही कम हो रही है, बिना पढ़ी-लिखी जनता के बीच। वह तो कम हो रही है शहर के शिक्षित वर्ग के लोगों में भी। अगर इस तरह कन्याओं की भ्रूण हत्या चलती रही तो देश में स्त्री नाम के जीवधारी बचेंगे ही नहीं। जब तक नारी एवं पुरुष दोनों के बीच स्त्री के अधिकारों के बारे में सचेतनता नहीं आती तब तक क़ानून का प्रयोग करने के बावजूद नारी का उत्पीड़न बन्द नहीं किया जा सकता। सभी पुराने सामाजिक एवं पारिवारिक रीति-रिवाजों और संस्कारों के ख़िलाफ़ नारी अपनी आवाज़ उठा सके, जिससे उसका आत्मसम्मान और आत्मविश्वास बढ़े, उसकी ग़रीबी, अशिक्षा, अज्ञान, और दूसरों पर निर्भरता से मुक्ति हो—इसके लिए ममता बन्द्योपाध्याय सबसे बड़ी भूमिका अदा कर सकती हैं। उनके अन्दर क्षमता है कि वे सामाजिक आन्दोलन में नारियों को संगठित होने की आवाज़ दें।

मैं इस देश की नागरिक नहीं हूँ लेकिन इसे प्रेम करती हूँ। इसीलिए यहाँ रहती हूँ और यहाँ पर एक अच्छे, सुन्दर, समता वाले समाज का स्वप्न देखती हूँ। आज सत्रह साल से अपने देश से निर्वासित हूँ। देश क्रमशः मुझ से दूर होता जा रहा है। उसकी स्मृतियाँ धुँधली हो गयी हैं; और जो सब कुछ छोड़ आयी हूँ वहाँ उसे मैंने खो दिया है। अब तो भारतवर्ष को ही मैं अपना देश समझती हूँ। भारतीय उपमहाद्वीप में रूढ़िवादियों का जो तांडव चल रहा है बदक़िस्मती से मैं उसी का शिकार हूँ। यह रूढ़िवाद नारी के अधिकार और मानव के विचारों को प्रकट करने की स्वाधीनता के विरुद्ध एक बुरी शक्ति है। सभी सद्बुद्धि सम्पन्न लोग स्वीकार करेंगे; सभी धर्मों के रूढ़िवादी मतावलम्बी, शिक्षा, मानवीय चेतना, प्रगति, विचारों की स्वाधीनता और तर्क एवं वैज्ञानिक दृष्टिकोण के विरुद्ध हाथ में तलवार लेकर खड़े होते हैं। ऐसे समय में ऐसे राजनैतिक नेताओं की बहुत ज़रूरत है जो दूरदृष्टि वाले हों। आज यदि राजनैतिक नेतागण धार्मिक कट्टरपन्थियों को खुश करते हैं तो सबसे अधिक अपमानित होता है जनतन्त्र। जनतन्त्र का अर्थ केवल वोट देना तो नहीं है। जनतान्त्रिक अधिकारों में शामिल है सब नारी और पुरुषों की सुरक्षा, व्यक्तिगत स्वाधीनता और अपनी बात कहने की आज़ादी। भारतवर्ष के राजनैतिक दलों में धार्मिक कट्टरपन्थियों को सन्तुष्ट करने की तत्परता बहुत ज़्यादा है। कई बार तो पूरी तरह उन्हें सन्तुष्ट करने की प्रतियोगिता शुरू हो जाती है। मुझे विश्वास है कि चुनाव में जीतकर ममता बन्द्योपाध्याय, सभी धर्मों के कट्टरपन्थियों

से हथियार डलवा लेंगी और उन्हें निष्क्रिय कर देंगी। पैंतीस वर्ष सत्ता में रहकर वामपन्थी नेताओं के लिए जो करना उचित था, और जो उन्होंने किया नहीं, उसे ये नयी नारी नेत्री करेंगी। आख़िरकार कट्टरपन्थियों के हाथों दुख भोगने वाला नारियों से अधिक और कौन होगा!

बांग्लादेश में भी राजनैतिक परिवर्तन आया है। पुराने शासकों के अराजकता के दिन अब नहीं रहे। किन्तु मुझे उस देश में रहने की अनुमति देने के लिए जिस मनोभावना के परिवर्तन की ज़रूरत है उसका कोई आभास अब भी नहीं है। पश्चिम बंगाल तो बांग्लादेश नहीं है। मुझे विश्वास है कि वास्तविक परिवर्तन पश्चिम बंगाल में होगा। माताओं के मुँह पर हँसी आयेगी, किसी के पैरों के नीचे की ज़मीन कोई छेड़ेगा नहीं, धरती और भी उर्वर होगी, मनुष्य का जीवन और निरापद होगा और वह निश्चिन्त, सुख और शान्ति से निवास करेगा। ममता बन्द्योपाध्याय से मैं आशा करूँगी कि वह मुझे—इस बंगाली लेखक को, बंगाल में स्थान देंगी। वामपन्थी सरकार के किसी भी ग़लत कार्य को उन्होंने स्वीकार नहीं किया, तो एक लेखक को बिना अपराध बंगाल से उखाड़कर फेंकने को वह क्यों स्वीकार करेंगी। नारी के अधिकार, धर्मनिरपेक्षता और वाणी की स्वाधीनता के पक्ष में जो अपने जीवन को ही झोंककर लड़ाई कर रहा है उसे बंगाल में रहने की अनुमति क्यों नहीं मिलेगी, जब बंगाल में शासन करेगी एक निर्भीक लड़ाकू नारी!

किसने कहा है कि हमारा जीवन आशा के ही भरोसे है। ममता बन्द्योपाध्याय वास्तव में परिवर्तन लायेंगी यह केवल आशा नहीं है, यह केवल स्वप्न नहीं है। यह तो इस समय मेरा और हमारा सबका दृढ़ विश्वास है।''

आहा कैसा विश्वास!

छोटी-छोटी दुख की बातें

1. सुना है बोको हरामजादों ने एक बार फिर औरतों और बच्चों को किडनैप किया है। एक-दो को नहीं तकरीबन 185! इन औरतों का जब चाहें और जितना चाहें बोको आतंकवादी हरामजादे बलात्कार करेंगे, छोटी उम्र की लड़कियों को गर्भवती कर देंगे, सस्ते दामों में उन्हें बेच देंगे। अल्लाह के प्यारे नबी मोहम्मद भी अन्यायपूर्वक स्त्रियों को उठा ले जाकर उनका भोग करते थे। लेकिन इतना भयंकर कांड तो नहीं करते थे। बहिश्त (स्वर्ग) में एक-एक पुरुष को 72 सुन्दरी, कुमारी कन्याएँ दी जायेंगी, लेकिन उसके बावजूद नबी के अनुयायी इस दुनिया में अपनी भूख कम नहीं करते।

बोको हरामजादे आईसिस बनना चाहते हैं। उनकी देखा-देखी खलीफ़ा की पदवी भी तैयार की है और बेरोकटोक ख़ून और बलात्कार करते हैं। इस्लाम का अत्याचार और कितना सहना होगा नारियों और शिशुओं को। इस बार ज़ोर की आवाज़ में स्त्रियाँ 'न' बोलें तो खूब ज़ोर, और इतने ज़ोर से जिससे पूरी दुनिया सुन सके।

2. 150 औरतों का ख़ून किया उस दिन इस्लामी आतंकवादी दल आईसिस ने। कारण था कि वे औरतें आतंकवादियों से शादी नहीं करना चाहती थीं। यौन जिहाद के नाम पर इन औरतों का इतने दिन मन के मुताबिक भोग किया आतंकवादियों ने। अब उनको ब्याह करने का शौक चढ़ा है। 'अल्लाहू अकबर' कहकर चिल्लाये और शादी के लिए राज़ी न होने वाली औरतों के सिर काट डाले। ये 150 औरतें इस समय इराक़ की सामूहिक कब्र में पड़ी हैं।

इधर पाकिस्तान के इस्लामी आतंकवादियों ने 132 बालक–किशोरों की परसों हत्या कर डाली है। हत्या करने के समय 'अल्लाहू अकबर' कहकर चिल्लाये थे। 'अल्लाहू अकबर' का अर्थ है अल्लाह महानतम है।

चौदह सौ साल से क्या होता रहा है उसे छोड़ देती हूँ। पिछले कई महीने पर ही नज़र डालती हूँ। इस्लामी आतंकवादियों ने हज़ारों निरीह इन्सानों को, अल्लाह महान्, अल्लाह श्रेष्ठ, अल्लाह दयालु, अल्लाह एक, बोल-बोलकर क़त्ल कर डाला है। उनके सिर पर गोली मार दी है। कटे हुए मुंडों को लेकर आनन्द उत्सव मनाया

है। ये समस्त बर्बरता और नृशंसता, इन हत्यारों ने अल्लाह के प्रेम के कारण ही की है। अब भी कर रहे हैं।

किसी एक विचारधारा, आदर्श या विश्वास के कारण यदि आदमी दूसरे इन्सानों की हत्या करता है तो उस आदर्श या विचारधारा का गम्भीर विश्लेषण होना चाहिए, उस मतवाद की निन्दा की जानी चाहिए; यही नहीं, मानवता के लिए उन्हें निषिद्ध भी किया जाना चाहिए। जैसे नात्सी मतवाद। पूरे विश्व में आज नात्सी विचारधारा घृणित और निषिद्ध है।

कम्यूनिज़्म के नाम पर या कम्यूनिस्ट आदर्श के कारण कम्यूनिस्टों ने मानवीय हत्या की है। तब लोगों ने केवल कम्यूनिस्टों को दोषी नहीं ठहराया, कम्यूनिज़्म को भी दोष दिया। कम्यूनिज़्म के भीतर ही उसकी ग़लती ढूँढ़कर निकाली।

किन्तु इस्लामी आतंकवादी जब इस्लाम के नाम पर या इस्लाम के आदर्श की खातिर लोगों की हत्या करते हैं तो अधिकांश लोग केवल आतंकवादियों को ही दोषी ठहराते हैं, इस्लाम को नहीं। इस्लाम की आलोचना तो करते ही नहीं; बल्कि उल्टे बोलते हैं कि इस्लाम अच्छा है, इस्लाम शान्ति का धर्म है, इस्लाम की आतंकवादियों ने ग़लत व्याख्या की है। बेवकूफी, बुद्धिहीनता, और हिपोक्रिसी (पाखण्ड) जितने दिन चलेंगे उतने ही दिन आतंकवादी मज़े से आतंक फैलाते रहेंगे, इसमें सन्देह नहीं है।

इस्लाम ने जिस आतंक को फैलाने की बात कही है उसका प्रमाण सभ्य लोगों के पास भले न हो आतंकवादियों के पास ज़रूर है। वे तो इस्लाम के आधार पर ही लोगों की हत्या करते हैं। इस्लाम में सम्पूर्ण विश्वास करने वाले लोगों को, आज नहीं तो कल, आतंक पर विश्वास करना ही पड़ेगा।

भद्र पुरुषों के पास प्रमाण नहीं है यह बात भी ठीक नहीं है। कुरान और हदीस के ग्रन्थ दुर्लभ तो नहीं हैं। उनके हर पृष्ठ पर लिखा है कि इसको मारो, उसको पकड़ो, उनकी हत्या करने के भी असंख्य आदेश और उपदेश हैं। पृष्ठों को खोलने से ही सबूत मिल जायेगा।

आतंकवाद का परित्याग करना अगर उद्देश्य है तो इस्लाम का त्याग करने के अलावा कोई दूसरा रास्ता नहीं है। इस्लाम एक ऐसा धर्म है कि अगर इस पर विश्वास किया तो इस पर सौ प्रतिशत विश्वास करना होगा। इसका कारण है कि विश्वास के मुताबिक कुरान का सब कुछ स्वयं अल्लाहताला के पास से आया है। कुरान की केवल अच्छी बातों पर विश्वास करें और ख़राब, आतंक समर्थक, झूठ, अन्यायपूर्ण, अत्याचारी, और वैषम्य-विभेद वाली बातों पर विश्वास न करे, ऐसा तो हो ही नहीं सकता। अल्लाह के सब वाक्यों, सब शब्दों, सब अक्षरों पर अगर तुम विश्वास नहीं करते हो तो तुम मुसलमान ही नहीं हो।

टुकड़ा-टुकड़ा बातें

1. जितने बार सम्मानित हुई उतने ही बार मैं लज्जित हुई अपने देश के कारण। आज भी शर्म आती है। मेरे पिता जिस समय मृत्यु-शैया पर पड़े थे, तो प्रधानमन्त्री हसीना से मैंने बहुत अनुरोध किया था कि मुझे कम-से-कम दो दिन के लिए ही देश जाने की अनुमति दें। मेरे पिता बहुत व्याकुल थे मुझे एक बार देखने के लिए। रोज रोते रहते थे। हसीना ने मुझे देश नहीं जाने दिया। हो सकता है कि वे अपने पिता को छोड़कर अन्य किसी के पिता को सम्मान नहीं देतीं, यह भी हो सकता है कि वे अपने पिता से सच्चे मन से प्रेम न करती हों; उन्हें शायद अपने पिता को लेकर राजनीति करना अच्छा लगता है। जो अपने पिता से प्रेम करता है ऐसा कोई भी व्यक्ति इस तरह दूसरे के पिता को वंचित नहीं करता, खासतौर पर जब कोई पिता अपनी बेटी को एक बार, बस आखिरी बार देखना चाहता है। बेटी का हाथ आखिरी बार छूने के लिए मृत्यु-शैया पर जब कोई पिता महाशय रोते हैं तो उनको कोई शत्रु भी 'न' नहीं कहता।

जीवन में रूढ़िवादियों के बहुत अत्याचार सहे हैं मैंने, उनके द्वारा जारी किया हुआ फ़तवा, मुक़दमा, मेरे ख़िलाफ़ उनकी हड़ताल, उनके जुलूस। किसी ने भी मुझे इतना दुख नहीं पहुँचाया जितना मेरे बीमार पिता के पास मुझे एक बार न जाने देने के कुत्सित सरकारी निर्णय ने पहुँचाया। बांग्लादेश के साथ पश्चिम बंगाल का अलगाव लगभग नहीं के बराबर है। मगर बांग्लादेश से जिस तरह मुझे भगाया गया था उसी तरह पश्चिम बंगाल से भी मुझे निष्कासित किया गया है। इसी एक कारण से ही धार्मिक कट्टरपन्थियों के चेहरे पर हँसी फूट पड़ती है।

कुद अदूरदर्शी, स्वार्थी, राजनैतिक व्यक्तियों के कारण मैं आज निर्वासित हूँ। एक व्यक्ति जो सिर से पैर तक पूरी तरह बंगाली लेखक है उसके लिए बंगाल में जगह नहीं है। बांग्लाभाषा से हज़ारों मील दूर रहते हुए बंगाल के लोगों के लिए मुझे बांग्लाभाषा में पुस्तकें लिखनी पड़ती हैं। कितना जघन्य, कितना निर्मम, कितना भयंकर है यह दण्ड! क्या अपराध है मेरा? इसलिए कि मैंने अपना मत व्यक्त किया था जो कुछ मूर्ख, धर्मान्ध और नारीविरोधी लोगों के विचारों से भिन्न था?

उसके बावजूद भी प्रेम तो मरता नहीं। माँ नहीं, पिता भी नहीं, जो मुझे प्रेम

करते थे उनमें कोई भी नहीं। शमशुर रहमान नहीं हैं, के.एम. सुबहान, कबीर चौधुरी, रशीद क़रीम, वहीदुल हक़—इनमें कोई भी नहीं है आज—पूरा देश सुनसान पड़ा है। फिर भी देश की ख़ातिर, देश में जिसे छोड़कर चली आयी वह नदी, वह स्कूल, बचपन का वह आँगन, खेल का वह मैदान, माँ का लगाया हुआ वही कामिनी का गाछ, वही नारियल, वही कमरख, वही अमरूद गाछ—उन सबके लिए मन कितना व्याकुल होता है। कोई नहीं, कुछ भी नहीं, सब बदल गया है; देश वह अब देश नहीं रहा। किन्तु फिर भी देश शब्द उच्चारण करने के साथ-साथ हृदय के भीतर एक दर्दभरी आवाज़ उठती है। इस वेदना को मैं कैसे अभिव्यक्त करूँ मुझे नहीं मालूम।

2. स्त्रियों को बुर्क़ा पहनाने का अर्थ है कि स्त्रियाँ लोभ-लालच की चीज़ हैं। वे उपभोग की वस्तु हैं, उनके शरीर का कोई भी अंग यदि पुरुष देखता है तो उसकी यौनकामना आग की तरह धू-धू कर जल उठती है, लोभ-लालच की बाढ़ उमड़ आती है और बिना बलात्कार किये उसे शान्ति नहीं मिलती। पुरुषों की इस यौन समस्या के कारण स्त्रियों को आपादमस्तक ढककर रखना होगा। यही है सातवीं सदी में जन्म लेने वाले इस्लाम का आदेश। इस आदेश का अर्थ हुआ कि सभी पुरुष असभ्य हैं, सब बुरे हैं, सब यौनभावना से अधीर हैं, बलात्कारी हैं। वे अपनी यौन इच्छा का दमन करना नहीं जानते। वे नहीं जानते हैं इसीलिए शरीर को सिर से पैर तक ढँककर रखने का दायित्व स्त्रियों को लेना पड़ता है।

सच कहूँ तो बुर्क़ा स्त्रियों का जितना अपमान करता है उससे अधिक अपमानित करता है पुरुषों को। बुर्क़ा का विरोध पुरुषों के द्वारा ही किया जाना चाहिए। आश्चर्य होता है कि पुरुषजाति क्यों अपने बलात्कारी परिचय को बनाये रखने के लिए स्त्रियों द्वारा बुर्क़ा पहनने का इस्लामी आदेश जारी रखना चाहता है। पुरुष में अपने आत्मसम्मान का बोध क्या ज़रा भी नहीं है? तो अब भी वे क्यों नहीं बोलते, 'हम स्त्री को देखते ही उसके ऊपर झपट नहीं पड़ेंगे, हम अपनी यौनवासना को नियंत्रित करना जानते हैं, हम बर्बर नहीं हैं, हम असभ्य, असंयत, बलात्कारी नहीं हैं। हम शिक्षित हैं, सभ्य हैं। स्त्रियाँ भी हमारी तरह इन्सान हैं। स्त्रियों में भी तो यौनवासना होती है, उसकी वजह से हमे तो बुर्क़ा पहनना नहीं पड़ता। यदि स्त्रियाँ अपनी यौनवासना को संयत रखना जानती हैं, तो हम क्यों नहीं जानेंगे भला? हम स्त्रियों का सम्मान करना जानते हैं। हमारी दुहाई देकर स्त्रियों को बुर्क़े के कारागार में घुसाकर अत्याचार करना अब नहीं चलेगा।'

3. अस्सी के दशक से ही, केवल इस्लाम ही नहीं, अन्य धर्मों के अन्तर्गत भी जिस तरह स्त्रियों को सम्मान नहीं मिलता उसे मैंने साफ तौर पर दिखाने की कोशिश की है। नब्बे के शुरुआती दिनों में एक राष्ट्रीय दैनिक अख़बार में मैं 'वेद, बाइबिल, और कुरान की नारी' शीर्षक से नियमित कॉलम लिखती थी। हिन्दू धर्म की आलोचना करने से भारतवर्ष में अक्सर ही हिन्दू रूढ़िवादियों की क्रोधाग्नि का

शिकार होती हूँ। किन्तु उन्होंने मेरे सिर की कीमत की घोषणा आज भी नहीं की है। क्रोध से पागल होकर सिर काटने के लिए भी नहीं आये। ईसाइयों और यहूदियों के धर्म को लेकर भी मैंने बहुत कुछ लिखा है। उससे भी उनकी कोई प्रतिक्रिया नहीं हुई। किन्तु मुस्लिम समाज के अन्धे, बुद्धिहीन, लोगों ने ज़रा-सा मौक़ा पाते ही मुझ पर इल्ज़ाम लगाया कि मैंने इस्लाम को छोड़कर किसी अन्य धर्म के बारे में कभी कुछ लिखा ही नहीं। उनके इस दोषारोपण को सुनकर कोई भी सोचेगा कि वे सब तसलीमा के साहित्य के विशारद हैं, जैसे कि उन्होंने तसलीमा की चालीस पुस्तकें घोंट-घोंटकर पढ़ डाली हैं और तभी ऐसी बातें कह रहे हैं। अगर दिखा दूँ कि इस्लाम को छोड़कर अन्य धर्मों की आलोचना की है मैंने, तब वे कहेंगे कि इस्लाम को लेकर जितना अधिक लिखा है उतना तो किसी अन्य धर्म को लेकर नहीं लिखा। तो मेरा लेखन मात्रा में इस्लाम के विरुद्ध अधिक है यह कहकर अपराधी क़रार देंगे। मैं कहती हूँ कि इस्लाम के बारे में अधिक जानती हूँ, इसीलिए उसके बारे में अधिक लिखती हूँ। मगर नहीं, मेरा कोई भी तर्क वे स्वीकार नहीं करते।

समाज के कठघरे में मुझे खड़ा किया जा रहा है, वह क्या आज की बात है! दृष्टिहीन, कबन्ध, मुझे दण्ड देते हैं, वह भी क्या आज की बात है! मेरा विचार है कि एक लेखक की भूमिका में जो मैं चाहती हूँ वही लिखूँगी। मुझे क्यों बैलेंस करना पड़ेगा? मैं कोई होशियार राजनीतिक तो हूँ नहीं। मुझे यह कैफ़ियत क्यों देनी होगी कि किस धर्म को लेकर मैंने क्या लिखा है, कितना लिखा है? मुझे क्यों अन्य धर्मों के बारे में अपना लेखन उन्हें दिखाना होगा जिसे देखकर वे खुश होंगे और मुझे अपराधी नहीं समझेंगे। अगर मैं जामुन के पत्ते के बारे में लिखती हूँ तो मुझे नीम के पत्ते के बारे में क्यों लिखना होगा? और अगर वैसा न करूँ तो क्या मैं अच्छी गवेषक नहीं हूँ, अथवा अच्छी मानवतावादी नहीं हूँ? जीवनभर जब कोई व्यक्ति किसी एक विषय को लेकर शोध करता है तो हम उसे दोषी नहीं ठहराते? इस्लाम का जो शोधकर्त्ता इस्लाम को लेकर अत्यधिक प्रशंसा करता हुआ पुस्तक के बाद पुस्तक लिखता जा रहा है, उसे क्या हम शोधकर्त्ता के रूप में क्या अस्वीकार कर देते हैं, अगर वह अन्यान्य धर्मों की प्रशंसा करते हुए उसी तरह की पुस्तक नहीं लिखता इसलिए? आलोचना के समय भी तब उसी तरह बैलेंस का प्रश्न क्यों उठता है? मैं मानवतावादी हूँ यह साबित करने के लिए मुझे सब धर्मों की बर्बरता के सम्बन्ध में लिखना होगा। केवल एक धर्म की बर्बरता के विषय में लिखने से क्या यह कहना सही है कि मैं पॉलिटिकली करेक्ट (राजनैतिक दृष्टि से सही) नहीं हूँ।

जब कोई लेखक जिस वक़्त जो चाहता है वह नहीं लिख पाता तो उसी क्षण लेखक के रूप में उसकी, कमोबेश, मृत्यु हो जाती है। नारी की समस्याओं पर लिखती हूँ तो यह इल्ज़ाम सुनती हूँ कि पुरुषों की समस्याओं पर नहीं लिखती। तो क्या पुरुष की समस्या पर लिखकर मुझे यह साबित करना होगा कि मैं ख़राब

इन्सान नहीं हूँ? केवल नारी की समस्याओं पर लिखने से ही मैं मानववादी क्यों नहीं हो पाऊँगी? बैलेंस (सन्तुलन) बड़ी ख़तरनाक चीज़ है। बैलेंस करना पड़े तो अपनी प्रतिभा, ईमानदारी और साहस—सभी को छोड़ना होगा। नहीं उस रास्ते पर मैं पैर नहीं रखती।

तीन युगों से जीवन को झोंककर प्रचण्ड विरोध के स्रोत में एक जगह खड़ी रहकर मैं जो समाज को बदलने की बात कहती जा रही हूँ, जानती हूँ कि निन्दकों की नज़र उस पर कभी नहीं पड़ेगी। वह दोस्त के वेश में मेरे पास आकर बैलेंस सिखायेंगे, उनके लिए मेरे पास दो ही शब्द हैं 'फ़क ऑफ' (दूर हो यहाँ से)।

4. बहुत लोग पूछते हैं कि यूरोप की नागरिक होने के बावजूद, अमेरिका की स्थायी निवासी होने के बावजूद मैं क्यों दिल्ली या भारत में क्यों रहती हूँ? मैं कहती हूँ, 'यहाँ रहती हूँ क्योंकि मैं यहाँ के पेड़ों के नाम जानती हूँ'। जो प्रश्न करते हैं पता नहीं वे मेरा कहा ठीक समझ पाते हैं कि नहीं। यह साल है, यह सागौन का गाछ, यह कृष्णचूड़ा, यह सेमल, यह कटेली चम्पा—मैं बचपन से पहचानती हूँ उन्हें। इन पेड़ों को जब देखती हूँ तो लगता है कि अपने देश में ही हूँ। हिन्दी मेरी भाषा नहीं है, किन्तु इस भाषा में संस्कृत के शब्द बांग्ला की तरह सुनाई देते हैं। इसी कारण मैं यूरोप और अमेरिका में न रहकर यहाँ रहती हूँ! और बीच-बीच में कई दिन बाद जमुना के किनारे जाती हूँ, वह क्यों? क्या है उस नदी में? एक दिन जमुना के किनारे खड़े होकर एक परिचित सज्जन से कहा था मैंने, 'जानते हो मेरे देश में भी एक नदी है, उस नदी का नाम है जमुना।' 'वे महाशय बोले, किन्तु वह नदी और यह नदी एक तो नहीं हैं।' 'मैंने उत्तर दिया 'उससे क्या' नाम तो एक है।'

देश की बातें

1. पाकिस्तानी सेना हमारे मैमनसिंह के घर में घुसी थी सन् इकहत्तर की एक आधी रात के समय। पिता को नारियल के पेड़ के साथ बाँध दिया था, मार-मारकर अधमरा कर दिया था। हमारा सारा घर लूटा था, टका-पैसा, सोना-चाँदी, जो था सब ले गयी थी। हम लोग शहर छोड़ने को मजबूर हुए थे। नौ महीने के लम्बे अर्से तक हम बेघर रहे। गाँव-कस्बों में अपरिचित लोगों के घर शरण ली थी। बैलगाड़ी पर चढ़कर रात के अँधेरे में एक गाँव से दूसरे गाँव जाते थे। कितने दिन भूखे रहे। सोने के लिए बिछौना नहीं मिला। बस इन्तज़ार कर रहे थे कि युद्ध कब ख़त्म होगा।

एक दिन युद्ध समाप्त हुआ। हम लौट आये थे अपने घर, अपने शहर, एक नये देश में। तब कितना उत्साह, कितनी उत्तेजना थी हमारी दिल में! लेकिन वही देश पाकिस्तानी सेना के साथी दूसरों के द्वारा नष्ट होने में ज़्यादा समय नहीं लगा। उन्होंने ही तो पाकिस्तानी सेना से मिलकर तीस लाख लोगों की हत्या की थी और दो लाख स्त्रियों के साथ बलात्कार किया था।

देश तो वैसे ही नष्ट हो गया। अब वहाँ पाकिस्तानपन्थी ही राज कर रहे हैं। सरकार भी ताबड़तोड़ उन्हीं की मर्ज़ी के मुताबिक चलती है। उनको ही खुश करने के लिए मुझे (एक डॉक्टर, एक लेखक, एक खालिस इन्सान, एक ऐसा व्यक्ति जो बांग्लादेश के मुक्ति युद्ध की चेतना पालता है; गणतन्त्र, समाजवाद, और धर्मनिरपेक्षता में विश्वास करता है, जिसने इन्सान के मंगल के अलावा कोई अमंगल नहीं किया उसे।) देश से बाहर निकाल दिया है। बांग्लादेश को इस तरह नष्ट कर दिया है पाकिस्तानपंथियों और मेरुदण्डहीन शासकों ने कि अगर पाकिस्तान की बर्बर सेना भी आज देश को देखेगी तो आश्चर्यचकित रह जायेगी। उन्होंने भी, लगता है, इस देश को इतना नष्ट करने का दुःस्वप्न नहीं देखा था। मेरा ख़याल है कि वे भी इस देश को इतना टोपी और हिजाब का देश नहीं बनाना चाहते थे।

बांग्लादेश के जन्म के समय उत्सव किया था हमने, 43 साल पहले, तारीख थी 16 दिसम्बर। अब उस देश की मृत्यु पर घोर शोक है मुझे। मेरे लिए तो आज देश मर चुका है। यह बात सच है कि मेरा तो कोई देश ही नहीं। फिर भी, आज भी कुछ लोग हैं देश में जो देशप्रेम की प्रेरणा से देश को बदलना चाहते हैं, रहने

लायक बनाना चाहते हैं। वे लोग ही मेरा देश हैं, मेरा प्रिय स्वदेश।

2. 1971 में पश्चिम पाकिस्तान की हमलावर सेना के ख़िलाफ़ नौ महीने युद्ध करने के बाद पूर्व पाकिस्तान की जनता ने जीत हासिल की थी। युद्ध जीतने में भारत ने सहायता की थी। मैं नहीं मानती कि उस सहायता के बिना बांग्लादेश के लिए यह युद्ध जीतना सम्भव होता। बांग्लादेश के जन्म ने हमें यह समझ दी थी कि जिन्होंने भारत का विभाजन किया था उनके पास दूरदृष्टि का नितान्त अभाव था। उन्होंने सोचा था, 'मुसलमान-मुसलमान भाई-भाई हैं, चाहे वे हज़ारों मील दूर रहते हों, चाहे उनकी भाषा और संस्कृति भिन्न हो, क्योंकि उनका धर्म एक ही है, इसलिए उनका आपस में विरोध नहीं होगा।' यह धारणा ग़लत थी। भारत के विभाजन के बाद ही विरोध शुरू हो गया। पश्चिम पाकिस्तान का शासक दल पूर्व पाकिस्तान के मुसलमानों का शोषण करने लगा। अपनी भाषा भी लादना चाहता था हमारे ऊपर। अरब देशों के धनी मुसलमान जिस तरह एशिया और अफ्रीका के ग़रीब मुसलमानों को नीचा समझकर उनका अपमान करते हैं, उन्हें इन्सान नहीं समझते, पश्चिम पाकिस्तान के शासकों ने ठीक वैसा ही करना शुरू किया। बंगालियों को उन्होंने इन्सान नहीं समझा। पूर्व पाकिस्तान फसलें उगाता, अनाज पैदा करता, खाता पश्चिम पाकिस्तान। पूरब के उद्योग और व्यापार का फल, उसका लाभ जाता पश्चिम के पेट में। वह इसे कब तक सहता! तो मुसलमान और मुसलमान के बीच युद्ध हुआ। अन्त में बंगालियों को एक देश मिला। असीम उत्साह से देश को पूरी तरह धर्मनिरपेक्ष, समाजवादी, जनतान्त्रिक इत्यादि विशिष्ट शब्दों से अलंकृत कर डाला। आखिर कितने लोग तब उन शब्दों का अर्थ समझते थे? अब भी कितने लोग समझते हैं? समझते नहीं इसी कारण तो चालीस साल के दर्मियान ही देश एक छोटा-मोटा पाकिस्तान बन बैठा है। पूरे देश में इस्लाम के कीड़े कुलबुला रहे हैं। टोपी पर, दाढ़ी पर, हिजाब और बुर्क़े पर, मस्जिद और मज़ार पर—चारों तरफ़ छा गया है इस्लाम। इन्सान तो सामने की तरफ़ बढ़ता है, बांग्लादेश जा चुका है पीछे की ओर। चालीस वर्ष पहले बांग्लादेश और पाकिस्तान में जो अन्तर था वह सब लगभग मिटा दिया गया है। एक ताल पर ही कट्टरपन्थी धर्म की खेती हो रही है दोनों देशों की ज़मीन पर। बांग्लादेश बेताबी से, सब कुछ दाँव पर लगाकर साबित करना चाहता है कि 'मुसलमान-मुसलमान भाई-भाई। दो राष्ट्र के सिद्धान्त की बात आख़िरकार ग़लत नहीं थी, ठीक ही थी।'

देश का संविधान बदल गया है। पाकिस्तानी सेना के आदेश और नसीहत से जो बंगाली सन् इकहत्तर में बंगालियों का गला काटते थे, पाकिस्तान से अलग नहीं होना चाहते थे, देश को स्वाधीन हुए ज़्यादा बहुत साल नहीं गुजरे, वे देश के मन्त्री हो गये हैं, देश चला रहे हैं। मेरे जैसे जनतन्त्र, समाजवाद और ईमानदारी में आस्था रखने वाले एक लेखक को देश से डंके की चोट निष्कासित कर दिया गया है, कुछ

धार्मिक कट्टरपन्थियों को खुश करने के लिए। जिन्होंने बाहर निकाला था मुझे, वे मुझे आज भी देश में घुसने नहीं देते। वहाँ की राष्ट्र नायिकाएँ ऊपर से जो कुछ कहें, किन्तु भीतर ही भीतर खुद भी कुछ कम रूढ़िवादी नहीं हैं।

बांग्लादेश में विजय उत्सव मनाने का कोई औचित्य है क्या? मेरी समझ में बिल्कुल नहीं। दरअसल ठीक किसके विरुद्ध यह विजय? पाकिस्तान और बांग्लादेश की नीति और आदर्श तो एक जैसे हैं! वास्तविक विरोध नाम की कोई चीज़ अब है क्या? पाकिस्तान के ऊपर तो नहीं, बल्कि बांग्लादेश के अधिकांश लोगों का क्रोध अब है मित्रशक्ति भारत के ख़िलाफ़। तो विजय दिवस मनाकर अकारण अपना ही मख़ौल उड़ाना नहीं है क्या? उसकी क्या ज़रूरत है? इसलिए 16 दिसम्बर को नहीं बल्कि 14 अगस्त को बांग्लादेश को उत्सव मनाना चाहिए। घटा-घनघोर पाकिस्तान का जन्मोत्सव मनाना चाहिए। पाकिस्तान से मिलकर बाक़ायदा ज़ोरदार उत्सव। मुसलमानों का उत्सव, विधर्मियों से मुसलमानों को अलग करने का ऐतिहासिक उत्सव। विजय उत्सव।

उनका जेल से बाहर रहना हम सबके लिए निरापद नहीं

आरिब मजीद एक आईसिस लड़ाकू है। आईसिस के बारे में किसी को समझाने की ज़रूरत है क्या? मेरा विश्वास है कि अधिकांश लोग जानते हैं कि आईसिस कौन है? हाँ आईसिस वाले ज़रूर जल्दी-जल्दी नाम बदलते रहते हैं। आईसिस को कोई पुकारता है आईसिल, कोई कहता है आईएस यानी इस्लामिक स्टेट। मैं तो आईसिस कहकर ही पुकारती हूँ। हमने टीवी पर या यू-ट्यूब में देखा है कि आईसिस वाले हज़ारों लोगों की किस तरह अल्लाह के नाम पर गला काटकर हत्या करते हैं, किस तरह ठण्डे दिमाग़ से ख़ून करते हैं। शिया, यज़दी, ईसाई, यहाँ तक कि उन सुन्नियों को भी जो आईसिस की बर्बरता को स्वीकार नहीं करते—सभी को दुनिया से बाहर कर देने में आईसिस के खूनियों को दो सेकेण्ड का समय भी नहीं लगता। इसी तरह का एक भयंकर बर्बर आतंकवादी आरिब मजीद सीरिया से भारत लौट आया है। उसने आईसिस के बर्बर हत्याकांड में हिस्सा लिया था इस साल के मई के महीने में। आदमी का ख़ून करने की ट्रेनिंग भी ली थी। अब तक उसने लगभग 55 लोगों का ख़ून किया है। 'अल्लाहू अकबर' ज़ोर से चिल्लाकर 50 से अधिक लोगों का उसने गला काटा है या उनके सिर में गोली मार दी है। शायद यह संख्या और भी ज़्यादा हो। छह महीने का समय तो बहुत कम नहीं है आतंकी कार्यकलाप के लिए। आरिब मजीद इराक़ और सीरिया में इन्सानों की हत्या के मिशन को छोड़कर भारत इसलिए लौट आया क्योंकि उसके शरीर में गोली लगी है और कम से कम कुछ समय के लिए उसमें ख़ून-ख़राबी करने की सामर्थ्य नहीं रही है। मजबूर होकर घर लौटना पड़ा है उसे। यह भी सुनते हैं कि 55 लोगों का ख़ून करने के बाद भी उसे कुछ टका-पैसा नहीं मिला, शायद उसी वजह से वह लौट आया है। उसकी यह बात पता नहीं कहाँ तक सच है, विश्वास योग्य नहीं लगती। आख़िरकार हत्यारों का जो दल तेल की बिक्री से रोज 10 लाख डॉलर कमाता है, उस दल के लिए आतंकवादियों को मासिक धन देना असम्भव नहीं हो सकता। आईसिस ही तो दुनिया का सबसे धनी आतंकवादी दल है।

आरिब मजीद को निरपराध मानना बिल्कुल ग़लत है। आरिब के पिता कहते हैं कि आरिब को नहीं बल्कि दण्ड उन्हें दिया जाना चाहिए जिन्होंने आरिब के

दिमाग़ की धुलाई की है। ज़बर्दस्त प्रस्ताव है उनका, लेकिन मुश्किल यह है कि जिन लोगों ने आरिब की मगजधुलाई की है, उनकी मगजधुलाई भी तो किसी न किसी ने की थी, और उससे पहले उन लोगों की भी मगजधुलाई किसी और ने की होगी। मगजधुलाई यानी विचारों को पूरी तरह बदलकर दिमाग़ में ग़लत विचार और हिंसा के प्रशिक्षण का प्रारम्भ खोजने पर हम पहुँच जायेंगे इस्लाम के पवित्र ग्रन्थ कुरान और हदीस तक। तो अगर हिंसा और हत्या की धारणाएँ दिमाग़ में भरने का दायित्व किसी ग्रन्थ पर है तो उस ग्रन्थ को तो दण्ड नहीं दिया जा सकता। ग्रन्थ तो नितान्त ही प्राणहीन वस्तु है। ग्रन्थ के भीतर जो रहता है, जो धारणा, जो भावना, जो विश्वास—वे ही भयंकर होते हैं। उनको भी दण्ड नहीं दिया जा सकता। उनके रचयिता को दण्ड देने की बात शायद कोई सोचे, वह भी शायद अभिव्यक्ति की स्वाधीनता के विरुद्ध है। रचयिता की बात कहने से कोई लाभ नहीं। रचयिता की कोई भी हदीस इस युग में मिलेगी ही नहीं। कोई विश्वास करे या न करे, मगर सच बात तो यह है कि कुरान में 109 आयतें हैं जिनमें ग़ैरमुस्लिम या अविश्वासी—काफिरों के ख़िलाफ़ युद्ध करने की बात कही गयी है। कुरान की (2:191-193), (2:216), (3:56), (3:151), (4:74), (4:89), (9:73), (9:111), (66:9)—इस तरह की असंख्य आयतों में कहा गया है कि जहाँ भी अविश्वासी को देखो सीधा मार डालो। अविश्वासी वे लोग हैं जो इस्लाम में विश्वास नहीं करते। असंख्य ऐसी हदीस भी हैं जिनमें वर्णन किया गया है कि किस प्रकार इस्लाम के नबी तर्कहीन तरीके से अचानक अविश्वासियों के ऊपर सहसा हमला करते थे।

इतिहास से हम अच्छा और बुरा दोनों प्रकार का ज्ञान प्राप्त करते हैं। तर्कशील बुद्धि से जिस काम को हम बुरा कहते हैं, तमाम लोग उसी काम को दोज़ख (नरक) के भय अथवा बहिश्त (स्वर्ग) के लोभ से बुरा नहीं कहते। इन्सान को केवल इसलिए कि उसका किसी अन्य धर्म में विश्वास है, या किसी भी धर्म में विश्वास नहीं है, या केवल इस्लाम में विश्वास नहीं है, तो इसी कारण मार डालने की बात इस्लाम के अलावा और किसी धर्म ने नहीं कही है। दूसरे धर्मग्रन्थों में नारी विरोध है, मानवाधिकार के ख़िलाफ़ असंख्य बातें हैं, लेकिन अन्य धर्मों के अनुयायी अधिकांश मनुष्य शब्दों के अर्थ के आधार पर उन सब श्लोकों को आज स्वीकार नहीं करते। विभिन्न देशों में जनतन्त्र मानवाधिकार, शिशुओं के अधिकार, नारी के अधिकार और वाणी की स्वाधीनता के ऊपर आधारित विधि-विधान—क़ानून बनाये गये हैं। संविधानों की रचना हुई है। अपवाद हैं केवल मुस्लिम देश। रूढ़िवादी नहीं हैं, आतंकवादी भी नहीं हैं—ऐसे मुसलमानों की संख्या बहुत बड़ी होने के बावजूद इस्लाम के वैषम्यमूलक क़ानूनों और नारीविरोध को अस्वीकार करने की प्रवृत्ति या आग्रह बहुत कम है। अल्लाह ने कहा है, मुसलमान होने का अर्थ है कुरान और हदीस के प्रत्येक अक्षर पर विश्वास करना। इस सूरत में किस मुसलमान की हिम्मत

है जो विश्वास न करे।

दुनिया के मुसलमान अगर कुरान और हदीस को उसके अक्षरशः या शाब्दिक अर्थ में न लेते, यदि बिना पढ़े-लिखे मुल्लाओं को इस्लाम की तालीम का गुरु बनने का मौक़ा न दिया जाता, अगर मस्जिद और मदरसों को इन्सान के ख़िलाफ़ नफ़रत फैलाने की जगह, और दिमाग़ की धुलाई करने का कारखाना बनाकर इस्तेमाल न किया जाता, तो हो सकता है कि हम शायद एक अन्य समाज को देख पाते। दुनिया का प्रत्येक धार्मिक समुदाय नये युग के साथ-साथ परिवर्तित हुआ है। केवल परिवर्तन की दिशा में मुस्लिम समाज बीच रास्ते में अटककर रह गया है।

आरिब मजीद अकेला नहीं है। भारत के और भी मुसलमान युवक इराक़ और सीरिया में आतंकवादी दल आईसिस में शामिल हुए हैं। शाहीन टांकी, फरहाद शेख़, अमान टांडेल, ये सब आरिब के ही भाई-बन्द हैं। आरिब मजीद के देश वापस आने के बाद भी बाकी लड़के वापस नहीं लौटे। आरिब को अगर गोली न लगती तो वह भी नहीं लौटता। एक के बाद एक वह लोगों के गले काटता रहता। आरिब ने कहा है कि उसकी या उसके दोस्तों की मगजधुलाई (बुद्धि परिवर्तन) किसी ने नहीं की। उन्होंने तो खुद ही इंटरनेट से तथ्यों को इकट्ठा किया और निर्णय लिया कि वे आईसिस में शामिल होंगे। उन्हें यक़ीन है कि दुनिया के सभी मुसलमानों की जिम्मेदारी है इस्लामी दुनिया क़ायम करना, जिस दुनिया में मुस्लिमों के अलावा और किसी के लिए जगह नहीं होगी। ग़ैरमुस्लिमों के जगत् को धीरे-धीरे मुस्लिम जगत् में परिवर्तित करने का महान् दायित्व, आरिब विश्वास करता है, कि उसके और उसके दोस्तों की तरह युवा पीढ़ी का है। जो भी हो, हमको यह नहीं भूलना चाहिए कि आरिब एक ऐसे देश का नागरिक है जहाँ के बहुसंख्यक निवासी ग़ैरमुस्लिम हैं, हिन्दू हैं। आरिब ने आईसिस के आदर्श की दीक्षा ली है इसलिए वह अच्छी तरह जानता है कि आईसिस के आदर्श में किसी अमुस्लिम के लिए जगह नहीं है, नास्तिक और आईसिस के विरोधियों के लिए जगह नहीं है।

सवाल उठता है कि क्या आरिब को कोई सज़ा नहीं मिलेगी? यहीं तो शक है। भारत में कोई आईसिस विरोधी क़ानून नहीं है। इसके अलावा आरिब ने भारत की ज़मीन पर तो कोई आतंकवादी कारस्तानी की नहीं है। आतंकवादी अपराध तो उसने इराक़ और सीरिया में किया है। दूर, दूसरे देश में आतंकवादी कार्रवाई का दण्ड क्या हो सकता है? इस पर भारत के विधिवेत्ता विचार विमर्श करने के बाद एक निर्णय पर पहुँचे हैं। भारतीय दण्ड संहिता की धारा 124 के अनुसार एशिया के किसी ऐसे देश के विरुद्ध जिससे भारत के अच्छे सम्बन्ध हैं, यदि कोई भारतीय नागरिक युद्ध करता है तो उसे आजीवन कारावास की सज़ा हो सकती है। इस क़ानून के मुताबिक किसी के विरुद्ध मुक़दमा दायर करने के लिए गृहमन्त्री से अनुमति लेनी पड़ती है। पता नहीं दण्ड संहिता की यह धारा कितनी उपयुक्त होगी

आरिब के ख़िलाफ़। कुछ लोगों का ख़याल है कि देखना आरिब कुछ दिनों बाद ही छूट जायेगा। भारत की राजनीति में मुसलमानों को खुश और सन्तुष्ट करने की राजनीति बड़ी भयंकर नीति है। इस नीति को हिन्दुत्ववादी दलों को भी मानकर चलना पड़ता है। अगर यह हालत है तब तो सम्भवतः सरकार भी आरिब मजीद के ख़िलाफ़ कोई गम्भीर क़ानूनी क़दम नहीं उठायेगी, यह सोचकर कि भारत के मुसलमान अगर दुबारा नाराज़ हो गये तो! किसकी जुर्रत है कि भारत की जनसंख्या के 25 प्रतिशत मुसलमानों को नाराज़ करे!

आरिब मजीद जैसे आतंकवादी अगर आज़ादी से, बेरोक-टोक भारतवर्ष में घूमते फिरे तब तो कट्टर सुन्नी मुस्लिमों के अलावा इस देश में और किसी की भी ज़िन्दगी ख़तरे से खाली नहीं है। और सबसे ज़्यादा असुरक्षा और ख़तरा है मेरे जैसे मुस्लिमों के लिए जो मुसलमान परिवार में जन्म लेकर भी इस्लाम, इस्लामी शरिया और इस्लामी आतंक का विरोधी इन्सान है। हमारा ज़िबह (गला काटने) करने की खातिर आरिब मजीद ने अपनी छुरी बहुत पहले से ही शान देकर रखी है। अब तो केवल हमारी गर्दनें उसके हाथ में आ जायें, तो समझो काम हो गया।

एक व्यक्तिगत चिट्ठी प्रधानमन्त्री के नाम

माननीया प्रधानमन्त्री शेख हसीना,

अपरिचित व्यक्ति के रूप में मैं आपको यह चिट्ठी नहीं लिख रही हूँ। आप मुझे पहचानती हैं। जब देश में थी तो आपके साथ कई बार मुलाकात हुई थी। तब, सन् नब्बे-इक्यानवे में मैं विश्वास करती थी कि आप मेरी शुभाकांक्षी हैं। मेरे ख़िलाफ़ पूरे देश में कट्टरपन्थियों का प्रदर्शन और जुलूस, मेरे सिर की कीमत की घोषणा, लोगों की धार्मिक भावनाओं को चोट पहुँचाने के अभियोग में ख़ालिदा सरकार द्वारा मुझ पर अपराधिक मुक़दमा, गिरफ़्तारी का परवाना और देश छोड़ने के लिए मुझे मजबूर करना—इन सबके बाद मैं उम्मीद लगाये बैठी थी कि आप कब प्रधानमन्त्री बनेंगी। मैं सोचती थी कि आपके प्रधानमन्त्री होते ही मैं देश वापस आ सकूँगी। सचमुच एक दिन आप प्रधानमन्त्री बन गयीं। मैं अधीर आग्रह से आपकी तरफ़ देख रही हूँ; लेकिन आपने तो मुझे देश में घुसने ही नहीं दिया, बल्कि इसके विपरीत एक भयंकर काम भी कर डाला। मेरी आत्मकथा के पहले खण्ड 'आमार मेयेबेला' पर निषेधाज्ञा जारी कर दी। आपने कहा कि निषिद्ध करने का कारण है क्योंकि वह किताब अश्लील है। 'आमार मेयेबेला' तो मेरे बचपन की कहानी है, इसे आपको छोड़कर और किसी ने तो अश्लील नहीं बताया। विदेशों में कई भाषाओं में यह पुस्तक प्रकाशित हुई है। इसे समालोचकों की प्रशंसा मिली है और प्रचुर लोकप्रियता भी। इतना ही नहीं, इस पुस्तक को बांग्लाभाषा का एक अन्यतम साहित्यिक पुरस्कार भी मिला है। बांग्लादेश में यह पुस्तक आज भी निषिद्ध है। साधारणतया जो सरकारें आदमी की विचारों को अभिव्यक्त करने की स्वाधीनता पर विश्वास नहीं करतीं वे ही पुस्तकों को निषिद्ध करती हैं। जब ऐसा होता है तो बोलने की आज़ादी पर विश्वास करने वाले लोग उन सब सरकारों की पुस्तकों पर निषेधाज्ञा जारी करने के ख़िलाफ़ मुक़दमा दायर करते हैं। जिन देशों में जनतन्त्र है वहाँ के लोग तो ऐसा ही करते हैं। किन्तु बांग्लादेश का जनतन्त्र इतना विचित्र है कि मेरी किताब से निषेध की आज्ञा को हटा लेने के लिए सरकार के ख़िलाफ़ मुक़दमा दायर करने का साहस किसी में नहीं है। नात्सी जब किताबें जलाते थे तो उन्हें कोई रोक नहीं पाता था। नात्सी सरकार के ख़िलाफ़, किसी में इतनी हिम्मत

नहीं थी, कि मुक़दमा करे। किन्तु आप तो नात्सी सरकार नहीं हैं, तब ऐसा क्या है कि आपके देश की जनता सरकार से डरती है।

आपने सम्भवतः किताबों को निषिद्ध करने की नीति ख़ालिदाज़िया से सीखी है। आपके द्वारा किताब पर रोक लगाने से पहले ख़ालिदाज़िया ने मेरी पुस्तक 'लज्जा' को निषिद्ध किया था। ख़ालिदाज़िया की तरह आपने भी बांग्लादेश के पाठकों को मेरी पुस्तक पढ़ने के अधिकार से वंचित कर दिया है। आपके द्वारा 'आमार मेयेबेला' को निषिद्ध करने के बाद जब ख़ालिदाज़िया सत्ता में आयीं तो उन्होंने परम उत्साह से मेरी आत्मजीवनी सीरीज़ की कई पुस्तकों को एक के बाद एक निषिद्ध कर दिया। ग़ौर करने के काबिल विषय यह है कि दूसरे किसी की किताब पर रोक लगाने से सरकार को, सामान्य होने के बावजूद, झमेले का सामना करना पड़ता है। दूसरे लोग मुक़दमा दायर करते हैं और हाईकोर्ट से पुस्तक पर लगी रोक को हटवा लेते हैं। किन्तु मेरी किताब को निषिद्ध क़रार देने पर आप लोगों को किसी झमेले का सामना नहीं करना पड़ता। आपकी नज़र में मैं एक ऐसा व्यक्ति हूँ जिसको लेकर जो मर्ज़ी हो वह किया जा सकता है, जिस पर अकारण झूठा दोषारोपण किया जा सकता है, जिसको जितना चाहो अपमानित किया जा सकता है, नफ़रत के क़ाबिल अपमान का भाजन बनाया जा सकता है—निश्चित है कि कोई भी 'चूं' भी नहीं करेगा—कुछ बोलेगा नहीं। मुझ पर तो देश के रूढ़िवाद से मुक्त लोग भी कुछ समय के लिए रूढ़िवादी हो उठते हैं। आप अच्छी तरह जानती हैं, और ख़ालिदाज़िया भी जानती हैं कि मुझे कभी देश न लौटने देने से भी आप लोगों को कोई असुविधा नहीं होगी, आप लोगों की लोकप्रियता पर ज़रा भी आंच नहीं आयेगी।

मैंने चाहा है कि मैं देश वापस आ सकूँ। आपने सीधा-स्पष्ट कह दिया है कि मैं देश न लौटूँ। किसलिए मैं अपने देश नहीं लौट सकूँगी इसका कोई कारण आपने बिल्कुल नहीं बताया। ठीक जिस तरह ख़ालिदाज़िया ने मुझे देश वापस नहीं आने दिया था उसी तरीके से आपने भी मुझे देश में लौटने नहीं दिया। मेरी माँ जब मृत्यु-शैया पर पड़ी थीं तो मैंने कितना अनुरोध किया था कि माँ के बचे-खुचे दिनों के लिए मुझे कुछ समय माँ के पास रहने की अनुमति दें दे। आपने अनुमति नहीं दी। आख़िरकार आपकी क्रोध से लाल आँखों को नज़रअन्दाज़ कर मैं देश लौटी थी। खुशकिस्मती से मेरा पासपोर्ट वैध था। मैं देश लौटी हूँ जब आपको यह पता लगा तो आप मेरे ऊपर इतनी नाराज़ हुईं थी कि बिल्कुल ख़ालिदाज़िया की तरह आपने मेरे ख़िलाफ़ मुक़दमा कर दिया था। मेरे ख़िलाफ़ गिरफ़्तारी का परवाना जारी करके एक तरह का नाटक किया और मुझे देश से निकाल दिया। ख़ालिदाज़िया और आपके बीच लड़ाई के बावजूद मुझे लांछित करने के मामले में आप दोनों जन सौ प्रतिशत एक जैसे हैं। मेरे पिता जब देश में मृत्यु-शैया पर थे तब उनको कम

से कम दो दिन के लिए भी देखने जाने की अनुमति मैंने रो कर माँगी थी। परन्तु आपने अनुमति नहीं दी, और मेरे पासपोर्ट का भी पुनर्नवीकरण नहीं किया। मैंने सोचा था कि जिस तरह आप आपने पिता को बहुत प्रेम करती हैं तो शायद आप समझेंगी कि किसी भी बेटी को एक बार, बस आखिरी बार उसके पिता को देखने में बाधा देना कितना ग़लत और अन्यायपूर्ण कृत्य है। मेरे पिता की मृत्यु हो गयी, मुझे उनके पास जाने नहीं दिया गया।

ऐसा तो नहीं है कि आप जानती ही नहीं है कि आज बीस साल हुए, आप लोग मुझे देश वापस नहीं आने दे रहे हैं। सम्भवतः कभी नहीं लौटने देंगे। विदेश में, विदेशी भूमि पर ही मुझे बाक़ी जीवन बिताना होगा। देश वापस आने की उम्मीद या आशा आजकल मैं करती भी नहीं। मेरी समस्त आशा चूर्ण होते-होते अब कुछ बचा ही नहीं। विदेश में मैं कैसे रहती हूँ यह, मुझे पता नहीं, आप कितना जानती हैं। तब भी अनुमान तो निश्चित रूप से कर सकती हैं कि मैं खुश नहीं हूँ। बांग्लाभाषा का एक लेखक बंगाल से बाहर रहकर बांग्लाभाषा में पुस्तकें लिखकर जीवित नहीं रह सकता। खासतौर पर जब वे सब किताबें एक-एक कर निषिद्ध हो जायें, जब सरकार के डर से प्रकाशकगण किताबें छापना बन्द कर दें, जब जाली पुस्तकों के प्रकाशक, यानी चोर, किताबों को छापें और किताबों की बिक्री की कोई रॉयल्टी (स्वत्वाधिकार की रक़म) लेखक के हाथ में न पहुँचे। मेरी जगह अगर आप होतीं, और मान लें कि आप एक बंगाली लेखक होतीं, और आपको यदि ज़ोर-ज़बर्दस्ती निर्वासन दिया जाता तो आपकी अवस्था भी मेरी अवस्था की तरह ही दयनीय होती। कभी क्या आपने खुद को मेरी जगह रखकर देखा है? मेरा ख़याल है कि कभी नहीं।

देश में न रहने के कारण मेरे पिता की प्रचुर सम्पत्ति के उत्तराधिकार में मेरा और मेरी बहन का जो हक़ था उससे हमारे भाइयों ने हमें पूरी तरह वंचित कर दिया। कितनी आसानी से पुरुष लोग, ग़लत तरीकों से स्त्रियों की जायदाद-सम्पत्ति अपने नाम लिखवा लेते हैं। पिछले तीन दशकों से स्त्री के समान अधिकार के पक्ष में लिखने के कारण मैं नारीविरोधी लोगों की आँख का काँटा बन गयी हूँ। आप तो खुद नारी हैं, नारी के अधिकारों की बात आप भी करती हैं और आपके ही शासनकाल में कितनी स्त्रियों के मानवाधिकार का कितनी तरह से उल्लंघन किया जा रहा है! क्योंकि मुझे आप देश नहीं आने देती तो उत्तराधिकार का दावा करने के लिए किसी को आममुख़्तारनामा दाखिल करना पड़ता है। किन्तु वह भी क्या करने देती हैं आप? शान्तिनगर में अपने खुद के ख़रीदे हुए मकान की बिक्री के द्वारा विदेश में रहने का खर्च चलाने की चेष्टा आज बहुत सालों से कर रही हूँ। किन्तु सफल नहीं हो पाई। न कर पाने का कारण है सरकारी बाधा। अभी कुछ दिन पहले ही अपनी छोटी बहन को आममुख़्तारनामा देकर और आममुख़्तारनामा के लिए

जो कागजात नत्थी करना ज़रूरी है उन सबको न्यूयार्क स्थित बांग्लादेश दूतावास में खुद जाकर डिपुटी काउन्सलर जनरल शहीद-उल इस्लाम के हाथ में देने के बाद भी उन्होंने उसे सत्यापित नहीं किया। न करने का कारण है मेरा नाम। मेरा नाम उन्हें पसन्द नहीं है अथवा मेरे नाम से उन्हें डर लगता है। आपकी अनुमति लिए बिना वह किसी काग़ज़ पर हस्ताक्षर नहीं करेंगे। दूतावास से अटेस्टेड या तस्दीक न होने पर मेरे आममुख़्तारनामे का बांग्लादेश में कोई मूल्य नहीं है। बांग्लादेश में मेरा घर नहीं बिक सकेगा। मुश्किल यह है कि मेरा नाम देखकर ही दूतावास का कोई भी प्राणी मेरे किसी काम में कोई निर्णय नहीं देते। निर्णय के लिए मेरे आवेदन पत्र को भेज देते हैं बांग्लादेश के विदेश या गृह मन्त्रालय में, जिन मन्त्रालयों से कभी कोई उत्तर नहीं आता। पिछले बीस वर्षों से मेरी उपेक्षा करने के मन्त्र के अतिरिक्त बांग्लादेश के किसी मन्त्रालय में भी कोई अन्य मन्त्र उच्चारित नहीं हुआ। मेरे पासपोर्ट के पुनर्नवीकरण एवं मेरे मुख़्तारनामे के अनगिनत आवेदन पत्र पड़े हैं मन्त्रालय के कचरे के डिब्बे में।

अपने देश वापस आने के अधिकार से आपने मुझे वंचित किया है। आपका विवेक कैसे आपसे कहता है कि मैं अपने देश की सम्पत्ति से भी वंचित हो जाऊँ। इतना अधिक अमानवीय कैसे हो पाता है इन्सान! क्या अपराध किया था मैंने? किसे नुक़सान पहुँचाया था जो मुझे जीवनभर भोगना पड़ेगा, भटकना पड़ेगा एक देश से किसी अन्य देश की तरफ़ केवल एक आश्रय की उम्मीद लेकर? आज मेरे पैरों के नीचे ज़मीन नहीं है। मेरे सिर पर छत नहीं है। पता नहीं ये सब ख़बरें आपको कुछ आनन्द देती हैं कि नहीं। मैं आज यही बात कहने के लिए चिट्ठी लिख रही हूं कि अपने देश के घर को बेचने का दायित्व जो मैं अपनी बहन को देना चाहती हूँ, वह यदि नहीं दे पाती तो उस घर को कोई किसी दिन आकर दखल कर सकता है जैसे कर रहा है पिछले कई सालों से। आप सोचती होंगी कि सम्पत्ति के तौर पर ढाका के घनी आबादी वाले, भीड़भरे शान्तिनगर इलाके में, कई मंज़िला इमारतों के बीच पुराना एक अपार्टमेंट या घर नितान्त तुच्छ और मूल्यहीन है। लेकिन वह मेरे लिए तुच्छ एवं मूल्यहीन नहीं है। मैं अपने घर से बेदख़ल भी हो जाऊँ तो मुझे मालूम है कि आपको कुछ फर्क़ नहीं पड़ेगा। मैं जो उत्तराधिकार से वंचित हुई उससे ही किसी को क्या फर्क़ पड़ा!

मगर इस सबके बावजूद आपके ऊपर ही छोड़ देती हूँ यह विषय। कट्टरपन्थी लोग नहीं चाहते हैं इसलिए आप मुझे अपने देश वापस नहीं आने देंगी, मैं जानती हूँ। अब प्रश्न यह है कि मेरे आममुख़्तारनामे को बांग्लादेश के दूतावास से अटेस्ट करने के लिए आप अनुमति देंगी या नहीं? अगर नहीं तो क्या मुझे मान लेना होगा कि आममुख़्तारनामा दाखिल करने का अधिकार दुनिया में सबको है लेकिन मुझे नहीं मिलेगा। मेरा अपराध यह है कि मैंने कुछ पुस्तकें लिखी थीं जिन्हें देश

के कट्टरपन्थियों ने पसन्द नहीं किया। रूढ़िवादियों की तरह—उन्हीं के स्वरूप में आपको नहीं देखना चाहती इसीलिए यह चिट्ठी लिखी मैंने। मैं अब भी विश्वास करना चाहती हूँ कि आप उन नारीविरोधी रूढ़िवादियों जैसी नहीं हैं। अब भी इन्सानियत जैसी कोई चीज़ आप में बाक़ी है।

श्रद्धा सहित
तसलीमा नसरीन
निर्वासन

ग्लोरिया स्टाइनेम

दुनिया में हर तरह का नारीवाद है और नारीवादी भी। मैं सबको पसन्द नहीं करती। जिन कुछ एक नारीवादियों के साथ मैं पूरी तरह सहमत हूँ उनमें अद्वितीय हैं ग्लोरिया स्टाइनेम। ग्लोरिया मीठी हँसी के साथ जला देनी वाली अप्रिय सच बातें कहती हैं। और शरीर में आग लगा देने वाली अप्रिय सच बात, लोग कहते हैं मैं भी बोलती हूँ। मगर मेरे चेहरे पर हँसी के बदले रहता है भीषण क्रोध। हम दोनों के बीच यही अन्तर है। अप्रिय सत्य बोलना शुरू किया मैंने बहुत छोटी उम्र से ही, तब ग्लोरिया स्टाइनेम का नाम भी नहीं सुना था। उनके बारे में कुछ जानने का सवाल ही नहीं उठता था।

ग्लोरिया से एक दिन मैंने बातों-बातों में कहा था कि आपकी वह बात मुझे बहुत अच्छी लगती है। उन्होंने जो कहा था 'विमेन विदआउट मेन, फिश विदआउट बाइसिकिल!' ग्लोरिया ने हँसकर कहा 'वह तो मेरी कही हुई बात नहीं है' 'आपकी नहीं है?' क्या कह रही हैं? तमाम दुनिया जानती है आपने कहा था!' 'वह तो ऑस्ट्रेलिया की एक महिला का कथन है। किसने मेरे नाम से प्रचार किया है मुझे नहीं मालूम!' सुनकर मेरा मन ख़राब हो गया। वह मछली और साइकिल का अद्भुत वनलाइनर (एक वाक्य) ग्लोरिया के नाम के साथ इस तरह चिपक गया है कि ग्लोरिया के मना करने पर भी मैं विश्वास करना नहीं चाहती थी कि यह वाक्य उनका कहा हुआ नहीं है। तो अचानक विवाह क्यों कर लिया उन्होंने, मैंने यह सवाल उनसे पूछा था, सबको वह जो उत्तर देती हैं मुझे भी वही दिया 'तीस वर्ष तक विवाह के नियमों को बदलवाने के लिए मैंने संघर्ष किया। उसी संघर्ष के फलस्वरूप विवाह में नारी और पुरुष की समता का समावेश हुआ। उसी समता का उपभोग करने के लिए मैंने शादी की और विवाह की वजह से डेविड को नागरिकता पाने में सुविधा हुई। बेचारे के ब्रेन लिम्फोमा के इलाज के लिए मेरे बीमे की रक़म काम आयी।' डेविड वेल से शादी होने के दो साल के अन्दर ही उनके सिर में ब्रेन लिम्फोमा की बीमारी हुई। तीन वर्ष में मस्तिष्क की मृत्यु हुई, ज़िन्दा रहे डेविड। ग्लोरिया को आज भी पाठकों के कठघरे में खड़ा होना पड़ता है और जवाब देना पड़ता है कि उन्होंने शादी क्यों की थी? मैं संग्राम और समता में विस्तारपूर्वक न

जाकर इतना कहना चाहूँगी कि उन्होंने विवाह की प्रथा को अद्भुत ढंग से तोड़ा। विवाह के समय ग्लोरिया की उम्र थी 66 और डेविड की 59।

विवाह को लेकर ग्लोरिया क्या कुछ कम कहती थीं! 'अगर पैर में जूता फिट न हो तो क्या पैर को काटकर फेंक देना उचित होगा?' हम जानते हैं कि पैर काटकर फेंक देना उचित नहीं है बल्कि जूते को ही फेंकना सही होगा। जूते से ग्लोरिया का तात्पर्य सम्भवतः स्वामी से है, यही समझाना चाहती थीं शायद! हम भी जानते हैं कि स्वामी के साथ अगर न बनती हो तो परिवार में अशान्ति होने से स्वामी को छोड़ देना उचित है। लेकिन जूते का प्रसंग लाने से उपमा उपयुक्त हुई। ग्लोरिया ने कहा, 'स्वाधीन नारी वही है, जो ब्याह से पहले सेक्स करे और ब्याह के बाद नौकरी।' जिस तरह पुरुषतान्त्रिक नियम के अनुसार विवाह से पहले सेक्स और विवाह के बाद नौकरी-चाकरी स्त्रियों के लिए एक बाधा थी, इसी वजह से उसका प्रतिवाद किया। आजकल ऐसा ज़रूर है कि मध्यवर्ग के पुरुष नौकरी करने वाली स्त्रियों से विवाह करने के लिए व्याकुल हैं। पुराने समय में दूसरे पर निर्भर स्त्री के ऊपर सारे कामकाज का बोझा डालकर वे पुरुषोचित आराम हासिल करते थे। अब आत्मनिर्भर स्त्री का रुपया-पैसा कहाँ है, किस खाते में खर्च होगा यही निर्णय लेकर पुरुष होने का सुख पाते हैं। ग्लोरिया की वह बात याद है क्या? 'सभी स्त्रियाँ ही परिवार, सन्तान और चाकरी किस तरह सँभालेंगी इसकी चिन्ता से दुखी होती हैं। मैं अब भी अपेक्षा करती हूँ उन पुरुषों की जो जानना चाहेंगे कि चाकरी और परिवार एक साथ कैसे सँभाला जा सकता है!' सच ही तो है कि पुरुषवर्ग जितने दिन नहीं समझेगा कि नारी और पुरुष के अन्तर के मिटने से केवल नारी ही नहीं बल्कि पुरुष को भी लाभ होगा, दरअसल नारी से ज़्यादा लाभवान पुरुष होगा, उतने दिन सम्भवतः वे समान अधिकार के रास्ते में रोड़े अटकाते रहेंगे। ग्लोरिया अक्सर कहती हैं, 'पुरुष जो सब कामकाज कर सकते हैं, मैंने दिखा दिया है कि हम स्त्रियाँ भी वह सब करने में समर्थ हैं। किन्तु पुरुष अब भी नहीं दिखा पाये कि स्त्रियाँ जो कर सकती हैं उसे वे भी कर सकते हैं।' चाइल्डकेयर (बच्चों की देखभाल) पुरुष करना नहीं चाहते क्योंकि सोचते हैं कि यह काम तो स्त्रियों का है। पुरुषजाति तब तक अन्धकार में ही पड़ी रहेगी जब तक वह उस समस्त कामकाज को करके गौरव अनुभव नहीं करेगी जिसे वह विश्वास करती है कि वह औरतों का काम है पुरुषों का नहीं। स्त्रियाँ मछुआरिन से जेलर तक, मिस्त्री से मिलिट्री तक, श्रमिक से शासक तक—क्या नहीं बनी हैं वे! उन्होंने साबित कर दिया है कि पुरुष का काम और स्त्रियों का काम एक-दूसरे से अलहदा नहीं है। मगर केवल स्त्रियों के अग्रगामी होने से तो चलेगा नहीं, पुरुष को भी लज्जा, दुविधा, और भय छोड़कर आगे आना होगा।

रॉबिन मॉर्गन और जेन फोन्डा को साथ लेकर ग्लोरिया ने 'विमेन मीडिया सेंटर' खोला है जिसका उद्‌देश्य सारी दुनिया की स्त्री सांवादिकों—पत्रकारों के साथ विपत्ति

के समय खड़े होने के लिए। 'विमेन अंडरसीज़' नामक एक संगठन भी बनाया है इस उद्देश्य से कि वह युद्ध से आक्रान्त स्त्रियों की सहायता करेंगी। समाज को सभ्य कर रही हैं, इन्सान को सही सोच सिखा रही हैं; अस्सी वर्ष की उम्र तक पहुँचकर भी इतने कार्यों को लेकर व्यस्त हैं कि उनकी गणना नहीं की जा सकती। ऐसे ही जीवन को कहते हैं अर्थपूर्ण जीवन! नारी से विद्वेष रखने वाले—नफ़रत करने वाले निन्दक ग्लोरिया को 'फेमिनात्सी' नाम से पुकारते हैं। पुरुषतान्त्रिक समाज में पुरुषों को नीचा न दिखा पाने का अर्थ है कि तुमने समाज को अच्छी तरह ठोंक-पीटकर ठीक नहीं किया। उस दृष्टिकोण से ग्लोरिया का जीवन दरअसल सार्थक है।

ग्लोरिया के साथ भारत का सम्पर्क लम्बे समय से है। पचास के दशक में स्कॉलरशिप लेकर भारत आयी थीं और यहाँ दो साल रहीं थी। वे कहती हैं कि भारत ने उन्हें बहुत कुछ सिखाया है। अब भी मौक़ा मिलने पर ग्लोरिया भारत भ्रमण के लिए आती हैं। आजकल आती हैं रुचिरा गुप्ता के संगठन, 'अपने आप' के काम से। इस संगठन का उद्देश्य है स्त्रियों को हत्या और वेश्यावृत्ति से बचाना। बिल गेट्स और मेलिण्डा गेट्स जो कर रहे हैं ग्लोरिया उसका ठीक उलटा करती हैं। गेट्स दम्पति वेश्यावृत्ति के कारण मजबूर होकर जो स्त्रियाँ रोगग्रस्त होती हैं उनके इलाज के लिए धन खर्च करते हैं, वेश्यावृत्ति को समाप्त करने के लिए नहीं। 'अपने आप' का उद्देश्य है वेश्यावृत्ति का विलोप। वेश्यावृत्ति में ग्लोरिया का विचार है, कि स्त्रियाँ शौक से नहीं आतीं; जो भी आती हैं प्रताड़ित होकर आती हैं, और कभी-कभी मजबूर होकर भी। कुछ स्त्रियाँ अन्य रोज़गार का रास्ता खुला होने के बावजूद भी शरीर बेचने का रोजगार चुन लेती हैं; किन्तु उनकी संख्या बहुत कम है। वेश्यावृत्ति बहुत कुछ खरीदे हुए दासों की प्राचीन प्रथा के समान है। दोनों के मूल में है शुद्ध दासता, केवल दोनों क्षेत्रों का नाम और पहचान अलग-अलग है। वेश्यावृत्ति के लिए ज़रूरी है यौन परिचय और क्रीतदास के लिए ज़रूरी है जाति की पहचान।

ग्लोरिया पॉर्नोग्राफी (अश्लील लेखन) के ख़िलाफ़ भी लड़ती हैं। वे पॉर्नोग्राफी को नहीं किन्तु इरोटिका (काम या रति साहित्य) को मानती है। उनका ख़याल है कि इनके नाम से ही इनका परिचय और अन्तर स्पष्ट हो जाता है। इरोटिका के साथ प्रेम के यूनानी देवता इरोस का सम्बन्ध है। इरोटिका में दिखाया जाता है 'लव मेकिंग।' पॉर्नोग्राफी में लव मेकिंग का सवाल ही नहीं उठता क्योंकि उसमें प्रेम का रंचमात्र भी नहीं होता। ग्रीक शब्द पॉर्नो का अर्थ है यौनदासी। पॉर्नोग्राफी में यौनदासी के ऊपर पुरुष का आधिपत्य होता है। साफ शब्दों में पॉर्नोग्राफी में एक पुरुष या बहुत-से पुरुष, जो मर्जी हो, जैसे भी चाहें एक या एक से अधिक स्त्री के साथ बलात्कार करते हैं। उन्हें शरीर में तकलीफ होने के बावजूद मुँह पर हँसी रखनी पड़ती है, भीतर से न की आवाज़ आने के बावजूद हाँ कहना पड़ता है, स्त्रियाँ उस वक़्त स्त्रियाँ नहीं रहतीं, इन्सान नहीं रहतीं। पॉर्नोग्राफी उन्हें शाब्दिक

अर्थ में यौनवस्तु बनाकर छोड़ देती है। वायोलेंस (हिंसा) की मात्रा जितनी बढ़ती है, पॉर्नो के दर्शक भी उतने बढ़ते हैं। नारी से नफ़रत करने वाला समाज नारी के विरुद्ध वायोलेंस को प्रेम का स्वरूप देने की कोशिश करता है। ग्लोरिया ने आवाज़ दी है कि नारी-पुरुष के समान अधिकार को प्रेम में इरोटिसाइज़ करना। पॉर्नोग्राफी और वेश्यावृत्ति के साथ अविभाज्य रूप से जुड़ी हुई है स्त्रियों और बच्चों की मौत। इसका प्रतिरोध करें, ऐसे नारीवादियों की संख्या बहुत कम हैं। यौन व्यवसाय के केन्द्र और संगठन आज बिलियन डॉलर का व्यापार है। मेरे जैसे, हमारे जैसे कुछ नारीवादियों को गला काटकर फेंक देना उनके लिए कुछ भी नहीं है। फिर भी हम मुँह पर ताला लगाकर नहीं बैठे रहते, जो कहना है वह कहते हैं। मैं भी कहती हूँ, और ग्लोरिया तो कहती ही हैं।

दहेज की ज्वाला

विवाह की प्रथा पितृत्व को निश्चित करने के लिए शुरू हुई थी। यह कुछ इस तरह हुआ कि पुरुष को एक अनछुई कुमारी का शरीर चाहिए। वह चाहता है, 'ब्याह के बाद मुझे छोड़कर और किसी के साथ तुम नहीं सोओगी, मेरे अतिरिक्त अन्य कोई तुम्हें स्पर्श नहीं कर सकेगा। मैं, केवल मैं, मैं ही तुम्हें गर्भवती करूँगा, तुम्हारे गर्भ में मेरी सन्तान ही बड़ी होगी, तुम मेरी सन्तान को जन्म दोगी, मेरी पुत्र सन्तान। मेरा पुत्र, मेरे वंश की रक्षा करेगा, मेरी सम्पत्ति का उत्तराधिकारी होगा।' पुरुषतान्त्रिक व्यवस्था को स्थिर रखने के लिए विवाह के द्वारा स्त्रियाँ पुरुष की सहायता करती हैं। यह सहायता न करने से पुरुषतन्त्र कब का क़ब्र में चला गया होता।

स्त्रियों के शरीर को किसी अन्य पुरुष का संस्पर्श न मिले—इसे निश्चित करने के लिए जो प्रक्रिया उन्हें व्यक्तिगत सम्पत्ति बना देती और घर में बन्द कर देती है उस प्रक्रिया का नाम है विवाह। विवाह का अर्थ है यौन-सम्पर्क करने का पारिवारिक और सामाजिक लाइसेंस।

बंगाली समाज में देखा है कि ब्याह के बाद स्त्रियों के पंख कट जाते हैं। अधिकांश स्त्रियों को अब भी ससुर के घर लाया जाता है। अपने नाम के अन्त में अपने पति का जाति नाम जोड़ना होता है। स्त्री को अपना घर-द्वार, आत्मीय स्वजन, बन्धु-बान्धव, परिवेश-पड़ोस, शहर और कस्बा—सब छोड़ना पड़ता है। स्त्री वयस्क हो, शिक्षित हो, फिर भी वह कहाँ जायेगी या नहीं जायेगी किसके साथ मेल-जोल करेगी, चाकरी करेगी कि नहीं—यह निर्णय स्वामी और स्वामी के घरवाले लेते हैं। एक ज़माने में तो चलन था, अब भी बहुत-से लोग कहते हैं कि 'विवाह के बाद नौकरी करना नहीं चलेगा।' सती सावित्री बने रहने के लिए घर के अन्दर रहना ही ठीक है। घर का काम करेगी, ससुर-सास, देवर जेठ, और पति की सेवा करेगी और सन्तान का पालन-पोषण करेगी।

ज़माना बदल गया है। स्त्रियों को आजकल शाब्दिक अर्थ में घर का बन्दी बनाकर नहीं रखा जा सकता। फिर भी उनके पैरों में एक अदृश्य ज़ंजीर रहती है। आजकल नौकरी-चाकरी करने के लिए बाहर जाने दिया जाता है, मगर परिवार के खाते में ही खर्च करने के नाम पर उसके कमाये हुए पैसे को ले लिया जाता है।

तुम्हारे जूते साफ करना, तुम्हारा भोजन बनाना और खिलाना, तुम्हारे कपड़े को धोकर रखना, ये काम छोटा-मोटा कोई भी कर सकता है। किन्तु शिक्षित, सुन्दरी, साथ सोने वाली स्त्री अगर करे तो बड़ी खुशी होती है। सब ठीक-ठाक न होने से कामकाजी स्त्री को डाँट सुननी पड़ती है, अपमान बर्दाश्त करना पड़ता है। और बिना वेतन की नौकरानी होती है स्त्री, जो मन आये सो करो, वह चाकरी छोड़ेगी नहीं। स्त्री की नौकरी यानी हाड़तोड़ मेहनत—कोई वेतन नहीं, छुट्टी नहीं, पेंशन नहीं। दहेज का पैसा भी देगी और खरीदी हुई दासी बन जायेगी। लोग तो पैसा देकर खरीदते हैं लेकिन औरतें तो पैसा देकर खुद को बेचती हैं।

दहेज की प्रथा न हो, हम आज कहते हैं। पर दहेज की प्रथा आज की तो नहीं है; यह तो कई हज़ार वर्ष पुरानी है। दुनिया के बहुत-से देशों में यह प्रथा थी, अब भी है। ग़ैरक़ानूनी तरीके से ही सही, फिर भी है। पूरे उपमहाद्वीप में ही यह प्रथा चलती है। क़ानून बनाने और दण्ड देने के बावजूद यह बन्द नहीं हो पाती। इसी दहेज-प्रथा के कारण हज़ारों बहुओं की हत्या कर दी जाती है, हज़ारों बहुएँ अपमानित होकर आत्महत्या करती हैं। जितना मुझे मालूम है उसके मुताबिक प्राचीनकाल से ही इस अंचल में दहेज-प्रथा का चलन है। किन्तु पुराने ज़माने के कुछ पर्यटक अपनी किताबों में लिख गये हैं कि भारतवर्ष में विवाह में उन्होंने किसी को दहेज देते नहीं देखा। मुझे नहीं मालूम, शायद उस समय यह कुरीति आज की तरह इतनी भयंकर नहीं थी। यह भी हो सकता है कि दहेज का आदान-प्रदान यात्रियों की नज़र में नहीं पड़ा। प्राचीन ग्रीस के राजा एलेक्जेंडर दि ग्रेट ने भारत के विवाहों में दहेज दिया जाना नहीं देखा। फारस देश के बुद्धिजीवी अल-बरूनी भारतवर्ष सन् एक हज़ार सत्रह में आये थे और यहाँ सोलह साल रहे थे। उनकी आत्मकथा में भी भारत के विवाह का वर्णन है जिसमें दहेज का कोई ज़िक्र नहीं है।

प्राचीनकाल में दहेज एकतरफा नहीं था, वधू की तरफ़ से वर को दिया जाता था और वर की तरफ़ से वधू को। वर की तरफ़ से वधू के परिवार को दहेज देने का कारण यह था कि उस परिवार के एक श्रमिक के कम हो जाने की क्षतिपूर्ति करना और वधू के परिवार से वर के परिवार को जो दहेज दिया जाता था वह मूल रूप से पिता की सम्पत्ति से उत्तराधिकार स्वरूप उसे जो मिलना था, वह। उस समय का क़ानून कन्या को उत्तराधिकार से वंचित कर देता था।

अब आधुनिक काल का उत्तराधिकार का नियम कन्या को वंचित नहीं करता। पुत्रों के समान ही कन्याओं को भी माँ-बाप की सम्पत्ति में हिस्सा मिलता है। भारत उपमहाद्वीप के प्रत्येक देश में आज दहेज ग़ैरक़ानूनी है—उसका निषेध है। किन्तु निषेध का यह नियम दहेज को रोक नहीं पाता। स्त्रियाँ जितना नीचे झुकती हैं दहेज उतना ही ऊपर उठता है। हक़ीक़त यह है कि समाज में स्त्रियों का पद जितना नीचे गिराया जाता है, दहेज की मात्रा उतनी ही बढ़ाई जाती है। इस गिराने-बढ़ाने की

डोर रहती है पुरुषतन्त्र के हाथ में।

भारत में दहेज के कारण बहुओं को सताना और उनकी हत्या ने भयावह रूप ले लिया है। बांग्लादेश में भी वैसा ही है। अधिकांश वधू हत्याएँ आत्महत्या का नाम देकर छोड़ दी जाती हैं। अधिकांश वधुओं को यातना देने के मामलों में कहा जाता है कि दूसरे से सम्बन्ध बनने की वजह से वर-वधू के बीच लड़ाई-झगड़ा होता है।

बंगाली मुसलमानों की शादी में वर पक्ष की तरफ़ से वधू को देनमोहर (दहेज) देने का जो नियम है वह कभी दिया जाता है कि नहीं इसमें मुझे शक़ है। वधू के परिवार से वर को या वर के परिवार को दहेज की रक़म, सामान, घर-गाड़ी वगैरह देना ही पड़ता है। न देने पर या देने में देरी होने से वधू के ऊपर घोर अत्याचार होता है। स्वामी और स्त्री का सम्पर्क होना चाहिए प्रेम और विश्वास का सम्बन्ध। लेकिन दहेज ने इस सम्बन्ध को नष्ट कर डाला है। अब तो पुरुष के लिए सम्बन्ध है धन-दौलत का, स्वार्थपरता का और नारी के लिए समर्पण और बेगार में खटने का। भारत में बहुओं को जलाकर मार डालते हैं, बांग्लादेश में जलाकर मार डालने का चलन ज़्यादा नहीं है, उन्हें मारा जाता है हथियार से काटकर, या फिर ज़हर देकर।

जिन लोगों को दहेज का लोभ है उन निकृष्ट स्वार्थी, नीच लोगों से स्त्रियों को शादी करना बन्द कर देना चाहिए। उनके साथ परिवार बसाने से बहुत बेहतर है अकेला रहना। कुछ लोग सोचते हैं कि अधिक दहेज देने से पति, पत्नी को कम सताता है। यह ग़लत है और इसका सबूत है। जितना अधिक दहेज दिया जायेगा लोभी लोगों का लोभ उतना ही बढ़ेगा, और लोभ बढ़ने से बढ़ेगा अत्याचार। दहेज का लाभ तो सभी वर्गों के पुरुषों को मिलता है–कौड़ीविहीन व्यक्ति से लेकर करोड़पति तक। अब भी पुरुष स्त्रियों को सहयात्री, सहकर्मी, और समानाधिकारी नहीं समझते। अब भी वे सोचते हैं कि स्त्रियाँ इन्सान नहीं हैं, और अगर इन्सान है भी तो कुछ 'कम' इन्सान हैं। यह दृष्टिकोण जब तक दूर नहीं होगा तब तक स्त्रियों को इस दुनिया में कष्ट भोगना होगा। मनुष्यजाति के अलावा जीवधारियों की किसी अन्य प्रजाति में स्त्री और पुरुष के बीच ऐसी विषमता नहीं है। मनुष्यजाति को खुद कब आयेगी शर्म?

पद्य

प्रेम करते हो, करो

बेहद ठंडा, बर्फ़ से भी ज़्यादा
नक्षत्रहीन अन्धकार में किसी की मृत आँखों जैसा जगत्।
आकाश जैसा कुछ नहीं, इन्सान के मुँह पर इन्सान का चेहरा नहीं,
खोलकर, चीरकर, विष तीर छोड़कर जीवन को खुद ही करेगा नष्ट।
किसी पागल ट्रेन के चक्कों के नीचे
अन्त में फेंक देगा जो था, जो है या जो हो सकता था—सब।
ऐसा ही कुछ होगा मेरे चले जाने के बाद।
मर जाओगे तुम।
मैं तो किन्तु कहीं नहीं गयी,
झूठ-मूठ दोष देकर तुम्हीं तो चले गये
मैंने भी पीछे से पुकारा नहीं।
दो-चार क़दम चलकर लौट आओगे तुम सोचकर पुकारा नहीं।
खड़ी थी मैं सारी दोपहर, शाम, वहीं थी सारी रात।
सोचो मत कहीं जाने की जगह नहीं थी मेरी इसलिए नहीं गयी
नहीं जाऊँगी सोचकर एक क़दम भी नहीं चली।
जहाँ छोड़ गये हो, वहीं ठंडी होती,
खामोश पथराती हुई खड़ी थी मैं।
तुम शायद कहीं खींचकर घसीटकर निकाल रहे हो
जीवन के भीतर से अपना ही जीवन,
किसी गहरी सीलनभरी गुफा में
या किसी रेल लाइन पर मुँह के बल पड़े हो—
आशंका का विषैला साँप मेरी पथराई देह पर रेंगता है सारी रात।
सुबह की ओस अभी घास की कोपलों पर काँपती है बूँद-बूँद,
अब भी मेले के मैदान पर छाया है उनींदापन।
विश्वास नहीं होता आँखों पर जब देखती हूँ

किसी रमणी के पैरों के पास घुटने मोड़कर
उसी कृष्ण जैसी त्रिभंगी मुद्रा में भीख माँग रहे हो तुम,
वैसी ही गद्य-पद्य में बहकाना चाहते हो उस रमणी को
तुम्हारी उस हँसी, उस चितवन का अर्थ
जानती हूँ मैं दीर्घकाल से।
मन ही मन चूम रहे हो उसे, जानती हूँ।
मन ही मन जितनी दूर जा सकते हो, गये हो।
मैं जो चीखकर बोलूँगी–जिसको जितना चाहो प्रेम करो,
सिर्फ़ दूर जाकर करो वह प्रेम, मेरी आँखों के सामने नहीं–
सह नहीं पाती मैं
मेरी आवाज़–अचरज है जम गयी है बर्फ़ से भी ठंडी बर्फ़ में।

वर्ष बीते प्रेम किये

दिन गुज़रे प्रेम करते,
रातें प्रचण्ड प्रेम में,
शरीर के आनन्द में।
प्रत्येक मुहूर्त गुज़रा बहुत दूर एक पुरुष के ध्यान में,
वर्ष बीत गये, जान नहीं पायी।
ख़बर मिली हठात् एक दिन।
ख़बर मिली उसकी निद्राहीनता की,
उसके अद्भुत अन्धेपन की,
अकेलेपन के साथी के अलावा
कुछ भी तो नहीं थी मैं उसकी।
ऐसा साथी जो कोई भी हो सकता है,
जो भी खड़ा हो उसी को करीब समेटकर बैठ जाता है वह,
सारी रात खेलता है प्रेम-प्रेम,
दिनभर झूलता है चमगादड़ जैसा किसी के भी जीवन में।
कौन लौटायेगा मुझे मेरे वे दिन!
बहुत मन करता है विनाश के हाथों से दिनों को बचा लूँ मैं,
भले ही क्यों न हों वे बीते हुए दिन!
चमगादड़ झूल रहा था सीने पर,
तिल-तिलकर विषदाँत से खा गया हृदय,
बरस जब तक गुज़रे नहीं समझ नहीं पायी मैं।
जो मिले, उसे ही लेकर वह संतरण कर सकता है,
जानती हूँ, मुझसे ही नहीं होता,
धार के विपरीत जाती हूँ अकेली ही।
मुझे अकेला छोड़ जाता है वह एकाकीपन से मुक्त होने,
जिस किसी को, कोई भी हो,

कुछ भी हो आच्छन्न होना चाहता है वह।
कोई ऐसी रात नहीं जो काटी न हो उसने कहीं न कहीं झूलकर।
कोई ऐसी रात नहीं जब अकेले बारिश को देखते-देखते,
आँखें भीगी न हों मेरी दो-एक बूँद जल से।
तुम पास लौटो, दो घड़ी विश्राम करो या स्नान करो
देखोगे वह उड़ गया है निर्विकार कहीं और
किसी झाड़ीगाछ में,
अन्य शरीर में।

मेरा समय

समय इसी तरह हतबुद्धि जैसा खड़ा रहेगा और कई साल।
समय ठीक इसी तरह खड़ा रहेगा एक जगह,
सिर मुँह ढाँककर, आँख बन्द कर—पथराई आँखें।
धीरे-धीरे खामोशी से सटकर खड़ी होगी नीरवता।
ऊँची आकाशस्पर्शी, विस्तार में आदिगन्त,
समय की सन्तान हैं वे; निराकार, निर्विकार।
कभी-कभी मेरे निभृत निःश्वास में
बस जाता है पराश्रयी समय,
कभी उसके ठण्डे स्कन्ध से, कबन्ध जैसी रेंगती हुई
उसकी जंघा पर झूलती रहती हूँ अकेली,
अकेली ही ब्रह्मांड के सात फेरे
देखकर विस्मित होता मन करता है कुछ दिन और जिऊँ,
और भी दीर्घ-दीर्घ दिन।
जन्म से शुरू करूँ जीवन, अथवा
मृत्यु के शरीर से धक्का खा कर पीछे हटते-हटते
नये किसी जन्म में जा टिकूँ।
कौन मुझे जीने देगा और!
पतली सूत की डोर पर कौन जाने किस भोर
अपनी सन्तान समझ आँख से ओझल हो तो
आँख का जल गिराने वाला आत्मीय समझ
बाँधे है मुझे मेरा समय।
किसने दिये थे, किसके हाथ कब दिये थे, मेरे जन्म-मृत्यु!
समय-समय करती, और किसके पास,
समय के पास ही दिनभर दौड़ती हूँ।
प्रकाश में, प्रेम से उसे जीवन्त कर देखती हूँ,

आँखों से फिसल जाता है पत्थर।
शरीर से केवल उसके दो मुहूर्त फिसलते नहीं।
आँखों पर वह दुबारा तेज़ी से पहन लेता है
कहीं से मिला काला कपड़ा।
नंगी रातभर निस्तब्धता की हवा में तैरता है विषाद,
मुट्ठी में लेकर सारे दिन ख़ामोशी
चरखी जैसी मेरे आँगन में घूमती है।
समय खड़ा रहता है, कुछ नहीं कहता।
समय खड़ा रहता है, कष्ट नहीं, कम्पन नहीं।
समय खड़ा रहता है, पीछे कुछ खिंचाव नहीं।
ईश्वर जैसा चेतनाहीन समय, मेरा समय।
मैं उसे प्रेम से, घृणा से ससम्मान, गोपन में,
हृदय में, रक्त के प्रवाह में वहन करती हूँ, रखती हूँ जीवित।
मेरा समय। मेरा आतताई, मैं जन्म में उसे देती हूँ जन्म।

ग़लत इन्सान

ग़लत आदमी से पहचान हो,
मन की बात हो,
प्रेम का हो लेन-देन
जीवन जितना बाकी है, ऐसे ही गुज़रे,
जीवन का विनिमय हो
ग़लत के साथ ही,
दिन प्रतिदिन।
ग़लत इन्सान को ही खोजती हूँ, नितान्त ही ग़लत को।
जिससे मुलाकात होती तो जीवन, जीवन होता,
आकाश होता आकाश, वह तो नहीं है,
बार-बार सामने खड़ा हो जाता है और कोई,
छूता है हाथ मेरा अन्य कोई
बदरीला करता है दिन और कोई,

जीवन अभी है जैसे-तैसे ज़िन्दा रहना
सपनों को उखाड़ फेंक खरपतवार जैसे
विष वृक्ष को बचाकर रखना।
अन्य की आँखों से देखना विषण्ण सूर्यास्त
दूसरे के ही स्वर में गाना दूसरे का गीत।
तो अब ग़लत के साथ ही हो जो भी होना है,
ग़लत ग़लत नहीं है सोचकर भावुक होने,
ग़लत को हठात् समझकर टूटकर बिखर जाने,
ग़लत को ग़लती से ही प्रेम कर भुक्तभोगी होने
—सारी आशंकाओं से मुक्त हो जाऊँ।
जानबूझकर ग़लत के साथ घर बसाऊँ,

जानबूझकर ग़लत आदमी के साथ पहाड़ घूम आऊँ।
और ग़लत जब चला जाये तो चल पड़ूँ एक और ग़लत की तरफ़,
पैर बढ़ाऊँ ग़लत इन्सानों की भयंकर भीड़ में बेपरवाह।
चली जाऊँ दुश्चिन्ता–दुविधाविहीन
ग़लत को जानकर ही कि ग़लत है ग़लत की तरफ़ जाऊँ।

वे होंठ, वह जीभ

प्रेम किये बिना कहा तुमने करते हो प्रेम,
एक दिन दो दिन नहीं, महीने बीते, साल बीते,
बोलते ही रहे तुम।
साक्षी हैं तुम्हारे वे होंठ, जीभ साक्षी, कहा है तुमने।
कहीं और कोई चिह्न नहीं,
हल्का एक दाग सीने के पास, नहीं,
भीतर-बाहर किसी को नहीं पता बिन्दुमात्र कुछ,
उन होंठों, उस जीभ के अलावा तुम्हारा साक्षी नहीं है कोई।
साक्षी है मेरा शरीर। अर्से से अनछुई प्रिय साड़ी, कंघी,
आँखों का काजल, जल, रातभर शर्तहीन समर्पण,
देह का कम्पन, पानी में बहना, बहते रहना,
यह हृदय साक्षी है कहते रहे हो तुम।
प्रेम के बिना जो कहते हैं प्रेम है
कैसे हैं वे इन्सान शौक़ था ज़माने से देखूँ तो।
वे भी क़दम रखते हैं सबकी तरह, चलते हैं,
लौटते हैं घर, रात को सोते हैं।
वे भी सुबह की चाय के साथ पढ़ते हैं अख़बार,
वे भी गान सुनते हैं, उनका भी है परिवार।

हृदय नहीं जानता है तुम प्रेम करते नहीं,
जितने बार जाता है तुम्हारा हृदय छूने तो तुम्हारे,
अचानक होंठ और जीभ तक जाकर अचानक पाता है आघात,
और उन होंठ–जीभ को ही तुम,
तुम्हारा हृदय समझकर सुख पाता है।
महीने गुज़रते हैं, बीतते हैं बरस, सुख पाता है।

पाकर उसे। हा हृदय! अन्ध हृदय!
अन्धे को कौन समझायेगा वह तुम्हारा हृदय नहीं,
वह तो सिर्फ़ होंठ हैं
जीभ है केवल।
कौन समझायेगा उन्होंने सीखा है उच्चारण करना
दो-एक शब्द, अर्थहीन, कितने अक्षर!
प्रेम के बिना ही तुम बोले हो 'प्रेम करता हूँ'
स्वयं को समझने नहीं देती मैं, तुमको भी।
सिर्फ़ मेरा हृदय नहीं सम्पूर्ण मैं हूँ दृष्टिहीन
कौन जाने जन्मान्ध ही तो नहीं।

एकाकीपन

पृथिवी पर पूर्व और पश्चिम–
इन्सानी भीड़ में घूमते एक युग बीत गया
मनुष्य तो आवृत है प्रेम या अप्रेम से
अपनों में, दोस्तों में व्यस्त, जीवन्त,
ख्याति से आच्छन्न और शान्ति में सुख में
डूबे हुए लोगों के बीच भ्रमण करते एक युग बीत गया
कोई माने न माने, इन्सान तो अकेला है, बहुत अकेला
अकेला है तभी तो किसी से भी
विनिमय में खोजता है संग साथ,
धन मान, यश ख्याति, दुःख शोक–कोई भी,
कुछ भी–प्रेम की परिभाषा (संज्ञा)
प्रेम करते हो, यह कहकर अदृश्य हो गये एक दिन।
जैसे जमा कर गये कुछ रकम
बैंक के सेविंग्स अकाउंट में
किसी भी दिन जब चाहो हक़ जमा सकते हो।
सोचा था तुमने प्रेम फूल फैलकर बढ़ता रहेगा
सालभर बिना देखे बिना छुये खूब बढ़ जायेगा।
सोचा होगा जैसे छोड़ गये थे वैसा ही पाओगे लौटकर
सोचा होगा चाहे जो कुछ नष्ट हो दिन-प्रतिदिन
प्रेम नहीं होगा, झड़ने, उड़ने, मर जाने जैसा
कुछ नहीं होगा इसे, ऐसा न हो तो इसका नाम प्रेम क्यों!
प्रेम है तो छुरी जैसा, जिस छुरी से हृदय होता है घायल
ऐसा नहीं कि नहीं जानते हो तुम, जानते हो।
पड़ा रहने दो तो ज़ंग खाकर भोथरा होकर
पतले धागे को भी काट नहीं पायेगी,

हृदय का तो प्रश्न ही नहीं उठता,
प्रेम यदि छुरी है तो छुरी का कोई कर्तव्य नहीं है क्या?
प्रेम करता हूँ बोलकर जाओ तुम जितना दूर चाहो,
जितने मास, जितने वर्ष आँखों से ओझल होकर बने रहो
अचानक लौटकर सूद और असल अन्य कुछ वापस माँगो
प्रेम को माँगना मत।
यह गोदाम में रखने की चीज़ नहीं, पैसा-कौड़ी नहीं।
वाणिज्य कहीं और करो, मेरे साथ नहीं।
प्रेम मैं बन्धक रखती नहीं; जो रखे रखता रहे।

भाषा दिवस

आज है भाषा दिवस
घर में मैं हूँ और मेरी बिल्ली
और कोई नहीं। कहीं जाना नहीं सारा दिन।
न मुझे, न मेरी बिल्ली को

आज तुम गीत गाओ, नाचो आज।
भाषा का उत्सव करो स्वरवर्ण से सजाओ शहर,
व्यंजनवर्ण से शरीर।
कविता पढ़ते-पढ़ते बहाओ आँखों से जल। गीत गाते गाते
शहीद मीनार की तरफ़ चलो पैदल। जितने फूल हैं देश में;
मीनार की सीढ़ियों पर चढ़ा दो। भाषा को धन्य करो।
आज है तुम्हारा दिन।

तुम सब 'भाषा का सैनिक हूँ' क़सम खाकर
बड़े-बड़े निर्णय लो आगामी समय के,
लेना ही होता है, इस दिन यही है नियम
यह दिन नहीं है मेरा। किसी दिन था यह मेरा भी दिन।
मेरी भाषा से मुझे निष्कासित किया है आज डेढ़ युग बीत गया
भाषा की अभिसीमा से मुझे विदा किया है डेढ़ युग पहले।
अन्य भाषा न बोलकर, अन्य देश को अस्वीकार कर
तुम्हारे बन्द दरवाज़े के सामने अपेक्षा में
बरस-दर-बरस खड़ी रही।

दरवाज़ा किन्तु खोलता नहीं कोई
मैं जो खड़ी हूँ, देखते हो, किन्तु कभी कुछ कहते नहीं

देखते हो, जैसे देश तुम्हारा है, केवल तुम्हारा,
जैसे सिर्फ़ तुम्हारी ही है वह भाषा जो मैं बोलती हूँ
लिखती हूँ जिस भाषा में वह मेरी नहीं;
तुम्हारी है, सिर्फ़ तुम्हारी
जिस भाषा में निहित है मेरा बचपन, कैशोर्य,
जिस भाषा में समाहित है मेरा यौवन,
जिस भाषा में देखती हूँ सपने, मेरी नहीं है वह,
कभी नहीं थी शायद, वह तो तुम्हारी है।
भाषा से मुझे जितना प्रेम है,
उससे अधिक क्या चाहा है तुमने उसे
चाहा था क्या कभी किसी दिन!

आज भाषा दिवस
मैं भी भाषा का उत्सव करूँगी आज
तुम्हारी उस भाषा का एक शब्द भी नहीं बोलूँगी
एक शब्द भी लिखूँगी नहीं
आज करूँगी स्वप्नहीनता का उत्सव
आज केवल बिल्ली से बातें करूँगी, बिल्ली की भाषा में।

अपेक्षा

उसके ख़यालों में रात को सो न पाऊँ ऐसा नहीं है,
दिन के सब कामकाज की उपेक्षा करूँ
और उदास बैठी रहूँ ऐसा भी नहीं है मेरे साथ।
कहीं और वह अपनी तरह से सुखी है, किसी और जगह,
यह ख़बर सुनकर भी मैं अपने काम से बहुत अन्यमनस्क हो जाऊँ,
उसे चाहूँ, उसे पहले की तरह चाहूँ,
प्रतीक्षा करूँ उसकी ऐसा भी नहीं है, फिर भी करती हूँ
उसक छल-कौशल, उसकी चतुर आँखें,
उसका बहुगामी शरीर, उसका अनर्गल झूठ,
उसके हृदयहीन नष्ट जीवन के साथ–
मेरे अलावा ज़्यादा दिन कोई उसके साथ रहेगा नहीं,
इसीलिए चाहती हूँ।
मेरे जीवन के अलावा किसी अन्य जीवन को लेकर
कामना, कल्पना के खेल की उसे सुविधा नहीं है
इसीलिए चाहती हूँ।
प्रेम करती हूँ इसलिए नहीं,
जीवन बहुत खाली-खाली लगता है इसलिए नहीं,
उसे चाहती हूँ, उसे सुख देना चाहती हूँ।
सहिष्णुता की आखिरी बूँद ढाल कर भी
मैं चाहती हूँ उसका आनन्द।
मेरा जो कुछ है, सब उसको देकर,
कुछ नहीं चाहती हूँ उससे मैं।

मेरा जीवन

एक-एक कर सभी तो चले गये।
समय के रथ पर चढ़कर सभी जाते हैं,
चले जाते हैं जीवन खाली छोड़कर।
जीवन को नये सिरे से जमाने जाते हैं कहीं और।
मुझसे ही नहीं होता है नये जीवन में जाना,
पीछे ही पड़ी रहती हूँ, पुराने को बाँहों में समेटकर।
सभी तो खेलते हैं, दौड़ते हैं करते हैं आनन्द की सृष्टि,
जगमगाती दुनिया में
जीते हैं परीकथाओं का जीवन।
दर्शकों की पंक्ति में बस मैं अकेली।
जीवन से निकल गये, चले गये एक-एक कर जो भी थे।
बरामदे में सूखे पत्ते, कमरे में धूल, चित्रों पर मकड़जाल,
इन सबके साथ है बाकी जीवन।
किसी के जीवन से कहीं भी निकलना नहीं हुआ
मेरे इस जीवन में।
चले गये जो सब, भूल गये वे सब,
सिर्फ़ मैं भूली नहीं,
यादों को गिन-गिनकर पार करती जीवन,
बाकी बचा जीवन।
अपना समय मैं खुद को तो देती नहीं,
सीखा था क्या कभी।

बिल्ली के साथ आत्मीयता

जिस तरह दोस्त बन जाते हैं धीरे-धीरे,
अपना कोई उस तरह बनता नहीं।
किसी को चुना नहीं जिसे समझूँ आत्मीय।
पैदा हुई तो आँखें खोल देखी भीड़,
घर के अपने, स्वजन सम्बन्धी लोगों की भीड़।
मेरे सामने जन्म लिया बहुत-से अपनों ने।
चाहूँ या न चाहूँ जन्म तो हुआ उनका
प्रेम करूँ या न करूँ, फिर भी वे थे आत्मीय।
मेरा घोर दुःसमय।
अपने सब एक-एक कर छोड़ते चले गये
जिनसे घनिष्ठता थी वे भी जाते रहे साल-दर-साल,
थोड़ा-थोड़ा भूलते-भूलते पूरा ही भूल गये, चले गये।
जिस दिशा गये वे सुखी हो वह दिशा।
इस बीच एक बिल्ली के साथ परिचय हुआ
दोपहर की फैली धूप में बैठती है बरामदे में उदास,
खेलती है शाम को,
दबे पाँव रेंगती ख़ामोश रातों में साथ-साथ दो जन।
ऐसे ही जीवन में साथ रहते धीरे-धीरे,
आत्मीयता हुई उससे,
बिल्ली भी जानती है यह बात।
एक तरफ़ खड़े हों दोस्त मेरे जितने भी
दूसरी ओर खड़ी हो बिल्ली,
मैं बिल्ली की तरफ़ ही जाऊँगी,
जितने बन्धु हैं वे सब भी खड़े रहें
तब भी तो जाऊँगी मैं जिधर बिल्ली है।

दोस्तों से दोस्ती तो होती है,
चाहने से भी अपनापन तो होता नहीं।
यह सब होता है बिल्ली के साथ।
आत्मीय के रूप में इन्सान से तो बेहतर है बिल्ली
इन्सान तो कभी भी लूट-पाट कर चला जायेगा,
बिल्ली नहीं जायेगी, आँगन में बैठी करेगी इन्तज़ार,
जब तक न लौटूँ करती ही रहेगी
पट्टी बाँधकर नदी के उस पार फेंक आती हूँ,
रास्ता खोजती शरीर की गन्ध सूँघती लौट आती है वह।
बिल्लियाँ भी जाती हैं, जानती हैं जाना।
फिर भी एक बार अपना बन जाये तो
आत्मीयजनों जैसी निष्ठुरता करती नहीं।
मोहल्ले में घूमकर चला नहीं जाता जो करता है प्रेम,
लेकिन प्रेम करता है, बहुत प्रेम
बिल्ली की तरह लुक-छिपकर करता है प्रेम।
धीरे-धीरे क़दम रखता कोई न देखे,
बिल्ली जैसा आता है।
प्रेम से आता है। मेरे पास।

कम्पन बत्तीस

अब भी देखती हूँ ऋतुमती हूँ मैं,
अब भी शरीर में आग्रह का आह्वान सुनती हूँ,
जानती नहीं हार्मोन कितना परेशान करता है,
शरीर जागता रहता है, शरीर पूरी रात,
मन तो बहुत शरीर पर निर्भर है।

बिल्ली चाहती है चिन्ता हीनता

बिल्ली को कुछ और नहीं चाहिए, बस निश्चिन्ता।
दो बेला खाना और पास कहीं पीने का पानी,
बेख़बर सोने को कमरे का कोना या बिछौना,
हाजत के लिए बस थोड़ी-सी आड़,
दुश्मन यहाँ आता नहीं, उत्पातहीन एक शान्त शिष्ट घर।
शीत में ताप और गर्मी में ठंडी हवा।
चिन्ताहीन जीवन।
निश्चिन्तता कौन नहीं चाहता!
मैं भी तो चाहती हूँ, तुम भी।
हम सब उसी तरह एक बिल्ली हैं,
हम सब, चुपके-चुपके बस एक बिल्ली।
देखने में इन्सान मगर छोटी-बड़ी बिल्ली।

समुद्र

कितना कुछ देखा जीवन में माँ ने,
कितना कलह झगड़ा,
कितनी घृणा
कितनी स्वार्थपरता प्रतिदिन।
कितना कुछ माँ को देखना पड़ा,
कितनी गाली-गलौज़, कितनी थू-थू,
कितना लाठी और झाड़ू!
समुद्र देख नहीं पायी माँ,
कोई एक जैसा-तैसा समुद्र।
कितना कुछ सुनना पड़ा माँ को,
कितने अपशब्द!
कितना कष्ट पाया, मिला कितना दुख!
कितना लज्जा से मर जाना!
समुद्र की ज़रा भी आवाज़ नहीं सुन पायी माँ

माँ अगर एक बार देख पातीं समुद्र!
एक बार यदि माँ समुद्र देख पातीं!
समुद्र एक बार जी भरकर देख पातीं!
बड़े किसी के पास आने से वेदनाएँ
कुछ थोड़ी-थोड़ी दूर हो जाती हैं,
मिल जाती हैं
हवा में, स्रोत में या आँख के आँसू में।
माँ के दुख भी शायद उड़ जाते
पानी में उतर जाते उसके दुख, उसका कष्ट।

उस तरह दिनभर ढोना नहीं पड़ता उन्हें वेदना का बोझ।
माँ जीवित रहीं बहुत साल
बहुत साल, बहुत बरस लम्बा जीवन था माँ का।
समुद्र तो पास ही था।

अकेली

अकेली रहते-रहते बुरी आदत हो गयी
इन्सानी भीड़ से अलग कर खुद को
अकेली ही रहती हूँ।
बिल्ली को पालते-पालते जब
बिल्ली को ही पालने का मन करे।
नारियाँ जो अकेली रहती हैं
सुनते हैं बिल्लियाँ पालती हैं खूब,
सुना है उनके घर में सफेद और काली,
भूरी या सुनहरी बिल्लियाँ दो-एक तो रहती ही हैं,
शरीर पर चढ़ाकर लाड़-प्यार न करने पर भी,
रहती हैं कमरे के कोने या आँगन में कहीं भी।
लड़कियाँ शायद ठोकरें खाते-खाते
पानी या कीचड़ में डूबते-उतराते,
यहाँ-वहाँ जलते-जलते इतना जान पायी हैं,
पुरुष को पालने से बिल्ली पालना बेहतर है।
मैं भी साल-दर-साल पुरुष का पोषण करते समझ नहीं पायी
काला साँप पाला है दरअसल!
इतने प्राणी दुनिया में हैं
पालना हो तो पुरुष ही क्यों!
बात सुने, समझे, आँख की भाषा भी है,
पास आये, प्रेम करे, पास सोये,
नोचे-खरोंचे ना, अचानक काट न बैठे,
लहू-लुहान न करे, ऐसे किसी को
पाला जा सकता है निश्चिन्त होकर।

कुछ भी नहीं

हम लोग दरअसल कोई बहुत बड़ी चीज़ नहीं हैं
सभी को साथ लो सबका जीवन-यापन देखो,
जो नहीं है देखो उनका भी जीवन।
क्या बहुत अन्तर देख पाते हो
जीवित रहने या न रहने में?
जीवित रहना बहुत कुछ बस के दरवाज़े पर
खड़े रहने जैसा है,
कभी भी धक्का खाकर गिर जाऊँगी गड्ढे में
या सिर के बल सड़क पर,
शरीर को कुचलते हुए निकल जायेगा कुछ ऊपर से।
छोटी एक चींटी भी सोचती है
जीवित रहना कुछ बड़ा काम है,
आदमी भी सोचता है।
इन्सान ने घर बनाया, चींटी ने नहीं क्या?
दिन-रात खटता है इन्सान, चींटी क्या खटती नहीं?
बस के दरवाज़े पर खड़ी लोगों को देखती जाती हूँ,
सामयिक तम्बू की तरह किसी एक ठिकाने को
गन्तव्य मानकर खुद को लिए जाती हूँ
जिस जाने का कोई अर्थ नहीं है जानकर भी जाती हूँ।
जीवन दरअसल कुछ भी नहीं, चाहे जीवन जिसका हो,
कुछ भी नहीं, कुछ भी नहीं, कुछ भी नहीं।
अपना शैशव, अपना कैशोर्य, अपना यौवन।
और तो कुछ भी नहीं।

पचास की ओर

देखते-देखते आ गया पचास,
तो क्या अचानक आया?
क्या कोई भयंकर दुर्घटना
हठात् अजाने दरवाज़े पर धक्का देगी?
बहुत तो हो गया हवाएँ कहती हैं। चींटियाँ भी कहती हैं
तो ठीक ही है, काफ़ी हो चुका
इस बार किस राह पर चलेगा यायावर जीवन!
किस अन्य रास्ते पर जिस राह पर चलते हैं सभी।
वहीं जाऊँगी, जहाँ थी जन्म से पहले
कहीं कुछ नहीं था। उसी 'कहीं नहीं' के पास
कभी-कभी लगता है जीवन शुरू ही नहीं हुआ, होगा।
फिर यह भी सोचती हूँ, बहुत तो जी लिया,
एक-एक कर दोस्त सब चले गये
अपने लोग कम होते, इतने कम हो गये
लगता है सूनापन खड़ा है मेरे पास,
इस बार मेरा प्रस्ताव लो 'कहीं नहीं' जाने का,
वह 'कहीं नहीं' ठीक कैसा है, किसी को नहीं मालूम
'कहीं नहीं' से इन्सान या कोई भी
फिर वापस आता नहीं
इतना ही सब जानते हैं,
सब जाने वाले।

अमरत्व

अमरता लोगे?
असीम अमरता है मेरे पढ़ने की टेबल पर,
किताबों की अलमारी में, बिस्तर पर,
तकिये के नीचे...
घर से निकलने पर अमरता रहती है
मेरे बैग में, पैंट की पॉकेट में,
मेरी शर्ट में, केशों में...
कैसे, कब अमरत्व ने मुझे खोज निकाला!
अमरत्व लोगे, जितना चाहो।
अमरता का काँटा इतना चुभता है
कि सो नहीं पाती सारी रात।
जो कुछ है
सब कोई ले ले तो कुछ निस्तार पाऊँ।
अमरता में विश्वास नहीं मुझे।

यौवन

सारा यौवन अकेले ही काटा है।
तो अब हठात् क्यों अकेलापन महसूस होगा मुझे!
यदि लगे भी, तो मन की भूल है वह
अथवा शायद शरीर की भूल!
जिस तिस को, किसी को छुआ नहीं पूरी जवानीभर,
केंचुए जैसी कुण्डली मारकर ऐसे रही
कि केंचुआ भी जानता नहीं मुझसे ज़्यादा!
पूरी जवानी तो अकेले ही बीत गयी
पुरुष देख कूद कर तेज़ी से
दौड़कर घुस गयी कमरे में।
दूरत्व चाहा तो लगता है पड़ी हूँ
हज़ारों साल से अकेली,
कभी-कभी मन करता है बाहर निकलूँ
किसी एक झंझट में जाकर पड़ूँ,
देखूँ कोई अगर धक्का दे भीड़ में
पकड़ ले दोनों हाथ, तो पकड़े
कोई अगर शरीर से सटकर बैठ जाये, तो बैठे।
अचानक क्या पता क्या सोचकर
चूम ले अगर, तो चूमे।
असावधानी में सीने से किसी का हाथ लगे, तो लगे
ऐसा बस सोचती हूँ
आदत का दोष है अब भी चिल्ला उठती हूँ
देह की सीमा में घुसना चाहे कोई
पूरा यौवन अकेला पार कर
आदत का दोष है कि पड़ी हूँ अकेली,

शायद स्वभाव है क्या? या बस आदत?
सोचती हूँ कभी-कभी
न होता तो चीरकर खा जाते एक सौ बलात्कारी
न होता तो भूल जाना होता
स्वाधीनता किसका नाम है।
न होता तो जीना होता वही जीवन
जो जीवन दरअसल नहीं मेरा।
पूरा यौवन काट दिया अकेले ही।
यह दोष मेरा नहीं।
यह स्वप्न मेरा था कभी नहीं,
धारा के उलटी तरफ़
खड़ा होना पड़ा है मुझे धीरे-धीरे
तो आज कह डालूँ वह बात,
पुरुष ही थे केवल चारों ओर मेरे पास,
इन्सान तो था नहीं

इन्सान की खोज में अब भी
पुरुषों के घने वन में
दौड़ता मेरा अशरीरी शरीर।
अब भी अमावस की रातों में,
इतना कुछ मिलता है, मिलता नहीं इन्सान।

अग्नि

(क)

कल रात अचानक आग लग गयी थी घर में,
बहुत दिन से ठण्डा शरीर,
ताप-उत्ताप को भुलाने वाला शीतल शरीर,
स्पर्शहीन, अनछुआ ठण्डा शरीर,
उस शरीर को कल स्पर्श किया था आग ने
स्पर्श को रोकने से जैसा होता है,
हाथ-पैर बचाते-बचाते बढ़ जाता है वह।
बढ़ते-बढ़ते होंठों को स्पर्श करने लगता है।
आग की लपलपाती जीभ पता नहीं
कैसे कल होंठों तक पहुँच गयी।
आग ने कल मुझे चूमा था।
थोड़ी आग सीना, पीठ, पेट, यहाँ तक कि
उससे भी नीचे, पहुँच गयी थी कल
होंठों ने जलना चाहा, किन्तु जले नहीं,
शरीर ने जलना चाहा किन्तु जला नहीं
छोटी-छोटी चिनगारियाँ आखिर तक
कुछ भी नहीं जला पायीं मेरा।
जल जाने को करता है मन,
किन्तु जलने पर तो राख हो जाऊँगी,
कौन चाहता है जान-बूझकर राख होना!
चाहे जितना राख हो पाये अकेला
एकाकी निर्जन इन्सान!
आग के साथ भी था नितान्त वैयक्तिक
मेरे शरीर का खेल।

सामान्य-सी थोड़ी आग,
आधी रात से पहले ही
किस तरह बूझती है बस एक झटके से
वह भी हार जाती है।
खुद को अपने आवरण में ढाँक कर,
आग चली जाती है,
चारों तरफ़ फैलाकर अँधेरा
चुपचाप चली जाती है अपने घर।

(ख)

अब तक भी पता नहीं दरअसल
वह आग थी या आग की आँच।
आग नहीं थी शायद,
आग क्या कभी किसी को जलाये बिना छोड़ती है!
शायद वह आँच थी आग की
जिसे आग समझा मैंने
जलना चाहा मन ही मन,
कौन जाने वह आँच मेरी थी!
मेरी ही आग की तपिश!
शरीर की अग्नि जाने कब से पड़ी है
एक मुर्दाघर में,
शायद मैंने ही कुछ नींद को तोड़ा है,
मैंने ही शायद अपनी ही आग से
बनाना चाहा है उसे आग।
चाहा है शायद जला दे वह मुझको,
जलायेगी कैसे वह?
आग जैसी दिखती भले ही हो,
आग तो नहीं है वह,
सचमुच की आग।

मुक्ति

भूल सको, तो भूल जाओ।
दूर बैठे मोबाइल से, ई-मेल पर
अचानक अप्रत्याशित जलाओ मत,
दूर बैठे ख़ामोशी की बरफ़ फेंक
इस तरह दुखी मत करो।
भूलने पर इतना तो समझूँगी कम से कम
भूल गये हो मुझे,
भूल जाओगे तो लगेगा जैसे
पैर में काटने वाला जूता उतर गया।
राहत से थोड़ा नंगे पैर चलूँगी।
प्रतीक्षा के कपड़े उतारकर फेंकूँगी
स्नान करूँगी, स्वाधीनता के जल में।
भूल जाने पर पुराने गीतों को बजाऊँगी फिर से,
सभी खिड़कियाँ खोलकर
खूलकर खुद बेख़बर सोऊँगी।
धूप हो या चाँदनी
आकर शरीर पर लुकाछिपी खेले,
खेलती रहे और मैं शायद सोती रहूँ।
सोऊँगी-सोऊँगी सोचकर मैं
निश्चिन्त कभी सो नहीं पाती
कितने लम्बे समय से!
केवल प्रतीक्षा में बीता। जागकर बीता,
खिड़की के पास खड़े होकर बीता
मेरा यह जीवन।
कोई याद करता है,

चाहता है कोई मुझे मन ही मन,
खूब चाहता है, सम्पूर्ण चाहता है,
दिन या रात में कोई कुण्डी बजायेगा,
तब सामने खड़ा रहना होगा दोषहीन,
जैसे केश, जैसे मुख, जैसे आँखें, होंठ,
जैसे छाती, चिबुक अभी जन्मे हैं,
कहीं टूटे नहीं, खरोंच नहीं लगी,
धूल और रेत ने छुआ नहीं।
हँसना होगा परीकथा राजकन्या की तरह।
उसे भूख लगे अगर, चाय पीने की इच्छा हो!
सब कुछ पास में ही रखना पड़ेगा पूरी तरह!
प्रेम भी करना होगा शुद्ध!
निमग्न होना होगा सम्पूर्ण!
छोटा होना पड़ेगा बिल्कुल!
दुःस्वप्न को कब से सुख कहकर बुलाती
भूल गयी खुद को!
भूलना हो तो भूल जाओ, बच जाऊँ मैं।
जितना याद करोगे, जितना चाहोगे मुझे,
जितना पास आओगे,
जितना कहोगे प्रेम करते हो
उतनी मैं बन्दी रहूँगी तुम्हारे हृदय में,
तुम्हारे जाल में,
तुम्हारे पैरों के नीचे, तुम्हारी मुट्ठी में,
तुम्हारे दस नाखूनों के बीच।
भूल जाओ, मुँह के तमाम रंगों को धोकर
कुछ हल्की हो जाऊँ,
जो मैं हूँ वह हो जाऊँ।

एक अप्रेमी के लिए

इस शहर में रहोगे तुम
काम से या बिना काम दौड़ोगे इधर-उधर
मौक़ा मिलने पर अड्डा मारोगे कहीं,
शराब पिओगे, बहुत शोर करोगे,
रात सो जायेगी, तुम सोओगे नहीं।
मौक़ा मिलने पर शाम को कभी-कभी
इस घर में, उस घर में खाने जाओगे,
खेलने जाओगे,
किसे मालूम शायद खोलने जाओगे,
बिना छुये किसी की साड़ी
मेरा आँगन पार करते ही
शायद किसी दूसरे घर में।
इसी मोहल्ले में शायद
सुबह शाम आओगे-जाओगे,
पास ही रहोगे तुम,
शायद कभी बता भी दोगे मुझे,
कि पास में ही हो,
संकुचित हो जाऊँगी,
किसी नुकीली चीज़ से शरीर को कोंचूँगी
मिलन न होने की यन्त्रणा में
फिर भी कहूँगी नहीं, आओ।
बोलूँगी नहीं,
तुमको मौक़ा नहीं दूँगी कि कह सको
वक़्त नहीं है तुम्हारे पास
या बहुत व्यस्त हो तुम इस समय।

तुम्हारी प्रेमहीनता से रक्षा करूँगी अपनी।
तुम्हारे साथ मुलाकात नहीं होगी मेरी,
मिलना न होने पर धीरे-धीरे भूल जाऊँगी
कि तुम्हारे साथ मुलाकात ठीक कैसी थी।
किस रंग की शर्ट पहनते थे तुम,
हँसने पर कैसे दिखाई देते थे,
बोलते समय नाखून काटते,
आँखों की तरफ़ या किसी अन्य दिशा में देखते,
पैर रखते, अचानक चेयर छोड़कर उठते,
पानी पीते कि नहीं, सब भूल जाऊँगी।
मुलाकात नहीं होगी तो भूल जाऊँगी
तुम देखने में कैसे थे,
चेहरे पर तिल किस जगह थे, अथवा थे भी कि नहीं।
तुम्हारा चुम्बन ठीक कैसा था
—पकड़कर, कौशल से मोड़कर,
बालों में सीने पर या मुख पर,
कैसा था ठीक भूलने लगूँगी।
बहुत दिन गुजरेंगे,
तुमसे मिलना अब दुबारा होगा नहीं।
एक शहर में रहेंगे, मिलेंगे नहीं मगर
रास्ता भूलकर भी कोई भी किसी के रास्ते पर जायेगा नहीं
मुझे सुख हो दुख मगर मिलना तो होगा नहीं
सड़क के किसी मोड़ पर,
पेट्रोल पम्प या मछली की दुकान पर,
पुस्तक मेले में, रेस्तारां में, कहीं भी
मिलना नहीं होगा।
और भी बहुत सालों बाद,
सोच रखा है जिस दिन अचानक
एक किरण प्रकाश लेकर
सन्ध्या आयेगी मेरे निर्जन घर में,
जिस दिन बरामदे में खड़े होने पर
आँचल उड़ायेगी क्रूर बैशाखी हवा।
आकाश में चाँद के साथ
जब बातें करूँगी सारी रात तब तुम्हें मन ही मन बोलूँगी—

ऐसा होता है न मिलने पर,
लगता जीना मुश्किल होगा,
किसने कहा मुश्किल होगा।
देखो मज़े से कट रहा है जीवन,
तुमसे मिली नहीं कितने हज़ार साल,
तो क्या मैं जीवित नहीं रही? बिल्कुल थी!
सोचा है बोलूँगी तुमसे
तुम तो दरअसल कुछ भी नहीं थे,
अपनी आकांक्षा से आँका था मैंने,
अपनी आकांक्षा से प्रेमी बना दिया था तुम्हें
अपनी आकांक्षा से ही तुम्हें
अप्रेमी भी कर दिया है मैंने।
तुमसे बिना मिले लाखों बरस जी सकती हूँ मैं!
जो प्रेम नहीं करता
उसके स्पर्श के बिना, अनन्त काल तक।
एक बूँद आँख का पानी
वर्षा के जल की तरह झरकर धो सकता है
इतने समय से बनाई गयी सारी तस्वीरें,
तुम्हारा नाम-धाम एकदम पोंछ सकता है।
आँखों का जल,
तुम्हें मिटा सकता है।
मुझे अकेला मत समझना कभी,
तुम्हारी प्रेमहीनता मेरे साथ रहती है।

ईर्ष्या का एक लाल चमकदार गुच्छा

बोलना कि किसी के साथ सम्पर्क नहीं है कोई,
सुनने में बहुत अच्छा लगता था।
यह बात कहे भी तुम्हारी बहुत उम्र बीत गयी,
वह सब और आता नहीं, वह सेक्स-वेक्स।
उम्र, और ऐसा क्या हुआ, कहा था मैंने,
त्वचा पर अब तक एक छुर्री भी पड़ी नहीं।
कहा था ज़रूर लेकिन मन ही मन सोचा था,
ऑफिस में बैठते हो शाम के समय
दोस्तों के साथ अड्डा मारते हो, शराब पीते हो,
अथवा शायद किसी मंच पर कविता पढ़ते हो,
स्त्रियों को देखकर पहले की तरह ताकझाँक नहीं करते,
छल से कौशल से बिस्तर पर सुलाते नहीं
वह जो कहा था तुमने, उम्र बढ़ गयी है,
सोचा था सच ही उम्र बढ़ गयी है,
शरीर की कमज़ोरी छुपाकर रखी है, सोचा था
मुझे लगता है दोपहर की वेला में
कभी-कभी सोचते हो, कैसा एक प्रचण्ड झंझावात
खो बैठे हो, ठीक वैसा तो और किसी के साथ होगा नहीं,
इसीलिए सोचती हूँ
जीभ का जल भी सुखा दिया है तुमने स्वयं।
सेक्स-वेक्स सब तो अपने हाथ में ही होती है।
तुम तो बलात्कारी नहीं हो जो कहोगे
कि अपनी इच्छा-विच्छा सँभालना तुम्हारे हाथ में नहीं है
वह तो है भगवान के हाथ में!
सोचा था रात होने पर रास्ते पर भटकते-भटकते

पहले की तरह घर लौट रहे हो।
शायद लौट रहे हो
तभी तो मेरे साथ आधी रात तक
जिस तरह लौटते थे,
उसी तरह किसी दूसरे के साथ खा-पीकर लौटते हो।
खुद ही कहा आज, बहुत वर्षों के बाद
इतने दीर्घकाल से दूर हो, तो भूल ही गये हो
या दरअसल सच तो यह है कि तुम
मुझसे कभी कहते नहीं, झूठ ही बोलते हो,
झूठ जब तक बोलते थे तब तक
मेरे लिए सामान्य होकर भी
कुछ शायद तुम्हारी माया सहानुभूति
या वैसा कुछ था।
अच्छा हुआ सच कह दिया तुमने आज,
क्योंकि तुम भूल ही गये हो कि
किसी से साथ प्रेम करते हो
यह सुनकर तकलीफ़ होगी मुझे।
भूल ही गये हो कि किसी के साथ
पहले की तरह सोते-वोते हो
सुनकर बुरा लगेगा मुझे।
मौक़ा पाते ही शहर के गली-कूचों में
गृहस्थ घरों की वधुओं के साथ सोते-सोते
तुम भूल ही गये हो कि
एक समय था जब हम बारिश में भीगते थे
एक समय था जब खूब दुरन्त,
हम किशोर-किशोरी की तरह पानी में तैरते थे
और तुम्हें लेकर लिखी वे मेरी 100 कविताएँ!
तुम पढ़ते थे वे कविताएँ
कितना अच्छा लगता था सुनकर,
मेघ गर्जन जैसा कंठ था तुम्हारा!
अपने अन्तर में बराबर ही अवश्य
कासानोवा बनना चाहते थे तुम।
झूठ बोलते थे तुम।
जानकार भी अच्छा लगता था

आँख, कान बन्द कर करके तुम पर विश्वास करना
अच्छा लगता था मुझे
हठात् क्या हुआ कौन जाने, तुमने मुझसे कही
अपने अब के प्रेम और सेक्स की बात
पूछा मुझसे और तुम्हारा अब? अब किसके साथ?
मैंने कहा किसी के साथ नहीं।
किसी के साथ नहीं?
नहीं किसी के साथ नहीं तब भी होता तो बुरा नहीं होता।
लेकिन जिस-तिस से प्रेम नहीं होता मुझे
अच्छा तुमने ही तो कहा था एक दिन
उम्र हो गयी है तुम्हारी।
वह सब अब होता नहीं
क्या बात कही थी तुमने, ऐसी क्या उम्र हुई है!
उस स्त्री से प्रेम करते हो जिसके साथ हो आजकल?
हाँ तो वह तो कुछ करता ही हूँ
तुम करते हो प्रेम? तो जानते हो प्रेम करना!
मुझसे छिपाकर तो कितना कहाँ जाते थे
कहा नहीं मुझसे कभी
पॉकेट में वियग्रा ख़त्म हो जाता तुम्हारा!
जो जाता था कि नहीं
चिरकाल से ही एक छोटे-मोटे शहर में
एक छोटे-मोटे कासानोवा का जीवन
निर्विघ्न बिता गये तुम,
किसी ने आकर मार-पीट की नहीं
शहर भी नहीं छोड़ना पड़ा,
तुम्हारी किस्मत देखकर शायद
कासानोवा भी ईर्ष्या करता
इतने साल मैं, भी सती-साध्वी नहीं रही,
शायद किसी के साथ
दो-एक दिन कुछ थोड़ा-बहुत हुआ,
हाँ वह तो एक दिन ही
वह जो कहा था मैंने
सब किसी के साथ नहीं होता मुझसे,
और तुम्हारी तरह किसी को

खोजती फिरती भी नहीं मैं
तुमसे बहुत झूठ बोलना चाहती थी
आज बहुत इच्छा थी मेरी,
हाँ मैं भी, खूब मज़े में हूँ।
बहुत-सा प्रेम-ट्रेम जमकर सेक्स होता है।
लड़का भी जबर्दस्त
लेकिन कब कहा मैंने!
झूठ बोलना नहीं आता मुझे यही एक मुश्किल है
फिर भी तुम्हें ज़रा भी समझने नहीं दिया
तुम्हारी आज की बातें सुनकर
मन की मन उन 100 कविताओं को
फाड़कर फेंक दिया है।
मन ही मन अपने तैरने के तालाब में
भीषण कीचड़ डाल दिया है मैंने,
वह उस बारिश के भीगने के बदले मन ही मन
नाली में पैर फिसलने से गिर पड़ी हूँ
चूमते हो, एक स्त्री को?
तुमने कहा हाँ
झूठ बोलना जानती तो कहती,
तुम्हें तो पता ही नहीं था कि कैसे चूमा जाता है,
ये लड़का तो बहुत अच्छी तरह जानता है!
सेक्स-वेक्स करते हो इतना ख़राब नहीं,
लेकिन जब कहते हो कि चूमते हो या करते हो प्रेम,
तो वेदना की तरह जाने क्या स्वर उठता है हृदय में।
शरीर से ज़्यादा मन को,
आदत नहीं बदली मेरी,
आज भी ऊपर रखती हूँ मैं
और इतने दिन प्रेम न करते हुए
जब सचमुच तुमसे कहती हूँ,
उन 100 कविताओं में एक भी
तुमको लेकर नहीं है, एक अक्षर भी नहीं।
तुम भी जैसे भी हो सोच लेना।
वे कविताएँ उस कीचड़भरे सरोवर में
तुमको दिखाकर डुबा देती हूँ।

उनको लेकर तुम्हारे मन में जो
एक प्रच्छन्न अहंकार है
देखो उसे नष्ट करके फेंक दिया मैंने।
जहाँ कहीं कोयल पुकारे तुम्हें
जाओ जितने दिन जीवित हो,
कभी सच अगर बोलो
तो इस बार से देख लेना बिल्कुल भी चौंकाऊँगी नहीं।

ओ पुरुष सुनो

तुम रुको तो ज़रा। ज़रा ठहरो।
रुककर मेरी आखिरी बात सुनते जाओ,
मैं तुम्हें नहीं चाहती,
तुम्हें नहीं चाहती, नहीं, तुमसे प्रेम नहीं करती मैं।
तुम देखने में अच्छे हो यह तुम्हारा कोई गुण नहीं है।
तुम अच्छा बोल लेते हो, यह भी तुम्हारा कोई गुण नहीं है
गुण नहीं है, क्योंकि तुम जो बोलते हो झूठ बोलते हो।
तुम मुझसे प्रेम करते हो,
ये तो कोई कारण नहीं है कि मैं चाहूँ तुम्हें।
ऐसा तो कई लोग करते हैं,
वे जो तुमसे कहीं अधिक सुन्दर हैं,
और इतना झूठ भी नहीं बोलते वे।
तुम अगर सोचते हो कि मैं चाहती हूँ तुम्हें
क्योंकि तुम जैसे चाहो मुझे स्पर्श करो,
ठीक वैसे ही मैं चाहती हूँ कि कोई स्पर्श करे मुझे,
तुम अगर सोचते हो कि मैं तुम्हें चाहती हूँ
क्योंकि तुम मुझे थोड़ा-थोड़ा करके जिस तरह
अन्धकार की तरफ़ लिए जाते हो,
ठीक उसी तरह से ही मैं चाहती हूँ,
कि कोई मुझे ले जाये।
तुम्हारा अगर यह ख़याल है कि मैं चाहती हूँ तुम्हें
क्योंकि तुम मुझे जिस तरह
शरीर के शोरगुल के बीच गुम कर देते हो,
ठीक वैसे ही मैं चाहती कि कोई मुझे करे।
तुम ग़लत सोचते हो, तुमको अनायास मैं

कमरे से निकल जाने के लिए बोल सकती हूँ,
दरवाज़ा बन्द कर सकती हूँ,
और न खोल पाऊँ वह दरवाज़ा
जितने दिन जीवित रहूँ उतने दिन।
पुरुष होने का बहुत अहंकार है तुम्हें
मक्खन और छेना खाकर बड़े होने वाले
वंश का दीपक हो तुम,
बिना चाहे सब प्राप्त करने वाले, समर्थ पुरुष!
तुम्हारे अहंकार का एक बूँद भी मूल्य नहीं है यहाँ।
तुम्हारा पुरुषांग तुम्हारा अक्षय का धन है,
सोचा तुमने उसे देखकर अधीर हो जाऊँगी मैं
सोचा तुमने उसकी पूजा करूँगी मैं,
सोचा कि उसके बिना चलता नहीं कुछ
ग़लत सोचा तुमने, तुम्हारे अक्षय के धन को मैं
बड़ी दया की नज़र से देखती हूँ!
लोभ की जीभ की तरह एक तो छोटा-सा अंग,
तुम्हारे जिस अंग के प्रति घोर भय, घोर घृणा,
वह तुम्हारी जाँघों के बीच छोटा पुरुष अंग ही नहीं है,
वह तो खूब बड़ा जो तुम्हारे विचारों में बसता है।
तुम्हारे मस्तिष्क की तुलना में आकार,
आकृति में बहुत बड़ा, तुम्हारा असली पुरुषांग।
वह प्रतिदिन विकट हो रहा है,
वह तुम्हारे पाँच फुट कुछ इंच शरीर को चीरकर
बाहर निकला जा रहा है,
उसे पानी और खाद देकर बड़ा करते हैं
तुम्हारे आत्मीय, तुम्हारे बन्धुगण,
तुम्हारे पड़ोसी, तुम्हारे सहकर्मी,
तुम्हारी प्रेमिकाएँ, तुम्हारी स्त्रियाँ
जिधर भी तुम्हारी नज़र पड़ती है, देखो,
जो वहाँ हैं, सबके हाथ में है पानी और खाद
मन करता है तुम्हारे उस वृहत् अंग को
पूरे का पूरा उखाड़कर उठा लाऊँ,
फेंक दूँ उसे कूड़े के ढेर में,
काटकर टुकड़ा-टुकड़ा कर दूँ,

पानी में डुबा दूँ,
या जला डालूँ।
निर्वंश कर दूँ तुम्हें
तुम जब मुझ पर रंगीन नज़र डालते हो तो
तुम्हारा नहीं, उसका है वह रंग,
तुम जब गर्व करते हो अपने क्षुद्र अंग को लेकर,
तुम जानते नहीं कि तुम गर्व करते हो
अपने वृहत् अंग को लेकर
तुम जब मेरी तरफ़ दौड़कर आते हो
तो तुम नहीं तुम्हारा वह
अदृश्य विराट पुरुषांग ही आता है।
तुम जब मुझे छोड़ जाते हो, तुम नहीं, वही जाता है
तुम जब मुझे धकेल देते हो उस क्षुद्र अंग के चुम्बन के लिए
दरअसल तुम नहीं,
तुम्हारा वह वृहत् अंग ही मुझे धकेलता है
तुम जब मेरे केश, मेरा मुख, मेरा वक्ष,
नोचते खसोटते हो
या जो चाहे करते है,
तुम नहीं तुम्हारा वृहत् पुरुषांग करता है।
अतृप्त पड़ी रहती हूँ अकेली
और तुम जब अपना स्खलित पदार्थ
मेरे शरीर में छोड़कर उठ जाते हो
तुम नहीं तुम्हारा वह वृहत् अंग ही जाता है।
तुम्हें शायद पता नहीं धीरे-धीरे
तुम्हारा चेहरा, तुम्हारी आँखें बदल रही हैं,
तुम्हारे नाक-कान नष्ट हो रहे हैं।
तुम अब मेरी गन्ध महसूस नहीं कर पाते,
मेरी बात सुन नहीं पाते,
तुम देख भी नहीं पाते मुझे
तुम्हारा शरीर अब तुम्हारा वह शरीर नहीं रहा
तुम धीरे-धीरे एक पुरुषांग बन गये हो,
दिन प्रतिदिन बढ़ता विकट पुरुषांग।
देखते तो हो तुम्हारे—पुरुषों के वृहत् पुरुषांग चारों तरफ़
स्त्रियों की तराजू में तौलते हैं खुद को,

औरतों को, स्त्रियों को नंगा करते हैं,
बुर्क़ा पहनाते हैं,
वे ही तो स्त्री को वेश्या बनाते हैं,
वे ही क़दम रखते वेश्या के घर जाते हैं,
वे ही घृणा से थू-थू भी करते हैं,
वे ही वृहत् पुरुषांग ही
अपनी कीमत माँगते हैं,
स्त्रियों को पीटते हैं,
आग में जलाकर मारते हैं।
वे ही वृहत् पुरुषांग बलात्कार करते हैं
घर और बाहर, खून करते हैं,
दरवाज़ा खोलूँ या न खोलूँ
अगर दरवाज़ पर आकर
खड़े होने की हिम्मत करो
अपने उस वृहत् विकट पुरुषांग के
अस्तित्व को निर्मूल कराना है तभी करो।
अगर नहीं कर पाते,
तो कह रही हूँ सुन लो
नहीं चाहती तुम्हें,
तुम्हें नहीं चाहती मैं,

ईश्वर

किसने कहा है कि ईश्वर अनेक हैं?
ईश्वर तो एक ही है। हमेशा से एक ही था
एक ही है अब भी।
ईश्वर का नाम है मृत्यु।
मृत्यु ही है ईश्वर का नाम।
ईश्वर से हम सिर्फ़ एक ही बात कहते हैं,
सिर्फ़ एक बात, 'आज नहीं'।

यह ब्रह्मांड मेरा

इस ब्रह्मांड ने मुझे जन्म दिया है,
इस सम्पूर्ण ब्रह्मांड और उसके ऊपर
महाशून्य पर समान अधिकार है मेरा।
मैं किसी के पके धन के खेत में
पटेला नहीं लगाती,
किसी के सिर पर पत्थर नहीं तोड़ती।
किसी का कुछ छीनती नहीं।
किसी के साथ बलात्कार नहीं करती।
हत्या नहीं करती।
तुम कौन होते हो मुझे बोलने वाले
मैं कहाँ जाऊँगी, किस रास्ते पर जाऊँगी।
क्या बात करूँगी! कौन-सी बात किस तरह!
क्या देखूँगी कब,
क्या सब सुनना मना है,
क्या-क्या सुना जायेगा।
किसके साथ चलूँगी, किसकी उपेक्षा करूँगी!
महाशून्य में समान स्वाधीनता है मेरी,
मेरे सामने बाधा बनकर खड़े मत रहो,
ग्रह नक्षत्र अभिशाप देंगे तुम्हें,
छायादार रास्ते अभिशाप देंगे,
रात के तारे अभिशाप देंगे,
चाँद भी देगा, और मैं भी।
ब्रह्मांड को अँगूठा दिखाकर
कोशिश मत करना बचने की।

दूर से नहीं होता

पास आना होता है
पास आकर चूमना होता है
त्वचा का स्पर्श कर प्रेम करना होता है।
बालों से शुरू कर आँखें, नाक, चिबुक, सीना,
पेट के दो भाग,
यौनांग,
पैर, पैर के नाखून
एक-एक कर छूने पड़ते हैं,
छूते-छूते प्रेम करना होता है
दूर से नहीं होता,
फ़ोन से, फेसबुक में नहीं होता
उससे नज़दीक आओ,
स्पर्श करो
तुम्हारे स्पर्श की प्रतीक्षा में है मेरा सर्वांग
यदि ताप रहते-रहते स्पर्श न भी करो,
यदि शरीर को तपाओ नहीं
जलाओ नहीं
तोड़ो नहीं
उन्मत्त न करो
तो अब आना मत।
दूर से नहीं होता सब
पास आकर हाथ में हाथ रखकर
आँखों में आँखें डालकर
ताप के साथ कहना होता है
प्रेम करते हो।

प्रेम

अगर मुझे काजल लगाना पड़े तुम्हारे लिए
बालों में, मुँह पर रंग लगाना पड़े
शरीर पर सुगन्ध छिड़कनी पड़े
सबसे अच्छी साड़ी पहननी पड़े
केवल तुम देखोगे इसलिए
माला, चूड़ियाँ पहनकर सजना पड़े
अगर पेट की चर्बी,
अगर गले या आँखों के किनारे की झाँइयाँ
अच्छी तरह छुपानी पड़ें
तब तुम्हारे साथ और कुछ भी हो,
प्रेम नहीं है मेरा।
प्रेम होने पर मेरा जो कुछ उलटा-सीधा,
जो कुछ ग़लती, जो कुछ भूल,
जो कुछ असुन्दर हो सामने खड़ी होऊँगी,
और तुम प्रेम करोगे।
किसने कहा है।
कि प्रेम बहुत आसान है, चाहने से हो जाता है।
इतने जो पुरुष देखती हूँ चारों ओर
कहीं प्रेमी तो दिखता नहीं।

प्रेम नहीं

प्रेम करने से मैं बहुत अकेली हो जाती हूँ,
अपने साथ ही लड़ती हुई बैठी रहती हूँ।
मेरा एक पक्ष कहता है,
प्रेम करती हूँ,
दूसरा कहता है नहीं करती।
कुत्ता और बिल्ली को प्रेम करना आसान है।
मनुष्य को नहीं,
मनुष्य एक दिन पीछे से छुरा भोंक देगा,
प्रेम करने पर आजकल इसी तरह
कृतज्ञता ज़ाहिर करते हैं वे लोग
छुरी की मार खाते-खाते अब कुछ बचा नहीं,
इस तरह नहीं चलता
शायद तुम जाओगे, मैं नहीं,
छुरी में इस बार विष लगाकर रखो
अगर नितान्त ही निश्चिह्न करना चाहते हो,
मेरा जो पक्ष कहता है प्रेम नहीं करती, उसी तरफ़ मारो
उस तरफ़ तो अर्से से मारते रहे
जिस पक्ष से कहती हूँ प्रेम करती हूँ
शरीर है इसलिए शरीर जब जलता है
तो शायद प्रेम करती हूँ।
वह न हो तो कौन जाता है
शौक से चोट खाने।

एक शरीर स्मृति

स्नान करने की इच्छा नहीं हो रही,
स्नान करने से तुम्हारी स्मृतियाँ
शरीर से धुल जायेंगी।
अगर करना ही पड़े स्नान,
तो मन से कहूँगी कि याद रखो,
मन अगर भूल जाये तो
लिखकर रखूँगी तुम्हें, पढ़ूँगी तुम्हें,
तुम भूलते हो तो भूल जाओ,
मैं भूलूँगी नहीं।

❑❑